电子商务经济学

主　编　麻元元

副主编　秦成德

北京理工大学出版社
BEIJING INSTITUTE OF TECHNOLOGY PRESS

内 容 简 介

本教材介绍了复杂但易于理解的有关电子商务经济学的知识，包括数字产品和网络行业的经济学、电子商务中的企业、电子商务中的市场结构、基于网络的金融市场交易和在线银行、电子商务中的资本市场、电子市场中的管理和反托拉斯问题、电子货币的货币政策等。全书对电子商务经济学的描述与分析客观、全面、系统、连贯且独具前瞻性，适合电子商务、经济学等课程的本科和高职教育使用。

版权专有　侵权必究

图书在版编目(CIP)数据

电子商务经济学 / 麻元元主编． – 北京：北京理工大学出版社，2016.10（2024.3 重印）
ISBN 978 – 7 – 5682 – 3291 – 3

Ⅰ.①电… Ⅱ.①麻… Ⅲ.①电子商务–经济学–高等学校–教材 Ⅳ.①F713.36

中国版本图书馆 CIP 数据核字(2016)第 258821 号

责任编辑：刘永兵	**文案编辑**：刘永兵
责任校对：周瑞红	**责任印制**：李志强

出版发行 /	北京理工大学出版社有限责任公司
社　　址 /	北京市丰台区四合庄路 6 号
邮　　编 /	100070
电　　话 /	(010) 68914026（教材售后服务热线）
	(010) 68944437（课件资源服务热线）
网　　址 /	http://www.bitpress.com.cn

版 印 次 /	2024 年 3 月第 1 版第 4 次印刷
印　　刷 /	廊坊市印艺阁数字科技有限公司
开　　本 /	787 mm × 1092 mm　1/16
印　　张 /	13.75
字　　数 /	330 千字
定　　价 /	42.00 元

图书出现印装质量问题，请拨打售后服务热线，负责调换

前　言

互联网不仅改变了人们的日常生活，而且改变了以往的经济形态和特征。如何运用传统经济学的基本规律来分析当前电子商务的经济特点，解释伴随网络经济产生的全新的市场特性，已成为当前的研究热点。电子商务经济学在这一背景下应运而生，是研究电子商务中各种经济现象及规律的一门新兴经济学分支学科，力图阐述和讨论电子商务中主要的微观和宏观经济问题。

近几年来，由于网络经济的迅猛发展，互联网产业已日新月异，我们在贴近时代的基础上撰写了《电子商务经济学》，就是要为社会提供一本完整、层次清晰、技术翔实、数据准确、通俗易懂的电子商务经济学教材，为推动我国信息技术应用与国家信息化建设在更高层面、向更广领域纵深发展起到重要作用。本教材侧重电子商务微观经济学部分，主要从经济学角度，着重对电子商务环境下的数字产品、市场组织、消费者行为、竞争战略与厂商行为、网络金融与宏观调控等内容进行分析与阐述。

为了给电子商务等经管类专业的学生提供一本深入浅出的电子商务经济学教材，本书对电子商务经济学的原理和应用进行了全面和系统的阐述。本书共分八章，主要介绍了电子商务经济学的产生、理论基础、数字产品、企业运营模式、配套机制等问题。

第 1 章为电子商务经济学概述，介绍了网络经济的形成与发展、电子商务经济的定义与特征，使读者对于电子商务经济学有个宏观的了解。

第 2 章是讲述电子商务经济学的理论基础，主要包括梅特卡夫法则与网络外部性、电子商务经济学的其他定律以及与传统经济学的比较。

第 3 章阐述了数字产品。首先是分析了数字产品的需求与供给，并以数字产品为例介绍了网络产品的定价机制。

第 4 章介绍了电子商务企业的定义、组织模式、赢利模式和绩效评价。阐述了电子商务对企业组织结构的影响，介绍了电子商务企业的几种主要赢利模式。

第 5 章介绍了电子商务经济学下的市场结构。包括信息不对称的市场环境、电子商务经济下的竞争和垄断，以及电子商务经济下市场结构呈现出的新特点。

第 6 章介绍了互联网金融的崛起与发展，首先阐述互联网金融的内涵及特点，分析了电子货币和移动支付在电子商务经济中的作用，最后介绍了我国和国外互联网金融趋势发展。

第7章对电子商务经济与风险资本市场的关系做了有益的探索。首先介绍了风险资本市场形成的背景,然后阐述了电子商务企业的融资要求和风险资本市场,论述了风险投资和第三方融资平台的运作过程,并对我国资本市场做了简介。

第8章介绍了电子商务经济下的政府政策。首先指出了电子商务经济与经济发展的关系,阐述互联网基础设施产业监管的公共政策,包括普遍服务原则、反垄断政策等,最后论述了网络经济时代的金融监管政策。

本书不但适合信息经济、电子商务、国际贸易、经济管理、信息技术、移动通信等专业本科生使用,也可供从事网络经济实务或有关科学研究工作的人员,如移动运营商、网络业务开发及推广人员、移动通信工作者、互联网产业从业人员参考,及一切对这个新领域有兴趣的人阅读。

本书编写工作主要由西安邮电大学麻元元老师完成,本书第1、2、3、4、5、7、8章由麻元元撰写,第6章由秦成德撰写,最后由麻元元完成统稿。

在本书写作的过程中,得到了国家互联网信息办公室专家咨询委员会专家的支持和指导,教育部电子商务专业教育指导委员会各位教授、中国电子商务协会各位领导给予了热情的关怀和指导,中国信息经济学会各位同仁也为本书提供了许多有益的指导和建议,北京理工大学出版社编辑为本书出版做出了杰出的贡献,本书的完成不但依靠全体撰稿人的共同努力,同时也参考了许多中外有关研究者的文献和著作,在此一并致谢。

电子商务经济是一个日新月异的领域,许多问题尚在发展和探讨之中,观点的不同,体系的差异,在所难免,本书不当之处,恳请专家及读者批评指正。

麻元元
2016年5月

目 录

第1章 电子商务经济学概述 (1)
学习目标 (1)
教学要求 (1)
导入案例 (1)
1.1 网络经济的形成与发展 (2)
1.1.1 网络信息技术的产生与发展 (2)
1.1.2 网络经济的形成与特征 (6)
1.2 电子商务的定义与属性 (11)
1.2.1 电子商务的定义 (11)
1.2.2 电子商务发展历程 (13)
1.2.3 电子商务的经济属性 (15)
1.2.4 电子商务的技术支撑 (18)
1.3 电子商务经济学的定义界定与研究内容 (20)
1.3.1 电子商务经济学的定义与产生 (20)
1.3.2 电子商务经济与其他相关概念的比较分析 (22)
1.3.3 电子商务经济的特征 (24)
1.3.4 电子商务经济学的主要研究内容和研究方法 (26)
本章案例 (27)
本章小结 (29)
本章习题 (30)

第2章 电子商务经济学的相关基础理论 (31)
学习目标 (31)
教学要求 (31)
导入案例 (31)

· 1 ·

2.1 网络外部性理论 (32)
2.1.1 梅特卡夫准则（Metcalfe's Law） (32)
2.1.2 网络外部性与电子商务 (34)
2.2 电子商务经济学的其他相关定律 (36)
2.2.1 摩尔定律 (36)
2.2.2 吉尔德定律 (37)
2.2.3 达维多定律 (38)
2.2.4 马太效应 (38)
2.3 电子商务经济学与传统经济学的比较 (39)
2.3.1 电子商务经济与传统经济在消费活动上的比较 (39)
2.3.2 电子商务经济与传统经济在生产活动上的比较 (40)
2.3.3 电子商务经济与传统经济在风险特性上的比较 (41)
2.3.4 电子商务经济与传统经济的联系 (42)
2.3.5 电子商务经济对未来经济的影响 (43)
本章案例 (44)
本章小结 (47)
本章习题 (48)

第3章 数字产品的需求与供给 (49)
学习目标 (49)
教学要求 (49)
导入案例 (49)
3.1 网络产品概述 (52)
3.1.1 网络产品的含义 (52)
3.1.2 网络产品的分类 (53)
3.1.3 数字产品的特性 (55)
3.2 数字产品的需求分析 (57)
3.2.1 传统经济学的基本需求原理 (57)
3.2.2 网络外部性与消费决策 (57)
3.2.3 电子商务改变了消费者的购买决定行为 (58)
3.3 网络经济中的供给分析 (60)
3.3.1 传统经济学的基本供给原理 (60)
3.3.2 网络化供给 (61)
3.3.3 直接化供给 (62)
3.3.4 定制化供给 (63)
3.4 数字产品的定价规则与在线市场价格 (65)
3.4.1 数字产品的价格形成规则 (65)
3.4.2 数字产品的成本构成 (68)

  3.4.3 数字产品的定价基础 ……………………………………………… （69）
 本章案例 ………………………………………………………………………… （70）
 本章小结 ………………………………………………………………………… （71）
 本章习题 ………………………………………………………………………… （71）

第4章 电子商务企业 ……………………………………………………… （72）

 学习目标 ………………………………………………………………………… （72）
 教学要求 ………………………………………………………………………… （72）
 导入案例 ………………………………………………………………………… （72）
 4.1 电子商务企业概述 ……………………………………………………… （73）
  4.1.1 电子商务对企业的影响 ……………………………………………… （73）
  4.1.2 电子商务企业的定义与分类 ………………………………………… （74）
  4.1.3 电子商务企业与传统企业的区别 …………………………………… （75）
 4.2 电子商务企业的组织结构 ……………………………………………… （76）
  4.2.1 企业组织结构的定义与演变 ………………………………………… （76）
  4.2.2 电子商务对企业组织结构的影响 …………………………………… （78）
  4.2.3 电子商务企业组织结构的特点 ……………………………………… （79）
  4.2.4 电子商务企业组织结构模式的发展趋势 …………………………… （80）
 4.3 电子商务企业的赢利模式 ……………………………………………… （81）
  4.3.1 注册会员收取会员费的赢利模式 …………………………………… （82）
  4.3.2 销售产品的赢利模式 ………………………………………………… （84）
  4.3.3 广告的赢利模式 ……………………………………………………… （87）
  4.3.4 增值业务收费的赢利模式 …………………………………………… （88）
  4.3.5 网络游戏的赢利模式 ………………………………………………… （89）
  4.3.6 竞价排名的赢利模式 ………………………………………………… （90）
 4.4 电子商务企业绩效评价 ………………………………………………… （91）
  4.4.1 绩效评价对电子商务企业的意义 …………………………………… （91）
  4.4.2 电子商务企业绩效评价方法简介 …………………………………… （92）
 本章案例 ………………………………………………………………………… （94）
 本章小结 ………………………………………………………………………… （95）
 本章习题 ………………………………………………………………………… （96）

第5章 电子商务市场 ……………………………………………………… （97）

 学习目标 ………………………………………………………………………… （97）
 教学要求 ………………………………………………………………………… （97）
 导入案例 ………………………………………………………………………… （97）
 5.1 电子商务市场的信息不对称 …………………………………………… （98）
  5.1.1 电子商务市场信息不对称的原因分析 ……………………………… （98）

| 5.1.2 电子商务市场信息不对称的后果 ……………………………………… (100)
| 5.2 电子商务企业的竞争 ……………………………………………………… (101)
| 5.2.1 传统经济中的竞争理论与网络经济的合作式竞争 ………………… (101)
| 5.2.2 以主流化战略竞争尽可能多的市场份额 …………………………… (104)
| 5.2.3 锁定竞争 ……………………………………………………………… (106)
| 5.2.4 标准竞争与战略联盟 ………………………………………………… (110)
| 5.3 电子商务企业的垄断 ……………………………………………………… (113)
| 5.3.1 传统经济中的垄断理论 ……………………………………………… (113)
| 5.3.2 电子商务企业垄断形成的原因 ……………………………………… (114)
| 5.3.3 垄断性企业的特征 …………………………………………………… (117)
| 5.4 市场结构呈现出的新特点 ………………………………………………… (119)
| 5.4.1 垄断和竞争统一于创新 ……………………………………………… (119)
| 5.4.2 市场结构呈现出"新寡头垄断"格局 ……………………………… (121)
| 5.4.3 市场主导地位不等于不正当竞争 …………………………………… (121)
| 5.4.4 "垄断"形式多元化 ………………………………………………… (122)
| 本章案例 …………………………………………………………………………… (123)
| 本章小结 …………………………………………………………………………… (124)
| 本章习题 …………………………………………………………………………… (124)

第6章 互联网金融的崛起与发展 ……………………………………………… (125)

学习目标 …………………………………………………………………………… (125)
教学要求 …………………………………………………………………………… (125)
导入案例 …………………………………………………………………………… (125)
6.1 互联网金融的内涵 ………………………………………………………… (126)
    6.1.1 互联网金融的概念 …………………………………………………… (126)
    6.1.2 互联网金融与传统金融业的关系 …………………………………… (127)
    6.1.3 互联网金融对电子商务的促进意义 ………………………………… (128)
    6.1.4 互联网金融的模式创新 ……………………………………………… (129)
6.2 互联网金融的特点 ………………………………………………………… (130)
    6.2.1 互联网金融的普惠性 ………………………………………………… (130)
    6.2.2 互联网金融的多样性 ………………………………………………… (131)
    6.2.3 互联网金融的创新性 ………………………………………………… (131)
    6.2.4 互联网金融的时空性 ………………………………………………… (132)
6.3 网络支付与电子货币 ……………………………………………………… (133)
    6.3.1 网络支付工具的产生与发展 ………………………………………… (133)
    6.3.2 电子货币的定义与作用 ……………………………………………… (136)
    6.3.3 电子货币的职能 ……………………………………………………… (138)
6.4 国内外互联网金融的发展趋势 …………………………………………… (141)

6.4.1　国外互联网金融发展的历程 ……………………………………………………… (141)
　　6.4.2　国外互联网金融的发展趋势 ……………………………………………………… (143)
　　6.4.3　我国互联网金融的发展趋势 ……………………………………………………… (144)
本章案例 …………………………………………………………………………………………… (146)
本章小结 …………………………………………………………………………………………… (147)
本章习题 …………………………………………………………………………………………… (147)

第7章　电子商务与资本市场 ……………………………………………………………… (148)

学习目标 …………………………………………………………………………………………… (148)
教学要求 …………………………………………………………………………………………… (148)
导入案例 …………………………………………………………………………………………… (148)
7.1　电子商务企业的主要融资方式 ……………………………………………………………… (150)
　　7.1.1　电子商务企业资金需求的特征 …………………………………………………… (150)
　　7.1.2　风险投资的定义与特征 …………………………………………………………… (153)
　　7.1.3　风险资本的运作过程 ……………………………………………………………… (157)
7.2　基于第三方电子商务平台的电商信贷 …………………………………………………… (162)
　　7.2.1　第三方平台与网络融资的定义 …………………………………………………… (162)
　　7.2.2　网络融资的主要模式 ……………………………………………………………… (163)
　　7.2.3　第三方电子商务平台下的网络融资的运行机制分析 …………………………… (165)
7.3　我国资本市场发展与电子商务 ……………………………………………………………… (167)
　　7.3.1　我国资本市场简介 ………………………………………………………………… (167)
　　7.3.2　我国资本市场对风险投资发展的有利因素和不利因素 ………………………… (170)
　　7.3.3　我国电子商务金融化的积极影响与障碍 ………………………………………… (173)
本章案例 …………………………………………………………………………………………… (175)
本章小结 …………………………………………………………………………………………… (176)
本章习题 …………………………………………………………………………………………… (176)

第8章　电子商务与宏观政策 ……………………………………………………………… (177)

学习目标 …………………………………………………………………………………………… (177)
教学要求 …………………………………………………………………………………………… (177)
导入案例 …………………………………………………………………………………………… (177)
8.1　技术创新与产业结构的关系 ………………………………………………………………… (178)
　　8.1.1　技术创新与经济增长 ……………………………………………………………… (178)
　　8.1.2　技术创新改变需求结构促进产业升级 …………………………………………… (179)
　　8.1.3　技术创新影响产业关联促进产业升级 …………………………………………… (180)
8.2　电子商务经济与经济发展 …………………………………………………………………… (182)
　　8.2.1　电子商务促进经济发展的机理 …………………………………………………… (182)
　　8.2.2　我国电子商务发展对当前经济转型的意义 ……………………………………… (184)

8.3 电子商务发展中的政府监管 ……………………………………………（186）
　　8.3.1 普通服务原则 ……………………………………………………（186）
　　8.3.2 网络经济时代的反垄断政策 ……………………………………（190）
　　8.3.3 电子商务经济的金融监管政策 …………………………………（195）
本章案例 …………………………………………………………………………（202）
本章小结 …………………………………………………………………………（205）
本章习题 …………………………………………………………………………（205）

参考文献 ………………………………………………………………………（206）

第 1 章

电子商务经济学概述

学习目标

网络经济是继农业经济和工业经济之后出现的一种新的经济形态，以现代信息网络的广泛运用为标志，以信息作为核心资源，以知识资产作为生产的关键要素之一，反映了整个社会的网络化所带来的社会经济运行方式甚至某些运行规律的改变。本章介绍了网络技术与电子商务产生发展的历程，概括了电子商务经济的内涵与特征。

教学要求

1. 了解互联网产生的历程和网络经济的特征。
2. 掌握电子商务的定义与经济属性。
3. 掌握电子商务经济学的定义与特征。
4. 熟悉电子商务经济与其他相关概念的异同。

导入案例

阿尔法狗4:1大胜人类冠军

（资料来源：钛媒体，2016年3月16日）

五局战罢，阿尔法4:1大胜。现在不管谈论什么，估计人们最渴望的是三件事情。

第一，看一看狗A和狗B之间高水准的战斗棋谱，它们是当世真正的高手。这就如金庸小说里嗜好武功的人，一窥更高的武学境界，是毕生的福分。越是九段超一流，越是心痒难忍。

第二，Deep Mind宣布，阿尔法狗不参考人类棋谱，完全自我演化三个月。三个月之后，机器会是什么水准，与人类几千年的经验积累相比，会有什么不同，相信只要懂一点围棋，就会知道这事情是多么令人激动。

第三，"围棋是透明游戏里的圣杯"（Deep Mind的创始人Hassabis原话），在占领这一高地之后，人工智能还将寻找哪一个对手？麻将吗？德扑吗？呵呵。

前面两个问题，都是围棋弈者关心的，而最后一个问题，却是所有人都在讨论的。确实，围棋是一种透明的策略游戏，对手不隐藏、不欺骗、不作弊，双方较量的是公开透明的智力，但是麻将、德扑等却是不透明的策略游戏，充满了人类的欺骗、设局、隐瞒的技巧，看上去，人工智能毫无优势可言。

其实，阿尔法狗这样的人工智能，已经完全有能力从已有信息中捕捉概率，做出抉择。譬如麻将，人工智能从已经出的牌分析出可能的和局；譬如德扑里的种种心理战，人工智能能从以往的数据中，判断出牌的可能性。

在接受《卫报》的专访时，Hasssabis 表示，人工智能有兴趣继续深入"信息不对称"的游戏，譬如扑克。——其中含义是，这是继续优化算法的道路，属于1到100，并非不可逾越的障碍。学界也早有共识，无论透明还是不透明的游戏，只要是有确定的规则和边界，人工智能（互联网、电脑、机器，不管你怎么称呼）必将胜出。

十年以后，再回看这一次世纪大战五局棋，很可能会发现，这是人类从互联网转向人工智能的一个标志性事件。互联网重点解决的是"人际交流"，人工智能将重点解决"人机交流"。

从整个技术史来看，一条贯穿历史长河里的规则正越来越清晰——人类社会的各种信息交换，无论人与人之间（互联网），还是人机之间（人工智能），正朝着更快捷、更简单、更明确的方向，越来越快地推进。也就是说，消除信息的不对称，让一切决策变得更透明简单，正是技术发展史的前进目标。

1.1　网络经济的形成与发展

人们从没停止过对美好生活的执着追求，通过辛勤、智慧的劳动不断创造着物质和精神财富。在人类的经济发展中信息始终占有非常重要的地位，人类信息能力提高的历史过程是人类发展历史的一个侧面写照。长期以来，人们在记录、传递、辨析、处理信息方面的能力的局限，一直是生产力发展的制约，是人们需要克服的难题，人类在漫长的历史进程中一步一步地破解着这个难题。

1.1.1　网络信息技术的产生与发展

在人类社会的早期，人们只能利用自身的器官及其功能来进行信息的简单处理。眼、耳、鼻、舌和身体是感受信息的窗口，神经系统是人体的信息传递渠道，大脑则是记忆和处理信息的中枢。以后，经过人类漫长演进，语言出现了。语言是人类独有的交流信息的最初步骤，也是人类社会得以形成的基本条件。结绳记事、用筹码计算等方式也是原始的人类处理信息的方式，他们开始超出大自然所赋予自身的器官与功能，借助于自身的声音和外物来提高自己的信息能力，因此，应当说信息技术的萌芽在这时候已经开始了。信息处理手段的第一次飞跃是文字的产生与使用，包括随后纸张的产生与印刷术的进步。文字的出现使人们在信息的存储方面有了重大的突破，人类有了独立存在于个别人的头脑之外的、稳定可靠的、不受空间与时间限制的、共同的可以交流的信息存储形式，用现代信息处理的专用术语来说,就是有了永久的外存储器。纸张与印刷术是中华民族对人类做出的伟大贡献,同样,从古代的筹算到流传至今的算盘,都是我国人民早期信息处理技术的典型例子。遍布全国的烽火台系统和驿道系统同样表现出我们的祖先为加快信息传递速度而做出的巨大努力;我国古代发明的指南针则是原始的感测技术和显示技术。进入工业时代,在信息处理方面又有了新的突破。例如,帕斯卡发明的机械计算机,它可以在一定程度上帮助人们从事大量数据的加、减、乘、除等运算。以其为原型发展起来的手摇计算机直到20世纪60年代初还在世界上的一些地方使用。在信息的加工与传递上,由于电的使用,人类又发明了一系列新的技术,如电报和电话(包括有线的与无线的)。这些技术与设备使人类在信息处理方面有了进一步的提高。20世纪中叶,以电子计算机和现代通信技术为核心的现代信息技术飞速发展,作为信息处理的设备——电子计算机,无论在信息量的存储方面,还是在信息处理加工速度方面都有长足的发展;而电子计算机的价格大幅度下降,性能大幅度提高,这些都为电子计算机广泛应用于信息处理提供了可能。现代通信技术主要包括数字通信、卫星通信、微波通信、光纤通信等方面。通信技术的普及应用,是现代社会的一个显著标志。通信技术的迅速发展大大加快了信息传递的速度,使地球上任何地点之间的信息传递速度缩短到几分钟甚至更短,价格的大幅度下降,通信能力大大增强,可以进行多种信息媒体(数字、声音、图形、图像)的传输,等等。而且在20世纪的末期,互联网技术的出现更是让人类社会进入了一个崭新的信息时代(见表1-1)。

表1-1 信息技术的历史与现状

时间	主要技术	信息载体	信息处理方式			
			信息收集	信息传递	信息存储	信息发布
史前	语言	声音	观察	直接传递	人的记忆	口头
古代	文字	纸张	手工	驿道、烽火台等	图书等	印刷
近代	机械技术 电气技术	机电信号	机械式仪表	电报电话	图书等	印刷 广播
现代(20世纪90年代前)	计算机技术 现代通信技术	电磁信号	自动化仪表、遥感技术等	微波 卫星 光纤	计算机	电视、多媒体及其他显示技术
现代(20世纪90年代至今)	计算机和网络技术	信息网络	信息网络	信息网络	计算机及各种移动终端	信息网络为主

网络(Network)一词有多种意义,从不同学科出发有不同的定义和范围。本书所指的网络是指计算机网络,它是信息时代的产物。而以Internet为代表的网络热潮,自1995年以来在全球掀起了一股强大的冲击波,一个以网络为中心的计算机新时代正在到来,以个人计算机为代表的计算机网络,成为信息社会来临的显著标志。计算机网络,简单地说,就是将

各自独立的计算机处理节点通过线路连接成为计算机系统，确定节点之间可以通信和交流信息的协议，通过网络级网络协议可以联结分散于各处的信息系统，使所有的资源（包括人、计算机、信息）能够共享，使人们得以跨越时空和地域的局限协同工作。

计算机网络的定义中包含了四个要点：

第一，计算机网络包含两台以上地理位置不同的具有自主功能的计算机。

第二，网络中各节点的连接需要一条通道，即由传输介质实现物理互联。

第三，网络中各节点之间互相通信或交换信息，需要有某些约定和规则，这些约定和规则的集合就是协议，其功能是实现各节点的逻辑互联。

第四，计算机网络是以实现数据通信和网络资源（包括硬件资源和软件资源）共享为目的。

计算机网络的应用主要表现在数据通信、资源共享、分布式处理及提高系统的可靠性、安全性等方面。数据通信是计算机网络最基本的功能，用于传递计算机与终端、计算机与计算机之间的各种信息，包括文字信件、新闻消息、咨询信息、图片资料、报纸版面等。资源共享是计算机网络的一项重要功能。通过资源共享，避免了软硬件的重复购置，提高了硬件设备与软件资源的利用率。此外，通过网络的资源共享，实现了分布式计算，从而大大提高了工作效率。分布式处理，即在网络系统中若干台在结构上独立的计算机可以互相协作完成同一个任务的处理。在处理过程中，每台计算机独立承担各自的任务。在实施分布式处理过程中，当某台计算机负担过重时，或该计算机正在处理某项工作时，网络可将新任务转交给空闲的计算机来完成，这样处理能均衡各计算机的负载，提高处理问题的实时性；对大型综合性问题，可将问题各部分交给不同的计算机分头处理，充分利用网络资源，扩大计算机的处理能力，增强实用性。当计算机连成网络后，各计算机可以通过网络互为后备，当某一处计算机发生故障时，可由别处的计算机代为处理，还可以在网络的一些节点上设置一定的备用设备，起到全网络公用后备的作用，这种计算机网络能起到提高可靠性及可用性的作用。特别是在地理分布很广并且实时性管理和不间断运行的系统中，建立计算机网络便可保证更高的可靠性和可用性。

根据不同的分类标准，网络可以划分成不同的类型。

一、按地理范围分类

（一）局域网 LAN

局域网地理范围一般几百米到10千米，属于小范围内的联网。如一个建筑物内、一个学校内、一个工厂的厂区内等。

（二）城域网 MAN

城域网地理范围从几十千米到上百千米，属于中等范围的网络。如一个城市或地区等。

（三）广域网 WAN

广域网地理范围一般在几千千米，属于大范围联网。如几个城市，一个或几个国家，是网络系统中的最大型的网络，如国际性的 Internet 网络。

二、按传输速率分类

网络的传输速率有快有慢，速率快的称为高速网，速率慢的称为低速网。

三、按传输介质分类

传输介质是指数据传输系统中发送和接收装置间的物理媒体,按其物理形态可以划分为有线和无线两大类。

(一) 有线网

采用有线介质连接的网络称为有线网。常用的有双绞线、同轴电缆和光导纤维。

(二) 无线网

采用无线介质连接的网络称为无线网。目前无线网主要采用三种技术:微波通信、红外线通信和激光通信。

四、按拓扑结构分类

计算机网络的物理连接形式叫作网络的物理拓扑结构。计算机网络中常用的拓扑结构有总线型、星型、环型等。

国际互联网的发展与信息技术的发展息息相关,技术标准的制定及技术上的创新是决定国际互联网得以顺利发展的重要因素。网络的主要功能是交换信息,而采取什么样的信息交换方式则是网络早期研究人员面临的首要问题。了解国际互联网,不可避免地要提及互联网发展过程中出现的几个重要事件。

20世纪60年代中期之前的第一代计算机网络是以单个计算机为中心的远程联机系统。典型应用是由一台计算机和全美范围内2 000多个终端组成的飞机订票系统。终端是一台计算机的外部设备,包括显示器和键盘,无CPU和内存。随着远程终端的增多,在主机前增加了前端机(FEP)。当时,人们把计算机网络定义为"以传输信息为目的而连接起来,实现远程信息处理或进一步达到资源共享的系统",但这样的通信系统已具备了网络的雏形。

阿帕网是计算机网络发展的一个里程碑,它标志着以资源共享为目的的计算机网络的诞生,是第二阶段计算机网络的一个典型范例,它为网络技术的发展做出了突出的贡献。1963年,在美国国防部高级研究计划署工作的拉里·罗伯茨提出"分组交换"技术的设想,解决了抗摧毁性网络的难题。1969年,美国国防部资助了一个有关广域网络的项目,开发出一个运用包交换(packet switch)技术的网络,称作ARPANET(阿帕网)。当年11月21日,运用这项技术把加州大学、犹他大学和斯坦福研究院的四台电子计算机顺利联通。这个美国国防部高级研究计划署的实验性网络——由四个节点构成的"天下第一网"的诞生,宣告了网络时代的到来。到1972年,ARPANET已连接了40多个节点计算机。

1973年,英国、挪威的计算机接入ARPANET。1976年,ARPANET上的节点计算机已发展到57个,连接各种不同的计算机100多台,网络用户2 000多人。为了解决网络与网络、计算机与计算机间由于软硬件和型号不同造成的不兼容问题,使阿帕网真正成为"资源共享的计算机网络",1974年"互联网之父"文顿瑟夫研究成功了TCP/IP(传输控制协议/网络间协议),1981年在美国计算机网络上的消息栏首次使用。1982年,美国国防部宣布将TCP/IP协议作为标准,要求所有接入APANET的计算机网络必须采用这一协议。1983年,TCP/IP被许多计算机网络所接受,成为网际互联网络上的标准通信协议。这是全球互联网络正式诞生的标志。同年,ARPANET分成两个网,与军事有关的部分称为MILNET,其余部分仍然叫作ARPANET,用于做进一步研究。它们之间仍然保持着互联状态,能进行通信和资源共享。这种网际互联的网络最初被称为 DARPA Internet，但不久就改称 Internet，因特网名称从此开始出现。

在早期，在网络上传输数据信息或者查询资料需要在计算机上进行许多复杂的指令操作，这些操作只有那些对计算机非常了解的技术人员才能做到熟练运用。特别是当时软件技术并不发达，软件操作界面过于单调，计算机对于多数人只是一种高深莫测的神秘之物，因而当时"上网"只是局限在高级技术研究人员这一狭小的范围之内。WWW 技术是由瑞士高能物理研究实验室的程序设计员 Tim Berners - Lee 最先开发的，它的主要功能是采用一种超文本格式（hypertext）把分布在网上的文件链接在一起。这样，用户可以很方便地在大量排列无序的文件中调用自己所需的文件。1993 年，位于美国伊利诺伊大学的国家超级应用软件研究中心（NCSA）设计出了一个采用 WWW 技术的应用软件 Mosaic，这也是国际互联网历史上第一个网页浏览器。该软件除了具有方便人们在网上查询资料的功能，还有一个重要功能，即支持呈现图像，从而使得网页的浏览更具直观性和人性化。可以说，如果网页的浏览没有图像一功能，国际互联网是不可能在短短的时间内获得如此巨大的进展的，更不用说发展什么电子商务了。特别是随着技术的发展，网页的浏览还具有支持动态的图像传输、声音传输等多媒体功能，这就为网络电话、网络电视、网络会议等提供一种新型、便捷、费用低廉的通信传输基础工具创造了有利条件，从而适应未来经济活动的发展。

20 世纪 90 年代末至今的第四代计算机网络，由于局域网技术发展成熟，出现了光纤及高速网络技术、多媒体网络、智能网络，整个网络就像一个对用户透明的大的计算机系统，发展为以 Internet 为代表的互联网。

1.1.2 网络经济的形成与特征

网络经济最初是随着美国新经济的产生而产生和发展的。从 1991 年起，美国经济开始出现持续的高增长、高就业和低通胀的发展态势，其经济运行和经济发展的新特点区别于传统经济，这种新经济引起了全世界的关注。

按照英国学者维克托·基根（V. Kicon）的分析，网络经济的产生需要三个支柱：一是数字化革命，即完全以重新安排 0 和 1 这两个数字组合为基础，开启一个新的经济时代，从根本上改变了信息存在的基本方式；二是全球电话网主干线使用光导纤维，使信息传输容量和信息传输速度发生革命性的变化；三是计算成本的大幅下降，使用软件可以直接从网上选取，而资料存取也在网络上进行，同时计算机成本的降低使网络终端迅速普及到了一般消费者。然而基根的分析只指出了网络经济产生的可能性，他并没有说明网络经济兴起的必然性。使网络经济兴起的因素至少包括以下内容：

第一，信息技术的蜂聚式创新是网络经济产生的根本原因。

熊彼德认为，创新活动总是集聚在一定的时期里出现，他称之为创新的"蜂聚"。近 30 年来，科学技术的发展正是表现出这样一种创新"蜂聚"，人类所取得的科技成果比过去 2 000 年的总和还要多，呈现出知识爆炸的现象，科技创新的速度日益加快，同时科技成果商品化的周期大大缩短。在 19 世纪，从电的发明到应用时隔 282 年，电磁波通信时隔 26 年，而集成电路仅仅用了 7 年的时间就得到了应用，激光器只用了 1 年。

在近年来的科技创新中，产生于 20 世纪 80 年代和 90 年代的信息技术和网络技术的蜂聚式创新是最为突出的。信息技术的蜂聚式创新为美国带来了计算机的普及,因而 80 年代在美国被称为"PC 时代";而网络技术的蜂聚式创新则为美国乃至全球带来了互联网的广泛应用,因此从 90 年代开始的"互联网时代"引发了全球化的网络经济浪潮。创新形成的网络技术在国民经济发展中具有:①先导作用,通过网络技术的广泛应用可以实现对整个国民经济技术基础的改造,带动国民经济结构的高度化发展;②置换作用,网络信息资源能实现对传统物质资源的替代和置换,从而改变传统的经济增长方式;③软化作用,即随着网络信息技术的普及,智力、人力、管理、信息等软投入增加,产业结构不断软化;④优化作用,网络信息技术将优化资源的配置,提高经济效率;⑤增值作用,即网络技术对国民经济的增长将产生巨大的促进作用,是经济增长的"倍增器"。

第二,全球经济一体化是网络经济产生的客观需要。

经济的全球化实际上是一场以发达国家为主导,以跨国公司为主要动力的世界范围内的产业结构调整。根据联合国《1997 年投资报告》的统计,全世界有 44 000 个跨国母公司和 28 万个在国外的子公司和附属企业。这些跨国公司控制了全世界 1/3 的生产,掌握了全世界 70% 以上的专利和其他技术转让,世界贸易额的 1/3 源于跨国公司,其余的 2/3 也是直接或间接与跨国公司相关。跨国公司的发展迫切需要在扩大企业规模的同时降低沟通和协调成本,以使企业的运营效率进一步得到提高。同时,在迅速发展的国际化生产、国际化经营及国际贸易、国际投资和国际金融的推动下,资源配置的全球化趋势越来越明显,这客观上要求企业与分布在全球的各国合作伙伴或者是分支机构之间,实现紧密的联系和实时的互动。而互联网作为信息媒介正好消除了时间和空间所形成的距离和隔阂,使无障碍沟通和及时响应成为可能,通过信息的分享和集成提高了跨地域的组织间的协作水平,扩大了市场的范围,提高了资源配置的效率。因此,互联网被跨国公司广泛应用于生产经营中,网络经济也由此得到了发展。

第三,电子商务的交易优势是网络经济产生的效率因素。

经合组织(DECD)同时给电子商务界做了广义和狭义的定义。广义的定义包括电子基金转移和信用卡业务、支持电子商务的基础设施和企业对企业的电子商务(B to B)。而狭义的定义是指企业与顾客之间通过电子支付的商务(B to C)。电子商务最早在 20 世纪 60 年代以 EDI(电子数据交换)的形式出现在美国,70 年代的电子商务主要是将电子基金转移的电信技术用于金融领域,但直到 90 年代因特网的出现,才有了更完整意义上的电子商务。

基于互联网的电子商务是网络经济中重要组成部分,从 B2C 到 B2B、C2C,电子商务的模式不断发展和变化,所带来的成本节约和高效率成为企业选择电子商务的主要原因。以文件传输为例,40 页的文件在两国间转移,邮寄至少需要 5 天和 7.5 美元,而电子邮件只需要 2 分钟和 20 美分。网上的电子商务同样也显示出比传统电子商务更高的优势,西尔斯公司的 EDI 系统每小时的费用是 150 美元,而以互联网为基础的新网络的成本每小时只有 1 美元。如此巨大的成本差距形成了巨大的利润缺口,这必然吸引企业应用电子商务、发展网络经济,以提高企业运营效率。当然,除了降低交易成本和提高交易效率这两个交易优势以外,电子商务还能缩短生产周期、减少中间环节、减少库存、增加商机,等等。总之,由于电子商务所存在的交易优势,网络经济的产生成为企业追求效率的必然选择。

第四,风险投资为网络经济的产生提供了资本动力。

风险投资（Venture Capital）是由职业金融家投入新兴的、迅速发展的、有巨大竞争潜力的企业中的一种权益资本。网络经济的产生离不开风险投资，因为网络经济产生于网络信息技术的蜂聚式创新，而技术创新成果的转化需要风险资本的大力支持。所以，风险投资是网络经济发展所必需的资本动力。具体而言，风险投资促进网络经济产生和发展是通过一个有效的动力机制来完成的，这一动力机制包括：①技术选择机制。网络技术创新往往面临着巨大的风险，可能招致完全的失败。而风险投资通过评估，风险投资家剔除了不良的项目，降低了技术转化失败的风险。②利润发现机制。成功的风险投资项目的回报率常常是整个社会平均投资回报率的10倍以上。这样一来，风险投资通过技术（项目）选择往往能发现传统投资方式下可能发现不了的产业利润。③创新激励机制。风险资本通过独特的组织形式和分配方式，能形成对技术创新的有效激励。④风险回避机制。风险资本基金能通过很大的公司投资组合来控制风险。可以说，通过风险资本在不同产业间的投资组合，实质上是降低了网络经济内在的系统风险。⑤管理监督机制。风险投资家对新创企业的帮助除了提供资金以外，还以主动参与经营的方式，用经验、知识、信息和人际关系网络帮助企业提高管理水平和开拓市场，能在很大程度上帮助企业成长。

第五，网络产业的形成是网络经济产生的重要基础。

近代以来，人类社会已出现过三次大的科技革命，每一次新的科技革命都会出现尖端技术和先导技术，并产生完全新型的系列产业。第一次科技革命产生在17世纪的英国，在18世纪形成现实的生产力；第二次科技革命源于原子能和电子的发现，形成了电力、航空、钢铁等超级产业；第三次科技革命从第二次世界大战以后开始，围绕计算机的应用形成新的产业群。而正在发生的第四次科技革命则是源于计算机和互联网的结合，网络产业形成、网络经济萌芽，揭开了21世纪"信息和智能社会"的序幕。作为网络经济产生和发展的重要基础，网络产业主要由一些新兴的企业所构成，包括：①IEP（Internet Equipment Provider），即互联网设备供应商，主要提供互联网的设备，如路由器、服务器等网络设备，包括作为上网设备的个人计算机，如思科、英特尔。②IAP（Internet Access Provider），是互联网接入供应商，也称为ISP，是用自己的服务器、交换器和软件为个人用户与互联网连接提供服务的企业，如美国在线、中国电信等。③ITP（Internet technology Provider），即互联网技术服务商或ASP（Application Solution Provider）应用解决方案供应商，它们是向接入互联网的用户提供硬件技术、软件技术及服务技术的企业，包括提供操作平台的微软和提供网络翻译软件的金山公司等。④ICP（Internet Content Provider），即互联网内容提供商，是网上信息和内容的集成者和提供者，如新浪、雅虎等门户网站和搜索引擎。⑤EC（Electronic Commerce），即电子商务企业，是运用互联网进行经营的企业，它们之中的佼佼者有网上书店亚马逊、拍卖网站eBay等。由此可见，大量新兴的企业形成了一个新的网络产业，而这一新的网络产业又构成了网络经济兴起和发展的重要经济基础。

从总体上看，全球网络经济的形成与发展大约可分为以下五个阶段。

第一阶段：普通大众转变为网民。包括的因素有网络接入的便利化、上网软件的易用性、网络服务的吸引力、消费习惯的改变等。

第二阶段：网民增长迅速，但总体数量依然较少。网络服务主要集中在网络门户、内容和电子邮件的交互式交往方面，广告商和交易商开始加入，此阶段网络服务的特点是高度的免费性。

第三阶段：随着社会信息化程度的加快，网络传输层次逐渐高速宽带化。接入设备进一步廉价化和易用性，信息家电崛起，网民数量与消费初具规模。专项电子商务（网络股票交易、网络直销、网络拍卖）开始发展，传统产业与信息技术快速结合，与传统产业相关的信息服务加快发展。这主要表现在原有的产业界限被打破，电信业、网络业、硬件与软件业、出版业、有线电视业，甚至娱乐业等都构成新的融合，旧有的产业运作模式被摧毁。互联网由于有效地降低了资产的成本，提高了运作效率和管理速度，与客户建立了更紧密的关系而成为新商业模式的核心。企业管理业务流程重组和企业重组中以信息流替代物流和资金流，通过信息流动更有效地配置资源，减少中间环节，达到企业与用户之间直接快速的融合。

第四阶段：网民已经成为网络社会的主人。电子服务普遍化，传统产业的价值迅速向网络服务集中，网络服务从专项服务走向全面性的服务，开始取代传统的管理、销售和制造等模式，网络经济高速成长。

第五阶段：逐步实现了统一网络，并迅速进行全球化服务拓展。著名的网络公司将全球资源通过全球化的网络吸收到自己的手里而在网络通路方面基本上是按需分配了，网络经济将成为社会产业结构中的主流。

网络经济作为建立在互联网络基础上的一种新型经济，它在经济运行上、经济增长和经济效率上均有别于传统经济，但总的说来，可以用以下特点来进一步描述网络经济。

一、网络经济是创新推动型经济

由于信息技术和网络技术的蜂聚式创新，使个人计算机得以在20世纪80年代普及美国、互联网得以在90年代得到广泛应用，并由此引发了全球化的网络经济浪潮。然而，网络经济还不仅是由技术创新所推动，为适应技术创新所带来的生产力发展，社会经济方方面面都出现了创新。在技术创新组织方面，信息技术实现了企业再造，展开了供应链管理、企业资源计划等企业经营创新；在技术创新转化方面，出现了促进技术创新转化为生产力的风险投资制度和二板市场；此外，在技术创新激励方面，管理者期权、员工持股计划等分配制度的创新，也在极大程度上促进了创新活动的展开。因此可以说，网络经济是由技术创新、组织创新、市场创新、制度创新等共同推进的创新型经济。

二、网络经济是直接交互经济

互联网的最大特点之一是它的"交互性"，即互联网是一种具有交互性的媒介技术。它除了能提供和传统媒介一样的群体到群体、群体到个体、个体到群体之间的联系，更重要的是实现了个体之间点对点的联系，而与传统媒体不同的是这种联系是一种低成本、便捷和实时的双向互动型联系。正是这种交互特性使互联网也成为一种直接性的媒介，通过互联网络，消费者和企业能够直接对话，实现"产销见面"，从而使企业能够向单个消费者提供定制的产品或服务。

三、网络经济是一种高效率的经济

一方面，由于互联网是24小时不间断地运行，打破了地域间的隔阂，因此在网络平台上进行的经济活动几乎不会受到时间和空间的限制，这在一定程度上节省了交易费用，提高了企业的经营效率。另一方面,互联网的交互性和直接性使网络经济成为一种直接交互经济。因此与传统经济相比,网络经济能提供更广范围和更深层次的高效率的双向沟通,使大规模产品定制成为可能,从而在一定程度上缓解了供需矛盾,提高了市场效率。同时,直接经济的出现改变了传统中间商在产品价值链上的地位,传统的中间商不但没有像人们以前预想的那样消失,反而正在成为新的后勤保障、财务及信息服务的提供者,顺利实现了市场角色的转变,这也进一步提高了网上市场交易的效率。

四、网络经济是无摩擦经济

新制度经济学派的奠基人科斯认为,交易成本是市场机制运行中存在摩擦的结果,它至少包括获取准确的市场信息的成本及谈判与监督履约的成本。随着信息技术和互联网的发展,信息更趋于对称,企业或个人获取信息的能力得到提高。通过互联网获得的这些信息将大大增进企业与消费者之间、企业与企业之间的沟通,减少企业的交易成本。因此,从这个意义上讲,网络经济本身是无摩擦经济,或者更准确地说它是低摩擦经济。同时,网络经济的"低摩擦"特点除了显著表现为市场经济主体对外交易成本的减少以外,还显著表现在对内协同成本的减少上。企业内部局域网的建立和电子邮件在企业内沟通中的广泛运用,使企业成员间能共享信息。而这种信息共享使企业的信息流量增加,从而可以减少组织成员间的摩擦,增进成员间的理解,降低企业内部生产经营的协同费用。尤其在个性充分得到张扬的信息时代,增进沟通无疑能增加企业制度的实施效率。

五、网络经济是虚拟经济

虚拟经济是与物质经济相对应的一种经济形态,经济虚拟化的实现来自人们在观念上对现实经济指标的认可程度。传统经济中的虚拟经济通常指由证券、期货、期权等虚拟资本的交易活动所形成的经济。而网络经济的虚拟性则源于网络的虚拟性,经济活动在由信息网络所构筑的虚拟空间中进行就构成了虚拟化的网络经济。由于网络空间的虚拟化,所有在网络平台上进行的经济活动都是虚拟经济。网络虚拟经济与传统现实经济并存、相互促进,它是传统现实经济的分工,网络虚拟经济处理信息流,而传统现实经济处理物质流。另一方面,传统虚拟经济还进一步放大了网络虚拟经济,虚拟资本对网络经济的超常市值放大功能,导致了网络虚拟经济的泡沫性增强。

六、网络经济是敏捷化经济

网络经济是一种敏捷化经济,具体表现在:①市场的超细分化。由于互联网实现了个体之间的交互,因此在网络经济时代个性得到了极大的张扬。消费者希望获得与众不同的产品和服务,消费需求日益向个性化方向发展。相应地,市场出现超细分,企业的目标市场从群体逐渐细分到了个体。②产品的定制化。凯恩·拜罗认为,"提供定制产品和服务的观念是交互革命的基本原则",因而为适应消费需求的个性化,产品定制模式便应运而生。著名的Levis公司就向它的用户推出了个人定制的牛仔裤,当消费者通过互联网或免费电话与公司联系时,基于互联网的地理信息系统技术就会将他引到最近的店铺提供牛仔裤的个人定制服务。③生产的柔性化。产品定制必须由现代化的柔性生产方式来支撑。这种柔性生产方式是指通过企业内部网控制的数控机床、加工中心等自动化设备,根据网络传输的消费者数据库信息,运用准时生产技术(JIT)进行制造,并以整体优化的观点,消除生产过程中一切不产生附加价值的劳动和资源，实现生产的精益化。同时，柔性化生产方式还包括企业之间的网间互联制造，制造商之间通过互联网相互合作，以虚拟组织、业务外包、动态联盟等形式共同形成制造社区。因此，网络经济实现了在价值创造过程、价值交付过程和价值满足过程中对客户的快速灵活响应，是一种敏捷化经济。

七、网络经济是竞争协同型经济

互联网的出现延伸了市场的边界，全球统一市场的形成使企业面临的市场竞争空前激烈。同时，互联网技术也拓展了企业的边界，使企业组织边界逐渐模糊化，企业间的合作通过互联网得到了前所未有的发展。因此，网络经济时代更强调企业间的竞争和协作，使经济以既竞争又协作的方式运行。在网络经济中，主导企业间竞争的关键是技术和标准，掌握标准的企业在竞争中具有强大的优势，可以通过对标准的控制实现对现实和潜在的竞争者、供应商，甚至对消费者的控制。然而，标准也不是一成不变的，技术创新，尤其是关键技术的突破将有可能改变标准。可见，在网络经济时代，由于技术创新周期的缩短、信息更加充分和对称，竞争将更为激烈，其竞争的过程近乎完全竞争，虽然也有可能导致垄断的市场格局。在竞争的同时，由于互联网平台的建立，企业间的协同程度大大地提高。

1.2 电子商务的定义与属性

1.2.1 电子商务的定义

电子商务（Electronic Commerce），一般理解为通过计算机网络进行的商务活动，人们用通俗的语言称之为"在网上进行的买卖"，"利用电子媒体做生意"。这里，落脚点是商务，包括商贸、服务、经济事务以及行政事务等活动。手段则是当代先进的电子技术、网络技术和数据处理技术。然而，它又不是电子技术与商贸活动的简单相加，而是先进的科学技术"长入"现代经济生活之中，带来一系列从形式到内容的商务革命，进而推动着产业结构、企业组织、经济增长方式、政府行为的深刻变革。

关于电子商务的定义，一些国际组织、政府、企业和学者都提出了自己的见解，至今还不能说哪一种提法最具权威性，可作为定论。1997年11月，国际商会在巴黎举行了世界电子商务会议，会议把电子商务定义为：在实现整个贸易过程中各阶段的贸易活动的电子化。在主体方面，是交易各方以电子交易方式而不是通过当面交换或直接面谈方式进行的任何形式的商业交易；在技术上，包括交换数据、获得数据等多种技术的集合；在业务上，包括信息交换、售前售后服务、销售、电子支付、运输、组建虚拟企业、公司和贸易伙伴可以共同拥有和运营共享的商业方法等。

全球信息基础实施委员会电子商务工作委员会的定义是：电子商务是以电子通信为手段的经济活动。通过这种方式人们可以对带有经济价值的产品和服务进行宣传、购买和结算。这种交易方式不受地理位置、资金多少或零售渠道的所有权影响，公有或私有企业、政府组织、各种社会团体、一般公民、企业家都能自由参加的广泛的经济活动，其中包括农业、林业、渔业、工业、私营和政府的服务业。电子商务能使产品在世界范围内交易并向消费者提供多种多样的选择。联合国经济合作和发展组织将电子商务定义为：在开放网络上的包含企业之间、企业和消费者之间的商业交易。联合国国际贸易法律委员会对电子商务的定义是：采用电子数据交换和其他通信方式增进国际贸易的职能。

美国政府在其"全球电子商务纲要"中认为，电子商务是通过互联网进行的各项商务活动，包括广告、交易、支付、服务等活动，全球电子商务将涉及全球各国。加拿大电子商务协会对电子商务的定义是：通过数字通信进行商品和服务的买卖以及资金的转账，它还包括公司间和公司内利用 E-mail、电子数据交换（EDL）、文件传输、传真、电视会议、远程计算机联网所能实现的全部功能。欧洲议会给出的定义是：电子商务是通过电子方式进行的商务活动，它通过电子方式处理和传递数据，包括文本、声音、图像。它涉及许多方面的活动，涉及货物电子贸易和服务、在线数据传递、电子资金划拨、电子证券交易、电子货运单证、商业拍卖、合作设计和工程、在线资料、公共产品获得等方面。它包括了产品（如消费品、专门设备）和服务（如信息服务、金融和法律服务）、传统活动（如健身、教育）和心理活动（如虚拟购物、虚拟训练）。

从上面列举的部分表述中，我们可以看出，这些提法在基本方面是一致的，可以从中得出一些共同的认识。但各自的具体论述又不尽相同，所指范围差别较大，由此又引出了电子商务概念的狭义和广义之分。共同的认识是：

第一，电子商务是一种全新的商务模式。与传统商务相比，电子商务是在现代电子信息技术基础上实现的一场高效率、低成本、多选择的商务革命。

第二，电子商务是多种高新技术的集合。电子商务的基本技术架构是网络，特别是互联网。它是在微电子、计算机、通信、数据库、信息处理等高新技术基础上发展起来的一种现代生产力。它既是跨国界的全球性信息化工程，又是无国界的全球性网络平台。

第三，电子商务正以其广泛内容和深远影响推动着一场新的产业革命。电子商务的兴起和发展，不只是一种单纯的技术问题，它已成为与经济发展紧密相连的，沟通企业与企业之间、企业与消费者之间、企业与政府之间经济联系的一种特殊桥梁与纽带，会引起产业结构、增长方式、劳动力就业以及人们思维方式、交往方式的重大变革。我们在分析比较中又可看到，给出的这些定义在表述上不完全相同。在技术手段方面，有的突出互联网，有的认为包含各类计算机网络构成的电子数据交换和其他电子通信方式。在商务内容方面，有的专指通过互联网络所从事的在线产品和服务的交易活动，有的泛指一切与数字化处理有关的商务活动，既包括网上交易，也涉及整个市场活动的若干方面，包括了产品、服务以至"传统活动""自理活动"。

国内外企业家和学者在讨论电子商务的含义时，也可以说，基本点是共同的。但由于电子商务本身处于动态发展之中，它既是不断演进的结果，又是不断演进的过程，而这些学者、企业家又有各自的观察角度和不同的实践经验，因而在理解和定义电子商务时也出现某种差别。通常人们把这种认识和实践中的差别概括为狭义的理解和广义的理解。

狭义的电子商务，指通过互联网（Internet）或互联网内部网（internet/intranet）进行的在线销售式的电子商务（Electronic Commerce，EC）。它是通过在技术上、功能上更加拓展了的网络——国际互联网进行的、从更严格意义上规范的在线产品和劳务的交易活动。交易内容包括有形的产品和劳务的交易，如书籍、日用消费品、汽车等买卖活动，以及在线医疗咨询、旅游安排、远程教学活动，也包括一些无形产品，如新闻、音像、数据库、软件等知识、信息的提供等。

广义的电子商务，泛指运用现代电子信息技术，以整个市场为范围的商务活动。在技术手段上，不限定于国际互联网，而是泛指一切与数字化处理有关的电子信息技术、网络技术以及其他交换数据、获得数据的技术。即从初级的电话、电报，到国家信息基础设施（National Information Infrastructure，NLL）、全球信息基础设施（Global Information Infrastructure，GLL）和因特网等现代计算机网络系统。在商务范围方面，也不仅限于通过互联网进行的在线式产品和劳务的交易活动，它还包含与整个市场活动相关的若干方面，如产品设计与生产、产品和劳务的广告促销、交易双方的磋商签约、产品的分拨运送、货款结算以及售后服务等。

我们在分析比较中感到，电子商务定义的狭义和广义之分，不在于哪个反映的是电子商务的初级形态，哪个反映的是电子商务的高级形态，也不在于哪个仅强调技术手段，哪个则突出商务活动的内容，倒是从技术进步和商务活动的统一上体现了电子商务发展的动态过程。在这一过程中，政府、企业和学者们所处的地位和视角不尽一致，对电子商务的参与程度也不尽相同，因而对电子商务的诠释也有差别。从动态上看，电子商务起源于无纸贸易（Electronic Trade，ET），最初被用于部分企业与客户的交易中。它简化了交易手续，提高了交易效率，降低了交易成本，为很多企业所仿效。但各企业所制定的交易程序不一致，为保证交易的安全、可靠和顺畅进行，就需要形成一套完整的标准体系，于是出现了按照标准格式进行数据传输而达成的交易活动，即电子数据交换（Electronic Data Interchange，EDI）。随着电子信息技术的迅猛发展，西方信息基础设施计划的推行，出现了互联网并得到迅速发展，进而引致网上在线式电子商务（EC）。

EC较之先前的EDL，程序更加简化，费用也大为降低，使中小企业从事电子商务成为可能。不少企业正是从其技术发展和商务实践中将电子商务做了动态的系统分析，给出电子商务的定义，并强调电子商务涉及企业的各种经营管理活动。电子商务是一个动态的发展过程，这个过程的内涵是现代科技不断长入经济，进而创造出新的经济关系形式和经济活动方式；这种新的经济关系和经济活动又为更高水平的科技发展及其对经济的渗透创造了条件。从经济学上讲，这一动态过程所体现的，正是现代生产力发展和生产关系变革的矛盾运动。因而在定义电子商务时，只注意到它的技术手段方面，把电子商务归结为商务活动的电子化是有偏颇的；或者把技术手段与商务活动只局限于某一发展阶段的具体内容和表现，或者将一切与电子信息技术和商务活动相关的，但又具有独立含义的业务活动、管理活动等全部纳入电子商务范畴，也是欠妥的。本书中经济学意义上的电子商务，应当反映现代电子信息技术与新型商务活动的统一，应当体现出它的经济含义和历史发展。这样，可以把电子商务定义为：以电子信息技术特别是网络互联技术为基础，以交易各方为主体，在企业与企业之间、企业与消费者之间、企业与政府之间发生的，包括在线式电子交易在内的多种新型商务活动。

1.2.2 电子商务发展历程

1839年当电报刚出现的时候，人们就开始使用电子手段从事商务活动了。随着电话、传真等工具的应用，现代商务一直与电子技术密切地联系在一起。但是，真正意义上的对电子商务的研究和应用始于 20 世纪 70 年代末。我们可以把电子商务的发展分为两个阶段,即始于 20 世纪 80 年代中期的 EDI 电子商务和始于 20 世纪 90 年代初期的 Internet 电子商务。早在 20 世纪 70 年代末,就出现了作为企业间电子商务应用系统雏形的电子数据交换 EDI(Electronic Data Interchange)和电子资金传送 EFT,而实用的 EDI 商务在 20 世纪 80 年代得到了较大的发展。EDI 电子商务主要是通过增值网络 VAN(Value-Added Networks)实现。通过 EDI 网络,交易双方可以将交易过程中产生的询价单、报价单、订购单、收货通知单和货物托运单、保险单和转账发票等报文数据,以规定的标准格式在双方的计算机系统上进行端对端的数据传送。到了 20 世纪 90 年代,EDI 电子商务技术已经十分成熟。应用 EDI 使企业实现了"无纸贸易",大大提高了工作效率,降低了交易成本,减少了由于失误带来的损失,加强了贸易伙伴之间的合作关系。因此,EDI 在国际贸易、海关业务和金融领域得到了大量的应用。众多的银行、航空公司、大型企业等纷纷建立了自己的 EDI 系统,在贸易界甚至提出了"没有 EDI 就没有订单!""EDI 引发了贸易领域的革命!"等口号。然而,EDI 电子商务的解决方式是建立在大量功能单一的专用软硬件设施基础之上的,当时网络技术的局限性限制了 EDI 的应用范围扩大。同时,EDI 对技术、设备、人员有较高的要求,并且使用价格极为昂贵。受这些因素制约,EDI 电子商务仅局限在先进国家和地区及大型企业范围内,在全世界范围内得不到广泛的普及和发展,大多数中小企业难以应用 EDI 开展电子商务活动。

随着 Internet 和计算机网络技术的蓬勃发展,网络化和全球化已成为不可抗拒的世界潮流,联通全世界的电子信息通道已经形成,应用 Internet 开展电子商务业务也开始具备现实条件,电子商务获得长足发展的时机已经成熟。在 20 世纪 90 年代初期,计算机网络技术有了突破性的发展,依托 Internet 的电子商务技术也应运而生。Internet 电子商务主要是以飞速发展的遍及全球的 Internet 网络为架构,以交易各方为主体,以银行支付和结算为手段,以客户数据库为依托的全新商业模式。它利用 Internet 的网络环境进行快速有效的商业活动,从单纯的网上发布信息、传递信息到在网上建立商务信息中心;从借助于传统贸易某些手段的不成熟电子商务交易到能够在网上完成供、产、销全部业务流程的电子商务虚拟市场;从封闭的银行电子金融系统到开放式的网络电子银行。在 Internet 上的电子商务活动给企业在增加产值、降低成本、创造商机等方面带来了很大的益处。除了 Internet 的发展外,信息技术也得到了全面发展。例如,网络安全和管理技术得到了保证,系统和应用软件技术趋于完善等,这一切为 Internet 电子商务的发展和应用奠定了基础。

Internet 上的电子商务之所以受到重视,是因为它具有区别于其他方式的不同特点,具有诱人的发展前景。它可以使企业从事在物理环境中所不能从事的业务,有助于降低企业成本,提高企业竞争力。对各种各样的企业,无论大小,Internet 都为其提供了广阔的发展空间和商机,帮助它们节约成本、扩展市场、提高效率并抓牢客户。中小企业可以用更低的成本进入国际市场参与竞争。同时,它能为广大的网上消费者提供更多的消费选择,使消费者得到更多的利益。电子商务也是一场革命,它打破了时空的局限,改变了贸易形态,使 Internet 成为一种重要的业务传送载体,汇聚信息,生成新的业务,产生新的收入;它使企业可以进行相互连锁的交易;电子商务可以使企业逐渐提高自己的适应导航功能。企业通过网上搜索、交换信息,使业务交往个人化并具有动态特征,以赢得用户的欢迎,获得效益。

Internet 上电子商务迅速兴起的另一个深刻的背景是，因为 Internet 的爆炸性发展，促进了信息技术更加广泛的应用，由此引起的剧烈的全球性竞争要求企业具有比竞争对手更大的灵活性以适应业务需求的变化，提高投资回报率，缩短新产品上市时间，为消费者提供最佳的价格、及时的商品交付和较好的售后服务。为了适应新的市场发展需要，全球企业的经营模式面临新的挑战，企业必须调整自己的经营方式和生产结构，才能够在适者生存的市场竞争中取得立足之地。因此，电子商务的应用已经成为企业在商场上克敌制胜的关键技术。目前，世界各大 IT 厂商积极推出的面向电子商务的软件产品和解决方案，使人们越来越清楚地看到电子商务的优势和实际应用价值。Interne 上的电子商务已经被公认为现代商业的发展方向，它是一个发展潜力巨大的市场，具有诱人的发展前景。根据国际 Internet 协会的统计数字，1997 年，全球电子商务营业额已经达到 26 亿美元。到 1999 年年底，通过互联网实现的交易活动达到 430 亿美元；2000 年，全球电子商务的交易量达到 1 560 亿美元；而到 2011，年全球电子商务交易已经达到 40.6 万亿美元以上。

电子商务作为一种崭新的商务交易活动方式，已成为推动未来经济增长的关键动力。因此，在全世界范围内已经形成了一个巨大的电子商务市场。在亚洲地区，电子商务的交易额到 1999 年年底已超过 30 亿美元，并且正在迅速增长。电子商务市场完备的双向信息沟通、灵活的交易手段和快速的交货方式将给人们带来巨大的经济效益，促进社会生产力的大幅度提高。电子商务的广泛推行，大大加速了整个社会的商品流通，尤其是能使中小企业以更低的成本进入国际市场参与竞争。电子商务也为消费者提供了更多的消费选择，使消费者得到更多的实惠。近年来，世界各国政府与国际组织相继提出了一系列促进电子商务发展的建议。联合国国际贸易法委员会于 1996 年 6 月提出了电子商务示范蓝本，为各国电子商务立法提供了一个范本。1997 年 4 月，欧盟提出了"欧盟电子商务行动方案"，对信息基础设施、管理框架和商务环境等方面的行动原则进行了规定，以促进欧洲电子商务的发展，提高欧盟的全球竞争力。为此，欧盟在网络开放、平等接入、知识产权保护、安全认证等方面制定了一系列法规性文件和指令。1997 年 7 月 1 日，美国政府发表了"全球电子商务框架"文件，提出了开展电子商务的基本原则、方法和措施。1997 年 2 月 5 日，美国与欧盟共同发表了有关电子商务的联合宣言，就电子商务的有关原则达成了一致意见。美国与日本就电子商务问题正在进行谈判。所有这些都说明，为创造一个适应因特网这一国际性媒体的电子商务框架，各国政府和国际组织正在进行积极的磋商和开拓性的工作。

1.2.3 电子商务的经济属性

上述有关电子商务的定义形成于多年以前，当时的电子商务发展尚处于雏形，不仅相对简单，而且很多的属性、特征和业态都远未得到明显的显露，甚至还不具备产业属性。其中竟然没有电商平台的角色，而就目前的情况来看，电商平台在电子商务发展中正扮演着核心的作用。因此，我们实际上难以从这些定义中去探寻当前我国电子商务经济的复杂内涵及其庞杂的相互关系。要深入认识当前我国电子商务经济的具体属性，必须结合以下几个方面的具体情况。

一、信息化

作为信息化重要组成部分的电子商务，在不同国家其发展路径存在些许差异。在美国，互联网首先应用于电子商务,并通过电子商务的发展,促进政府信息化建设和电子政务的发展。而在我国,由于企业在开展信息化建设方面存在认识方面的差异,电子商务的发展在初期一直比较缓慢,反倒是政府信息化对包括电子商务在内的国民经济和社会发展信息化起了龙头作用。在电子政务的拉动下,在整个社会的信息化应用水平得到大幅度提升之后,近年来尽管仍然受到国际金融危机和世界经济低迷的影响,我国的电子商务却还是保持快速发展势头,电子商务反过来又成为拉动整个社会信息化发展的重要动力。从这里可以看出,电子商务既是信息化发展的一部分,需要得到其他相关支撑,同时也是整个信息化发展的重要基础,电子商务的发展能够有力地促进整个社会的信息化水平。

二、参与主体

上述电子商务定义主要是从产品和服务提供者与需求者的角度去界定电子商务的类型,其中并没有考虑作为电子商务第三方的电商网站的价值和地位。从这些年我国电子商务发展情况来看,电商网站在日益引导整个电子商务的发展方向,并对实体经济产生相应的竞争与替代作用。

电商网站应该被看作是电子商务发展的核心。

在电子商务发展初期,其参与主体只有三类:产品服务供给方、需求方及第三方的电商网站。电商网站在其中只是起着信息中介的作用。然而,近年来随着电子商务的深入发展及信息化建设的需要,参与电子交易的对象领域越来越多:先是物流和广告,接着是金融支付,然后就是征信、网络搜索,网络社区在兴起之后也很快投入电子商务之中,派生出电子商务的"团购模式"。当前,电子商务与传统的物流及信息化建设的各个层面融合在一起,其传统的贸易属性正变得日益模糊(如图1-1所示)。

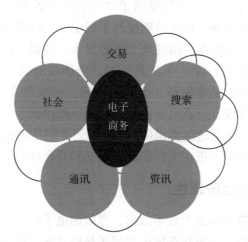

图1-1 电子商务发展的相关载体

资料来源:艾瑞咨询集团2009年6月的研究报告《中国电子商务发展趋势》。

三、供给、需求

从产品、服务市场来看,我们可以区分供给与需求关系,然而从电子商务建设角度来看,实际上还存在另一种供给和需求关系:一方面,无论是产品和服务的供给者还是其需求者都希望通过互联网以电子商务形式实现贸易过程;另一方面,要实现这个贸易过程,不仅需要企业提供相应的信息技术支持以建立电商网站，同时也需要物流、电子支付、信用管理、电子认证、网络安全等技术和行业的支撑。为此，我们可以将产品、服务的供需双方看作是电子商务建设的需求方，而将提供电子商务建设服务的企业及上述物流、电子支付、信用管理、电子认证、网络安全等企业看作是电子商务建设服务的供给方。而就电子商务建设服务的供给情况来看，物流、电子支付、信用管理、电子认证、网络安全、软件服务等每个领域都在呈现日益多样化的服务业态，成为促进各行业发展特别是传统行业信息化发展的重要基础和支撑手段。

我们可以以图1-2表示电子商务建设服务的供给与需求关系。

一方面，上述从需求层面去认识电子商务应用有利于加强我们对"两化融合"问题的认识。产品或服务提供者主要是企业特别是中小企业，电子商务的发展将几乎所有的中小企业都迁移到互联网上来，从而直接加速了企业信息化进程。这不仅会促使企业加快建立自己的信息管理系统，而且对制造企业来说，还会将其与生产流程联系起来，从而进一步加速信息化与工业化的融合。

另一方面，上述电子商务建设服务的供给层面有利于加深我们对电子商务的专业化分工及其复杂业态的认识。在电子商务发展初期，很多支撑电子商务的服务项目都规模较小，其独立特性难以体现出来，但是在电子商务规模做大之后，各相关项目也都随之做大并日益专业化，成为一个独立发展、壮大的行业。例如，现代物流业中异军突起的快递业务、电子支付及网络平面广告业务。这些业务既有传统业务，如快递，也有新生业务，如网络平面广告。这些业务的专业化将进一步带来本行业的规范化发展，并将进一步推进电子商务的整体进步，是未来电子商务深入发展、做大做强并形成其成熟商业模式的基础。

四、产业属性

我们难以从电子商务的最初定义中发现其产业属性，但是经过上述的供给与需求的分解，特别是从需求层面进一步展开的专业化分工演化及其所出现的复杂业态之后，电子商务的产业属性才清晰地显现出来。

在这种情况下，近年来我国学者开始将电子商务建设服务的供给层面的各类专业化分工业态称为电子商务服务业，而将其需求层面看作是电子商务应用业。这种认识也在商务部发布的《"十二五"电子商务发展指导意见》（商电发第375号）中得到应用，该文件将电子商务服务平台、信用保障、电子支付、物流配送和电子认证等作为电子商务服务业发展的主要内容。

从产业分类来看，电子商务本身属于服务业的范畴，是服务业的电子商务部分，是现代服务业的一个重要组成部分。但是，电子商务服务业与服务业的电子商务却有着根本的区别。服务业的电子商务是传统服务业的电子化，是传统服务业利用信息技术的升级形态。电子商务服务业是指伴随电子商务的发展、基于信息技术而衍生出的为电子商务活动提供服务的各行业的集合，是构成电子商务系统的一个重要组成部分和一种新兴服务行业体系，是促进电子商务应用的基础和促进电子商务创新和发展的重要力量。可见，电子商务服务业面向企业和个人，以硬件、软件和网络为基础，提供全面而有针对性的电子商务支持服务，主要包括基于互联网的交易服务、业务支持服务及信息技术系统服务三个部分。电子商务服务业是以电子商务平台为核心，以支撑服务为基础，整合多种衍生服务的生态体系。电子商务服务业的类型及相互关系如图1-2所示。

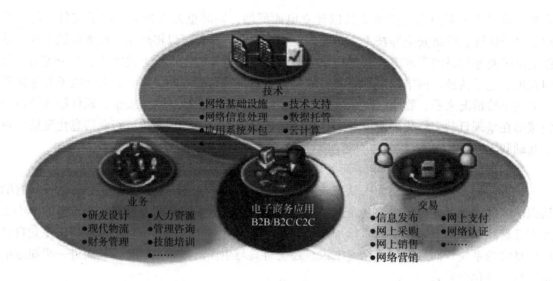

图1-2 电子商务的供给、需求与业态

资料来源：IDC公司2011年1月的电子商务白皮书：《为信息经济筑基——电子商务服务业及阿里巴巴商业生态的社会经济影响》。

1.2.4 电子商务的技术支撑

以物联网、云计算、大数据及移动智能终端为主要代表的新一代信息技术不仅将改变产业及整个信息化建设的格局，也将给电子商务经济带来重大影响。从发展趋势来看，这些重大影响主要体现在以下几个方面。

一、物联网与现代物流业

作为电子商务服务业重要一环的传统物流业将因新一代信息技术而得到现代化的改造（如图1-3所示），即通过网络通信技术改造信息流、物流、资金流，使信息能够实时地向

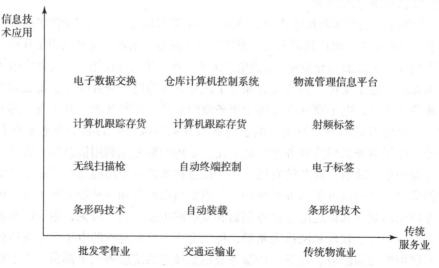

图1-3 传统物流业的信息化

资料来源：吉丽等. 信息消费——经济增长新动力，《通信企业管理》，2013年第3期。

上下游传递，提升供应链的效率，减少库存，提高资金周转率。与此同时，随着网络渗透率的稳步提高，新兴的商业模式与传统服务业将进一步融合，使得某些传统服务业得以逐渐打破时间、空间区域限制而向更广泛的区域转移。例如，在传统服务业中，交通运输、仓储、邮政业属于生产性服务业，但是通过利用新一代信息技术来实现交通一体化，可将其逐渐转向现代物流业。通过现代化改造的物流业将对批发零售市场产生重大影响，区域性物流中心将得以向广大的中西部地区迁移，促进产品、服务向中西部市场的扩展。因此，借助于现代物流业，电子商务将能够有力地改善当前区域经济发展的不平衡局面。

二、云计算

电子商务的社会化应用给电子商务服务企业带来极大的压力。首先，近年来电子商务用户数量以百万甚至是千万级规模在海量增长，而且每天的交易订单数量也同样海量增长，这些信息资源既有结构化数据，也有半结构化、非结构化数据，不能以单一简单的日志形式存储处理，同时，所有这些数据都需要经过清洗、分析、建模、加密、搜索、制作等一系列环节。处理和存储这些海量数据的工作就变得非常重要。其次，在一年当中，全社会的电子商务交易量存在着季节性差异，电商平台为处理高峰时期的交易需要建设庞大的数据中心，但在低谷时期这些资源却被闲置或被低效率地使用。

而云计算的出现则为电商平台企业提供了缓解这种资金、资源压力的技术手段。云计算之所以能在极短的时间内就在全球范围内带来普遍的关注，是因为它本身并不仅仅是一项新技术，更是因此而引发的对于所有产业（无论是工业还是服务业）的、全行业的一种革命性经营方式和服务模式的变革。通过云计算技术，电商平台企业不仅可以规模化地提升资源利用效率、减少运营投资，从而大幅度降低运营成本，同时还可以吸纳更多电子商务应用企业加入云计算平台之中，实现电子商务平台与整个电商买家和卖家的一个合作共赢的产业生态系统。

对于电商平台而言，云计算不仅能够帮助其快速处理海量资源，而且可以将其"匀"给其他企业使用并以此收取合适的费用，以弥补其初期的大量投资及其日常运维成本。

对于众多中小企业来说，这个云计算平台不仅可以为其提供量身定制的业务信息管理系统，而且可以将自身内部的制造业务与电商平台结合，实现企业内部与外部合作伙伴的无缝连接。在这种新的模式下，电子商务平台实际上承担着一种领头羊的作用，带领、推动后面无数的制造业企业和行业实现创新发展和转型升级。这为真正实现信息化与工业化的融合提供了一条切实可行的技术路径。

三、大数据

对电商平台来说，云计算与大数据密切相关。电商平台在长期的经营过程中，积累了大量关于用户的、蕴藏潜在经济价值的数据，这些数据来自电商平台的营销体系、广告推送、捕获系统、销量预测系统、物流配送调用乃至其移动终端。要发现、利用这些海量数据的经济价值，就必须对其进行全面系统的挖掘。然而，从技术上讲，要对存储在云计算中心的这些海量数据进行处理，需要经过清洗、分析、建模、加密、搜索、制作等一系列环节，而所有这些环节都属于整个"大数据"处理的一个流程。

对电子商务而言，大数据处理的应用主要体现在两个方面：首先是电商平台的综合应用。例如，把握平台自身的宏观数据，即供应商规模、能够供应的产品服务种类、每天的交易规模、供应商与需求者的细分领域及其特征等，从而为自身的综合决策奠定基础；将这些数据结果一方面服务于电子商务应用企业，帮其分析市场需求，另一方面也服务于其他电子商务服务业伙伴，例如广告、市场调查与分析公司等。其次，大数据将通过广告实现电商平台的产品服务供给者与潜在需求者之间的直接关联，通过这种精准营销减少市场的信息不对称及其社会交易成本。

从长期趋势来看，近年来受到广泛关注的打印技术也将对未来电子商务的发展产生深刻的影响，甚至是改变人类社会的产品生产流程、生产者与需求者之间的关系。如果电商平台能够有效地糅合其云计算与大数据的技术应用，那么就能超越所谓的"量身定制"产品消费者提前介入产品的设计、制造阶段，使生产者与消费者成为全社会产品价值的共同创造者和利益相关方。

四、智能移动终端

从近年来的智能移动终端的应用情况来看，电子商务已经越来越成为其撒手锏式的应用，电子商务与移动智能终端相互促进，正在推动整个信息消费市场的快速发展。

智能移动终端将对电子商务服务业产生重要的影响，加速其业态的进一步演化。这其中，电子支付的变化最值得关注。第三方电子支付将日益从电子商务平台独立出来，根据用户需求"量身定制"，成为整个互联网与智能移动终端市场发展的基本工具。而电子支付的这种独立性还将进一步向金融领域拓展，从而对金融信息化产生又一轮的深刻影响。

1.3 电子商务经济学的定义界定与研究内容

1.3.1 电子商务经济学的定义与产生

电子商务经济的迅速发展极大地改变了社会经济生活的运行方式。然而，在蓬勃发展的电子商务经济浪潮中，人们对电子商务实践活动的研究甚于对电子商务理论的研究，对企业管理方面的研究甚于对电子商务的经济学分析，这不能不说是一种遗憾。通过多年的实践，人们逐渐认识到电子商务经济并不是传统经济在虚拟世界中的一个简单的映射，不是传统经济中的实体通过互联网技术进行技术上的变换就成了电子商务经济。电子商务市场中不仅出现了许多新的经济实体，比如数字安全认证机构等，而且对传统经济实体也提出了挑战，比如企业如何对数字产品定价，中央银行如何监管电子货币等。这些问题的出现对经济学的宏观、微观基础都有很大的影响。对电子商务进行经济学意义上的研究，是现代经济学理论研究的一个极具前沿性的课题，也是保证和促进电子商务经济健康迅速发展必须直面的任务。

人类社会的发展，最根本的动力是生产力的发展，而在决定生产力发展的诸因素之中，科学技术是其中最具影响力的一个因素。马克思指出："随着大工业的发展，现实财富的创造较少地取决于劳动时间和已经耗费的劳动量，较多地取决于在劳动时间内所运用的动因的力量……或者说取决于科学在生产上的应用。"现在人类社会正经历着一场深刻的技术革命——数字或信息网络革命。数字革命使整个社会和经济产生了深刻的变化，因此有了电子商务经济这种说法。在此之前，经济学家已根据未来科技的发展趋势而对经济社会有各种各样的描述。20世纪70年代，美国丹尼尔·贝尔首先提出了"后工业经济"的概念；20世纪70年代初，美国波拉特向美国商务部提交了一份题为《信息经济》的报告，奠定了"信息经济"的理论基础；1996年经合组织提出了"知识经济"（Knowledge-based Economy）的概念；而新经济，是由美国一些经济学家针对美国经济1991年4月份以来到年底，在财政赤字、失业率和通货膨胀持续走低的情况提出来的。关于未来经济社会的这几种描述，都是从不同的角度去反映社会经济现象，后工业经济理论提法较早，随着信息技术的发展及信息产业的兴起，出现了信息经济经济的进一步软化，信息升华为知识，知识所起的作用越来越明显，又有了知识经济的提法。在知识经济的基础上，出现了一些新的经济现象，"新经济"的提法应运而生。不管怎么说，这些提法都是随着生产力，特别是科技的发展不断更新的。这些对经济社会的描述，大多脱离不了信息技术的发展，特别是计算机及互联网络的发展。20世纪90年代以来，随着计算机、通信技术的日益发展和融合，特别是互联网络的普及应用和发展，信息处理和传递突破了时间和地域的局限。电子商务经济这一称谓正是在这种情况下被提出来的。因此，"电子商务经济"的提法并不是对前面一些提法的否定，它只是当科学技术发展到一个更新的阶段，影响到整个经济社会之时，对即将或者说正在出现的新的社会经济现象的一种称谓。电子商务经济是在前面的后工业经济、信息经济、知识经济和新经济的基础上发展起来的。

电子商务经济学与网络经济学有很深的渊源。正如前文所述，网络经济学也称作"网络产业经济学"（The Economics of Network Industries），它实际上一直被划归在通信经济学（The Telecommunication Economics）的范畴中。20世纪90年代以来，Internet的发展使得与互联网相关的经济问题成为研究的重点。随着电子商务经济的勃兴，目前的研究重点又转向对电子商务经济学的研究。电子商务经济学的发展十分迅速，已经走出了"象牙塔"式的研究，成了一门比较成熟的经济学课程。美国的许多学校，如纽约Adelphi大学、得克萨斯大学等都开设了"电子商务经济学"课程。美国的经济学家在著作中提出了"电子商务经济学"的概念。电子商务和信息网络实际上是一个硬币的两面，电子商务是以信息网络为载体进行的交易活动，通过信息网络可以使交易以低成本、高效率、实时地进行，从而更新了交易方式、扩大了市场范围、方便了交易的进行。美国的第一本《电子商务经济学》教材分析了网络经济时代数字产品区别于实物产品的经济学特征；分析了质量不确定性问题；讨论了中介在预防市场失灵中的作用，如何保护版权以提高电子商务的市场效率和产品质量，以及广告和其他营销策略的作用，买方利用网络查询产品质量和价格等行为对电子商务的影响，网络经济中的三大产品策略：产品选择和定制、消费者偏好、差别定价，电子商务对财政金融的影响。本书用微观的经济学分析为电子商务这样一个全新商业模式的发展做了基础性的经济学解释，并对电子商务发展的战略前景做出了预测，是电子商务经济学的经典之作。

所谓"电子商务经济"，从狭义上看，是通过计算机技术和互联网络进行的经济活动。从中观层面看，就是与电子商务紧密相连的网络产业，既包括网络贸易、网络银行、网络企业以及其他商务性网络活动，又包括网络基础设施、网络设备和产品以及各种网络服务的建设、生产和提供等经济活动。从广义上看，电子商务经济是从经济的角度对未来经济社会的描述，是突破时空限制的生产者和消费者直接见面的经济，即社会化了的直接经济。电子商务经济学就是以电子商务的经济现象作为研究对象的经济学。或者说，电子商务经济学是将电子商务市场或在线市场作为研究对象而形成的一门新兴经济学分支学科。

1.3.2 电子商务经济与其他相关概念的比较分析

在现实生活中，信息经济、网络经济、知识经济、数字经济、媒介经济、新经济等概念经常与电子商务经济互用或借用。其原因在于，电子商务这样一个新生事物还没有被人们完全认清，所以，人们以自身所处的经济环境中感受到的电子商务影响为基础，从各自的认识和视角出发，提出了对电子商务经济不同的理解和定义。我们选择几种常见的概念与电子商务经济进行比较分析。

一、信息经济与电子商务经济

信息经济是目前常见的一个概念。实际上，对"信息经济"这一人们已经耳熟能详的概念，现在仍然存在着各不相同的认识和描述。

按照马克卢普和波拉特的观点，信息经济可以理解为：国民经济中所有与信息从一个模式向另一个模式转换有关的经济活动领域。他们对信息经济研究的重点是，通过对信息活动、信息资本、信息劳动和信息职业的重新定义、分类并计量化，来定量描述信息经济的结构、规模和发展趋势。

我国学者对信息经济的研究主要以乌家培为代表。乌家培等人在《经济信息与信息经济》一书中指出，信息经济以信息技术为物质基础，以信息产业为部门构成，以信息活动作用的强化为主要特征。在信息经济中，经济活动对信息活动的依赖达到了空前的地步。

与电子商务经济相比较，信息经济从要素重要性的角度出发，强调信息在经济活动中的突出地位和作用，是与物质经济（包括农业和工业经济）相对应的概念。从信息经济和电子商务经济的关系上看，信息是电子商务经济活动生存与发展的"内容"，电子商务经济及其网络架构是信息的运行结构和基础；前者在后者结构内或基础上流动、交互，后者为前者提供运动的物质基础和技术基础。因此，信息经济与电子商务经济在本质上是相通的。

由此可见，电子商务经济是指建立在由信息技术所构建的信息网络基础之上的一切经济活动。在电子商务经济中，信息的生产与应用占据中心地位。电子商务经济不是单指某一个具体的行业，而是信息技术与经济活动的全方位融合。因此，电子商务经济的发展，不是对农业经济、工业经济和服务经济的否定，而是以信息化为手段来促进原有经济形态发展。

二、知识经济与电子商务经济

知识经济就是以智力资源的占有、配置，以科学技术为主的知识的生产、分配和使用（消费）为最重要因素的经济。

知识经济不同于以传统工业为产业支柱、以稀缺自然资源为主要依托的工业经济，它以高技术产业为第一产业支柱，以智力资源为首要依托，是可持续发展的经济。从产业依托来看，知识经济更多体现的是经济的内在驱动要素，较好地将新型经济从传统的工业经济和农业经济中界定出来，这一点与电子商务经济是相符合的。

三、数字经济与电子商务经济

数字经济包括两个方面，即电子商务（通过互联网或其他非独占的、以网络为基础的系统进行业务往来的交易方式）及其赖以实施的信息技术产业。数字经济是从信息存在形式的角度来描述经济态势。正如美国商务部报告中所说，在这场"数字革命"中，互联网是基础设施，信息技术是先导技术，信息产业是带头和支柱产业，电子商务是经济增长的发动机。由于数字经济较好地反映了信息技术数字化和网络数字化的现实，所以说，电子商务经济也是数字经济。

四、新经济与电子商务经济

20 世纪 90 年代，美国经济保持了长期、持续稳定的增长，其经济发展以低失业率、低通货膨胀率为显著特征。传统的经济增长理论认为：当一国接近充分就业和生产能力基本达到充分利用时，通货膨胀的压力就开始上升，就会阻碍经济的增长。所以，一般认为，当美国的经济增长率在 2.596 以上，失业率降至 6.5% 以下时，就会出现难以避免的通货膨胀和经济周期。然而，美国的经济增长持续了近 9 年（1991.4—2000.2），远远超过战后前八次经济复苏平均 50 个月的期限，成为战后以来美国最长的一个经济增长周期。

美国经济的增长突破了传统的经济增长模式，因此引起了各界广泛的关注。美国《商业周刊》将这种现象称为"新经济"，新经济的主要特点在于现代信息技术手段渗透到经济当中，引起的一种高增长、低通胀的经济情况，这与电子商务经济是相吻合的。

五、网络经济与电子商务经济

与电子商务经济关系最密切的概念是网络经济。

最早的网络经济概念是指网络产业经济（Network Industries Economy），包括电信、电力、交通（公路、铁路、航空）等基础设施行业。之所以被称为"网络经济"，是因为这些行业都具有"网络"式的结构特征和由此引发的经济特征。随着互联网在经济活动中的作用越发凸显，人们把网络经济中的网络的含义更多地赋予了互联网。

一般认为约翰·弗劳尔（John Flower）最先提出"网络经济"（Internet Economics）一词，但是对网络经济的内涵却很少有人进行明确的阐述。

美国得克萨斯大学 1999 年 10 月发布的《测量 Internet 经济》是全球第一份网络经济发展的实证分析报告。该报告把网络经济分成四个层次：依次是网络基础结构、网络应用基础结构、网络中介和网上商务。第一层网络基础结构包括网络主干提供商、网络服务提供商、网络硬件/软件公司、电脑和服务器制造商、安全卫士、光纤制造商、线性加速硬件制造商。第二层应用基础结构描述了网络顾问、网络商业应用、多媒体应用、网络发展软件、内容搜索软件、在线培训、网上数据库产业的发展。第三层描述了网络中介市场的发育，包括垂直做市商、在线旅游代理商、在线股票交易、内容门户、内容提供商、网络广告经纪人、在线广告商的市场发育情况。第四层是在线交易，也是网络经济链条中的最高形态，包括电子零售商、制造商的在线销售、在线娱乐、专业服务等。

用网络经济这一称谓为经济命名是从经济活动的主体媒介或者说是载体出发，突出了互联网的关键地位，同时，这一概念也突出了经济中网络结构的特点，强调不同的经济主体之间是互联的。这一概念与电子商务经济的概念最为类似，甚至是等同的。

以上种种称谓都是从某个特定的方面来反映目前的经济特征，从本质上看，这些不同的概念所表述的对象是一致的，只是看问题的角度和强调的重点有所不同，不同的人从不同角度往往有不同的界定。这些概念有所区别，但不是依次更替、相互排斥的关系，而是互相缠绕、相互重叠的，具有很强的共生性。

电子商务经济强调的是现代信息技术和经济的网络化特征。从经济特征和技术背景来说，电子商务经济就是"网络经济"；从国民经济构成和主导产业的意义上说，电子商务经济是"信息经济"；从经济活动的技术含量和知识的作用上来说，电子商务经济是"知识经济"；从现代信息技术的数字化特征来看，电子商务经济是"数字经济"；从信息网络作为第四代传播媒介，并且被广泛应用于经济活动的角度来看，电子商务经济也可以说是"媒介经济"；从经济特征与经济规律出现一些根本性变化的角度来看，电子商务经济应该称作为"新经济"。

尽管电子商务经济有多种称谓，但无论哪种称谓，其核心含义都是指由于信息技术在经济领域中的普遍应用，使得经济信息成本得以急剧下降，从而导致信息替代资本在经济中的主导地位，并最终成为核心经济资源的全球化经济形态。总的来说，电子商务经济是在以互联网为代表的现代信息网络融入经济活动之后，所出现的高效率的经济运行态势。因此，中外学者尽管对电子商务经济的认识莫衷一是，众说纷纭，但大都把电子商务经济基本等同于网络经济，其核心是电子商务。

1.3.3 电子商务经济的特征

一、网络型经济

电子商务经济以互联网技术的充分发展为基础。在互联网出现之前，企业要做到以客户为核心生产和销售产品几乎是不可能的。因为信息严重不对称，企业无法了解客户的信息。比如，企业要发送调查表，然后回收调查表，对调查表进行统计，对客户进行反馈，这些行为如果采用传统的电话或者邮件的方式来进行的话，成本是很高的。现在，随着互联网和计算机人工智能技术、数据库技术的发展，企业可以便利地搜集顾客的信息。这一能力的增强为企业从以产品、服务为核心，转变为以客户为核心，并不断满足消费者的个性化需求奠定了基础。因此，从这一角度上说，电子商务经济是网络型经济。

二、创新型经济

著名经济学家熊彼特（J. A. Schumpter）在其《经济发展理论》一书中提出了"经济创新"的概念。根据他的定义，"创新"是指"企业家实行对生产要素的新的结合"。熊彼特的"创新"不单纯是一个技术概念，它不等同于技术上的新发明。在他看来，只有把技术发明应用于经济活动，并为它创造相应的体制和建立管理组织做保证时，才能成为创新，才能促进经济的发展。而创新就必须有企业家，人类社会的发展就是靠有眼光、有胆量、有组织能力的企业家推动前进的。

在电子商务经济中，以风险投资为支撑，以创新为动力的企业家精神快速发展，为经济的发展做出了贡献。实际上，在电子商务经济中，技术创新、管理创新、制度创新、观念创新，尤其是制度创新已经成为市场主体生存和发展的关键，成为经济增长的强大推动力。这些创新与企业家精神的结合，保证了电子商务经济中持续创新机制的形成。

三、智力（知识）型经济

电子商务经济又是一种以智力（知识）资源的占有、配置、使用为最重要因素的经济。

传统经济的发展主要取决于自然资源、资本等的占有和配置。在电子商务经济中，自然资源的作用退居次要地位，而智力（知识）、信息等成为经济发展的决定因素。智力（知识）是凝聚并表现于特定人才和技术之上的创造力和拓展能力，其主要形态是特定知识及其开发和运用。智力（知识）是企业拥有的一种资本，智力（知识）资本的丰裕程度决定着企业的竞争优势。在电子商务经济中，财富和权力的再分配取决于拥有的智力（知识）和信息。所以说，电子商务经济是智力（知识）型经济。

四、可持续发展型经济

在工业社会中，技术发明的指导思想是：尽可能充分地利用自然资源，以获得最大利润，而不考虑或极少考虑环境效益、生态效益。因此，工业革命一方面为人们提供了空前丰富的物质产品，而另外一方面却生产出同样空前大量的废水、废气和噪声。资源的过度使用和浪费造成资源的严重短缺，危及人类的长期发展。因此，需要在资源有限的前提下，解决人类生存环境的保护和经济发展之间的矛盾。电子商务经济产生在多种自然资源近乎耗竭、环境危机日益加剧的时代，它把科学与技术融为一体，反映了人类对自然界与人类社会的科学、全面的认识，并从一个方面使经济可持续发展成为可能。

五、虚拟现实性经济

电子商务经济由于以互联网为基础，因此具有很强的虚拟性。但是这种虚拟性同时又是建立在现实的网络之上的虚拟性。虚拟性只是电子商务经济的技术特征，现实性才是电子商务经济之所以成为当代经济重要表现形式的根本原因。因为不论从实践上看还是从逻辑上看，一国经济的实际增长都不可能是虚拟的，现实性是经济发展的必然要求。互联网本身并不能自动成为经济增长的必然条件，必须经过一定的制度安排和人类选择才能发挥其作用，也就是要有一个经济机制才能成为经济增长的强大推动力量，才能成为电子商务经济。

但是由于互联网的技术特点，电子商务经济又确实存在虚拟性。比如网络广告、网上支付等。因此，虚拟性与现实性的结合就成为当代电子商务经济的重要特点。

六、范围经济

所谓范围经济，是指由一个厂商生产多种产品而对生产要素的共同使用所产生的成本节约。也就是说，如果通过多样化生产能达到降低成本的效果，就认为存在范围经济。范围经济产生的根本原因在于信息、知识等软要素的共享性。共享性越高，软要素再生产过程中投入比重越大，这种转变的经济性就越明显。

随着消费者需求日益多样化和小型化，产品也由"重厚长大"向"轻薄短小"转化，但是，多样化要求小批量、多品种或多种类。小批量、多品种或多种类，又意味着平均成本较高。与信息技术和电子商务相结合的范围经济性则可以很好地解决这个两难选择。

七、全球化经济

以信息技术和信息产业为基础的电子商务的快速发展，加强了全球经济一体化趋势。世界经济正呈现两个主要方面的转变，即世界经济的信息化和世界经济的全球化。世界经济的信息化和世界经济全球化有着紧密的联系。日益发展的信息技术大大缩短了世界市场各个部分之间的距离，通过先进的技术手段，现代社会能够比以往更迅捷和安全地跨越空间和时间，传输着人员、商品和观念，使人们的思维和活动可以在同一个时间里交流。传统的经济活动和社会活动方式发生了根本性的变革。

另一方面,信息革命使资金等生产要素在全球范围内能迅速转移到最有利可图的市场,从而在比过去短得多的时间里形成新的世界经济增长点。同时,由于各网络之间可以不考虑地理上的联系而重新组合在一起,使各种国际的和跨国的网络组织及协会的建立成为可能。可以说,以信息化为基础的电子商务经济促进了世界的全球化。信息化为全球化提供了技术保障。信息技术的发展和扩散极大地推动了全球化的发展,促进了不同地区、民族和国际组织之间的相互依赖。

1.3.4 电子商务经济学的主要研究内容和研究方法

在电子商务经济学研究的早期,人们以介绍电子商务和互联网为主,还没有形成对电子商务经济规律的深入研究。这时候的大部分书籍主要是通过电子商务在行业领域的应用介绍来让人们熟悉和了解电子商务,这类研究大多是把电子商务的具体应用按照行业来划分,以行业领域作为介绍的基本脉络,通过大量的事实描述和事例展示介绍电子商务经济的基本状况。总的来说是更多地集中于对现象的直观描述,缺乏理论的分析和归纳。随着人们对电子商务经济认识的逐步深入,对于电子商务经济的研究已经从知识介绍转向经济学研究,这些研究成果散见于各个期刊上。这些成果主要包括电子商务经济学的发展脉络;对电子商务经济中新规律的探讨;电子商务对企业有哪些影响;企业如何适应电子商务经济中的竞争;电子商务在金融领域中的应用;电子商务经济是否推翻了传统经济学中的经济规律;电子商务经济所引发的客户关系管理;等等。这些研究对电子商务经济活动做了一定的理论说明,有的分析非常深入。

总结已有电子商务经济学的研究成果,目前对电子商务经济理论的研究内容已经将电子商务经济作为一种产业经济来研究,关注于电子商务及相关产业领域内的问题,同时还把研究从产业本身跳出来,抽象出电子商务的本质,把电子商务作为一种高效的信息传递和处理工具,在此基础上考虑电子商务对宏观经济整体的影响。电子商务经济学的主要研究内容主要包括以下三个方面:

第一,研究数字产品和电子商务市场的关系,包括电子商务市场的形成、电子商务市场的结构与规模、电子商务市场的演化和发展等内容。

第二,在线市场与离线市场之间如何互相影响。主要内容包括电子商务中数字产品的差别化定价、在线市场价格的形成与特征、垄断与竞争分析、数字产品的版权保护问题、电子商务企业的赢利模式等。电子商务市场独特的价值创造过程与传统经济学有较大区别,离线市场价值与在线市场价值之间存在着互相转移的问题。

第三,电子商务的宏观经济影响分析。电子商务经济与国家经济增长之间的正相关效应,同时对一国的产业结构优化、就业问题、经济周期波动、金融税收等方面都有较大的影响,研究电子商务的宏观调控问题是必不可少的一部分内容。

科学的研究方法是解决理论问题与实践问题的工具,对任何一门学科都是非常重要的。目前,电子商务经济学主要是运用普遍适用的一般方法和借鉴其他学科的相关方法来进行研究的,如实证分析与规范分析方法、定量分析与定性分析方法、个量分析与总量分析方法、局部均衡与一般均衡方法、静态分析与动态分析方法等。

第1章 电子商务经济学概述

本章案例

电商操盘手：一个神奇的岗位

（资料来源：《21世纪商业评论》）

电子商务与传统企业的业务线有着天然对接，因此不少传统企业将互联网转型的重点放在电商上，在这个领域也诞生了一批帮助传统企业转型的"电商操盘手"。

拥抱互联网对于传统企业来说一直都是颇为纠结的问题，一方面看着以BAT为代表的互联网势力颠覆一个又一个行业，另一方面却是传统企业对互联网的一无所知。

在企业掌舵者的"放权"与"信任"之下，电商操盘手们大胆尝试各种创新措施，为传统企业注入"互联网基因"，试图扭转电商在传统企业内部的定位、协调线上线下关系以适应时代需求，接连在天猫等电商平台上刷新销售纪录并成为行业领导者。然而，传统企业在触碰互联网时，在供应链、管理模式、营销模式等方面都面临巨大的转型成本，操盘手们该如何施展拳脚？

尽管对于众多传统企业来说，电商只是作为一个渠道角色出现，但这并不意味着电商给传统企业带来的只是销售数量的激增那么简单。"那时候对电商的概念，就是在网上卖东西而已，从来没想到这个东西会变成现在的状态。"原七匹狼电子商务负责人钟涛对《21世纪商业评论》记者表示，当时闻名天下的商界领袖还是黄光裕、董明珠这些传统行业的大佬，如今则是马化腾、马云这些互联网新贵。初来七匹狼的钟涛面对的是一个12人的团队，相比2008年七匹狼刚刚涉足电子商务时的3人团队已经充实不少。在钟涛接手之前，七匹狼的电商队伍是在一个自由发展的情势下生长，公司董事长周少雄只是调出3个人来做电子商务，每年给出50万元的任务，3个人基于总部会员店开展业务，每天的任务是接到网上的订单后，就跑到线下店铺去打个包，然后由那个店把包裹发出去。历经一年多的磨合后，钟涛的这支电商团队已经初具规模，就在一切按照既定目标发展之时，钟涛发现了运营成本的临界点——在线下实体店，无论顾客数量增加多少，店员的数量都不可能增加很多，整体的运营成本都在控制范围之内。但在线上则会有一个隐形成本，就是顾客越多，客服和其他的配备就会越来越庞大。在这个模式下，品牌、品类做得口碑越好，其面对的运营成本就会越高，操盘手要思考的维度和细节就会越来越多。"此时的电商已经不再是单纯卖货，而是需要一整套的系统去支持。"钟涛坦言。

对此，华帝电商总经理李永强表示，尽管传统行业只是将电商视为一种渠道补充的角色，但电商却体现出与以往所有传统渠道不同的属性，是一个全新的生态体系，此前传统渠道的玩法已经失灵。在传统渠道，商品的销售过程其实是商家与消费者的博弈过程，100个消费者会以100个不同的价钱买到商品，每个消费者都很难得知其他消费者最终的购买价格。而电商渠道的定价则是完全透明的，每个消费者都非常清楚其他消费者的购买价格。

在国美与苏宁的大连锁"跑马圈地"的扩张时代，由于整个家电市场的野蛮增长，这种线下博弈模式的弊端尚未凸显，但随着野蛮增长时代的结束，这种线下博弈模式对消费者

· 27 ·

造成的伤害就被无限放大,因为往往对品牌忠诚度较高的消费者会以高价购买到商品,这会成为商家在博弈中最大的提价筹码,而忠诚度较低的消费者无所谓购买哪个品牌,反而难以让商家找到"软肋",最后不得不以低价出售。

为改变现状,李永强思前想后,开始对以往的一些线下做法进行调整,来适应电商业务的发展需求,从"能卖一个产品算一个"的想法转变为"能留一个消费者算一个",加强用户体验。在产品的销售策略上,李永强降低"低价促销"出现的频率,以防止"低价促销"伤害了此前购买过商品的消费者。

"如果只是把电商当成一个销售行为,那么这个企业也做不好。"李永强说。

对于传统企业而言,在发力电商时不可避免会遇到线上线下"冲突"的问题。在大多数传统企业看来,电商就是直接将线下的产品拿到线上去销售,将电商视为一个清理库存的好地方。但在李永强看来,随着电商多年来的发展壮大,单纯清理库存的角色是对电商的"大材小用",而且线上线下的冲突可以通过调整和改革来避免。

李永强尝试着让华帝的线下经销商意识到,电商具备给线下业务"引流"的功效。起初,李永强只是按照理论上的规划,来给实体经销商讲述电商会给线下业务带来实惠,比如,电商在互联网上的形象露出就是一笔无形的品牌宣传,线上宣传的高频率和低成本是线下无法比拟的。

但事与愿违,李永强的苦口婆心并没有换来华帝实体经销商的认可。在实体经销商看来,李永强对电商业务的描述都是天马行空般的幻想,并没有实际的利益可图,甚至电商的低价还会对他们的销量产生分流。

必须有实际的利益相关,才能舒缓实体经销商对电商的抵触情绪。2011年,华帝建立了电子商务成长红利基金,每年花费几千万元来打通线上线下的利益价值链,这给李永强的工作减少了一定阻力,以前线下经销商消极或是不作为的态度有了明显好转。

电子商务成长红利基金主要用于补贴线下经销商,当线下经销商对电商售出的产品进行售后服务时便可获得这笔补贴,这让线下经销商感觉到电商业务的快速增长,也可以给自己的生意带来益处。

"讲道理谁都懂,真正实施起来还需要一些现实利益让人感知。"李永强表示,面对庞大的线下渠道体系,打造一个利益共同体才能让线上线下和谐共处。

为了打造线上线下协同的共同体,联想数字运营总监赵海生则改变了联想传统的数据抓取方式。以往,联想的销售数据要通过人力输入在传统网站上上传,不但反应速度慢,其信息的真实性也有待商榷。为了保证数据的精确性,降低人为主观因素的影响,赵海生开始研究怎样才能设计出一个系统,把这种行为产生的时间和空间记录下来,然后再去判断某一种行为是否真实,而通过微信"扫一扫"的方式就能解决手机输入的错误,或者是有意作假的行为。

联想跟微信合作以后,每销售一台联想的机器,会在腾讯的服务器上得到一个二维码,其中包含了店面的编码、店所在的地理位置、机器内部的编码等。这个注册过程解决了两个问题,第一个是将客户的线下身份变成了线上,第二是将客户的身份与购买设计的场景联系在一起。

赵海生表示,当客户在联想实体店面买了一个商品,注册到联想服务的账号上,关注以后可以获得服务，实际上是给这个实体店面建立了一个微信的店面。如果客户对其他商品感兴趣，还可以到网上浏览，系统会根据之前的关系，自动导引到线上店。

"人人微信店是联想内部的政策，甚至一些联想员工都可以开微信店，人人都是销售，人人都是客户。"赵海生对《21世纪商业评论》记者表示。

对于是自建电商平台，还是接入阿里巴巴这些电商平台，不少传统企业曾一度纠结，后来的实践证明，自建电商平台能够存活下来的寥寥无几。

当时，很多意气风发的传统企业老板执意要搭建自己的网上商城，想当然地认为所谓的网上商城只是将一个网页挂在互联网上，然后告诉消费者这里有东西可以购买。然而，事情并非他们想象的那么简单，互联网带来的信息透明化等特征，让传统渠道的很多玩法失效。

传统企业老板对于网上商城的投入也是抱着走捷径的想法，认为一年几百万元人民币的投入就可以了事，但几百万元的投入仅仅是起步，后面维护服务的成本让不少想当然的传统企业老板为之一惊。

"毕竟相比阿里、腾讯这些互联网企业，传统企业对于互联网的玩法还是略显陌生，自建电商平台带来的转型成本是难以承受的。"钟涛说。

钟涛为对接各大平台，设立了一个在七匹狼内部被称为"集团"的电商中心，然后在这个中心下面设置五个根据产品品类不同所形成的电商团队，分别主营男装、针纺、皮具、童装和牛仔服五个品类，"集团"为每个电商团队制定统一的对外政策，其中包括亚马逊、京东以及后来的天猫、唯品会等平台的点数、扣点、合作资源、知识产权授权等。此时，钟涛将主要精力用于使各个电商平台形成自己独特的模式，因为不同的电商平台所面对的产品品类不尽相同，要采取的市场策略也会有所区别，所以在保证"集团"统一调配的情况下还要体现各个平台的个性化，这是个让钟涛颇为头疼的事情。钟涛并没有让这五个电商团队进行集中管理，而是根据不同品类将其放置到最为适合的地区开展业务。比如，由于广州的经济结构特点，最终决定将皮具业务放在广州来发展，从而保证最大限度地整合供应链资源。

如今，与电商平台合作已成为行业内的共识，像联想这种拥有4万多家门店的实体巨无霸都选择与腾讯合作，利用微店玩转电商。赵海生称，联想把自己的产品和渠道管理，通过微信绑定在一起。在微信的场景下，客户的一系列数据已经出现在联想的后台，节省了五分之四的时间跟客户建立认知，如今联想服务的座席有40%是微信座席。

本章小结

电子商务活动的出现并没有如同某些人所臆想的那样推翻经济学理论，经济学的基本规律仍然适用。但电子商务改变了许多传统经济理论的适用范围，电子商务经济是在以互联网为代表的现代信息网络融入经济活动之后，所出现的高效率的经济运行态势。电子商务经济学是将电子商务市场或在线市场作为研究对象而形成的一门新兴经济学分支学科，它为我们正确全面地认识电子商务经济活动提供了科学的研究框架。

本章习题

1. 简述网络经济与传统工业经济的关系。
2. 简述电子商务经济的定义与特征。
3. 试论述电子商务经济与信息经济、数字经济、新经济、网络经济的异同点。

第 2 章

电子商务经济学的相关基础理论

学习目标

网络外部性是网络经济的重要理论基础，渗透到了电子商务企业的经济活动和赢利模式中。本章分析了梅特卡夫准则和网络外部性，并对电子商务经济的其他相关定律进行了介绍，要求学生在了解相关理论后能够对电子商务经济与传统经济学进行相应比较。

教学要求

1. 掌握梅特卡夫准则与网络外部性的定义及应用。
2. 了解摩尔定律、吉尔德定律、达维多定律与马太效应。
3. 运用西方经济学基础知识与电子商务经济学进行比较。

导入案例

阿里不断成长是因为用好了"数据外部性"

(资料来源：《阿里商业评论》)

人们发现，数据的作用完全可能超出其最初收集者的想象，也完全可能超越最初信息系统设计的目的，即同一组数据可以在不同维度上产生不同的价值和效用。如果我们能不断发现、开拓新的使用维度，数据的能量和价值就将层层放大。研究数据的外部性对我们正在迈进的新经济、数据经济具有非常重要的意义。

阿里巴巴之所以能够不断成长、扩张，其中一个重要原因就是用好了"数据外部性"。由于拥有淘宝、天猫、支付宝、B2B 等电商平台，阿里巴巴积聚了大量的商家交易和支付数据。阿里巴巴收集这些数据，一开始仅仅是为了完成网上交易的流水记录。

从 2010 年开始，阿里巴巴逐渐意识到了这笔记录的潜在价值，现任阿里云总裁胡晓明率队开始研究如何利用这些数据，判断商家的资信，从而为其发放贷款。这就是"阿里小贷"的源头。

阿里小贷是中国互联网金融领域开拓性的标本项目，也是日后阿里巴巴扩张、拆分出一个新的集团——蚂蚁金服的重要基础。在这个成功的基础上，今天的阿里巴巴进而提出"一切数据都要业务化"，就是要把所有已经拥有的数据都用起来，挖掘其外部性，让它们产生新的商业价值。这当然是一个大数据公司应该具备的商业使命。

类似的例子国外也有。Kabbage 是一家成立于 2008 年的网络贷款公司，其运作机理和阿里小贷类似。为了评估贷款人的信用，Kabbage 不仅高效地整合了 eBay、Amazon 等电子交易平台上的数据，还分析这些企业在物流公司如 UPS 的配送数据，在 PayPal、Square、QuickBook 等财务系统的账面流水，以及在社交平台 Facebook、Twitter 上与客户互动的数据。就挖掘数据的外部性而言，Kabbage 比阿里小贷做得更广、更好，其中的原因，是因为美国社会对数据的所有权、使用权、收入权和转让权有更为清晰的界定，数据共享、交易的机制更为成熟。如果把这两家公司和传统银行相比，我们就更能发现数据外部性之于大数据的关键意义。

传统银行要给一家企业贷款，必须针对这项贷款申请去访谈调查、收集数据，而被调查的企业在提出贷款申请之前，已经有所准备，它们可能采取相应的措施迎合、糊弄银行的调查。也就是说，这个过程是"先有目的、后有数据"，可能因为既定目的，数据在收集的过程中遭遇扭曲；而阿里小贷所利用的流水数据，其最初收集的目的是记录交易过程，完全和贷款申请无关，其数据遭到扭曲的可能性几乎为零。也就是说，数据外部性是"先有数据，再应用于不同的场景和目的"，数据的可信度因此更高。

除了推动经济发展，数据外部性还可以应用到社会管理领域。2014 年 8 月 24 日，旧金山地区发生了 6.0 级地震，次日，可穿戴式设备运营商 Jawbone 发布了其数据分析。数据表明，在距离震中较近的地区，有 93% 的手环用户在地震发生之时 3：20 被惊醒，其中 45% 在地震之后就没有再睡着，惊醒用户的比例随着距离震源的远近而呈现清晰的规律。可穿戴式设备收集数据的原始目的是为了监测、改善个体的健康情况，但这些数据加总到一起，新的效用产生了，社会学家可以用它们掌握一个地区的人是否集体在失眠、焦虑，甚至一个晚上总共翻了多少次身，从而可以更好地解释人际互动乃至社会分层机制，交通部门可以解释为什么第二天交通事故增多，保险公司可以利用这些数据制定更加个性化的保单价格……这些前所未有的可能性，都是数据外部性带来的。

2.1 网络外部性理论

2.1.1 梅特卡夫准则（Metcalfe's Law）

一、梅特卡夫准则的定义

梅特卡夫准则是一种网络技术发展规律，是由 3Com 公司的创始人、计算机网络先驱罗伯特·梅特卡夫提出的。梅特卡夫法则是指网络价值以用户数量的平方的速度增长。如果只有一部电话，那么这部电话实际上就没有任何经济价值；如果有两部电话，根据梅特卡夫法则，电话网络的经济价值等于电话数量的平方，也就是从 0 上升到 2 的平方，即等于 4；如果再增加一部电话，那么，这个电话网络的经济价值就上升到 3 的平方，即等于 9；也就是说，一个网络的经济价值是按照指数级上升的，而不是按照算术级上升的。这个法则告诉我们：如果一个网络中有 n 个人，那么网络对于每个人的价值与网络中其他人的数量成正比，这样网络对于所有人的总价值与 $n \times (n-1) = n^2 - n$ 成正比。如果一个网络对网络中每个人的价值是 1 元，那么规模为 10 倍的网络的总价值等于 100 元；规模为 100 倍的网络的总价值就等于 10 000 元。网络规模增长 10 倍，其价值就增长 100 倍。梅特卡夫法则不仅适用于电话、传真等传统的通信网络，也同样适用于具有双向传输特点的像 Internet 这样的虚拟网络世界。网络的用户越多，信息资源就可以在更大范围的用户之间进行交流和共享，这不仅可以增加信息本身的价值，而且提高了所有网络用户的效用。另外，由于网络经济条件下，信息技术和信息系统的不完全可兼容性及由此带来的操作、使用知识的重新培训等造成的转移成本，用户往往被锁定在一个既定的用户网络内，从而保证了这一网络的一定规模。网络内的用户则由于信息产品的相互兼容性，彼此之间的文件交换和信息共享就成为可能。而网络用户数量的增加就使得用户之间信息的传递和共享更为便捷，网络的总效用增加且同样以用户平方数量的速度增长，这恰恰符合梅特卡夫法则。总而言之，梅特卡夫法则概括的就是连接到一个网络的价值，取决于已经连接到该网络的其他人的数量这一基本的价值定理，这即经济学中所称的"网络效应"或"网络外部性"。

二、梅特卡夫准则的意义

梅特卡夫准则决定了新科技推广的速度。梅特卡夫准则常常与摩尔定律相提并论。这是一条关于网上资源的定律。梅特卡夫准则提出，网络的价值与联网的用户数的平方成正比。所以网络上联网的计算机越多，每台计算机的价值就越大。新技术只有在有许多人使用它时才会变得有价值。使用网络的人越多，这些产品才变得越有价值，因而越能吸引更多的人来使用，最终提高整个网络的总价值。当一项技术已建立必要的用户规模，它的价值将会呈爆炸性增长。一项技术多快才能达到必要的用户规模，这取决于用户进入网络的代价，代价越低，达到必要用户规模的速度也越快。有趣的是，一旦形成必要用户规模，新技术开发者在理论上可以提高对用户的价格，因为这项技术的应用价值比以前增加了，进而衍生为某项商业产品的价值随使用人数而增加的定律。

信息资源的奇特性不仅在于它是可以被无损耗地消费的（如一部古书从古到今都在"被消费"，但不可能"被消费掉"），而且信息的消费过程可能同时就是信息的生产过程，它所包含的知识或感受在消费者那里催生出更多的知识和感受，消费它的人越多，它所包含的资源总量就越大。互联网的威力不仅在于它能使信息的消费者数量增加到最大限度（全人类），更在于它是一种传播与反馈同时进行的交互性媒介（这是它与报纸、收音机和电视最不一样的地方）。所以梅特卡夫断定，随着上网人数的增长，网上资源将呈几何级数增长。

梅特卡夫准则基于每一个新上网的用户都因为别人的联网而获得了更多的信息交流机会，指出了网络具有极强的外部性和正反馈性：联网的用户越多，网络的价值越大，联网的需求也就越大。这样，我们可以看出，梅特卡夫准则指出了从总体上看消费方面存在效用递增——即需求创造了新的需求。值得注意的是，这里"网络"的概念并不仅限于计算机网络和通信网络，我们可以把它推广到经济网络、社会网络来看它的普遍意义。

一个新的产品、新的服务，只有少数人在使用时，这种产品和服务产生的价值不会爆炸性地增长。人与人的交际圈也有这样的特性,交往越广泛,交际圈越大,交际圈越密切,该交际圈带来的价值就越大。以现代移动终端应用为例,移动营销的一种主要方式就是在强大的数据库支持下,利用手机通过无线广告把个性化即时信息精确有效地传递给消费者个人,达到"一对一"的互动营销目的,当移动服务的用户数达到一定量时,其价值就会跳跃式提升,即显示出其价值是指数级增长的特性。

2.1.2 网络外部性与电子商务

一、外部性简述

所谓外部性,按美国经济学家萨缪尔森的定义为:在生产和消费过程中给他人带来非自愿的成本或收益即成本或收益,被强加于他人身上,而这种成本或收益并未由引起成本或接受收益的人加以偿付。更为确切地说,外部性是一个经济主体的行为对另一经济主体的福利产生影响,而这种影响并没有从货币上或市场交易中反映出来。从定义上可以看出,外部性有积极和消极之分,前者被称为外部经济性或外部正效应,后者被称为外部非经济性或外部负效应。譬如,某人从个人利益出发建造灯塔,此时其他经过灯塔的人同样也受到灯塔的指引,而这些人并未对此付出成本,某人建造灯塔这一行为就产生了外部经济性。又如,厂商在生产时产生的噪声、废气、废水等直接影响到周围居民的生活环境,但厂商并未对此进行任何补偿,这便是一种外部非经济性。

外部性是市场失灵的一种表现,其产生的根源在于产权界定不清。而产权往往模糊不清的公共产品,可以说是外部经济性的典型例子。所谓公共产品,如国防、广播电视、灯塔、道路、桥梁等,它们都具有两个特性:非竞争性和非排他性。如果一个商品在给定的生产水平下,向一个额外消费者提供商品的边际成本增加,单位产品的生产所增加的成本为零,则该商品是非竞争的。如灯塔一旦造好并起作用,额外船只对它的使用不会增加它任何运作成本;公共电视也一样,多一个观众的成本为零。竞争性商品必须在个人之间配置,非竞争性商品每个人都能够得到,而不影响任何个人消费它们的可能性。如果人们不能被排除在消费一种商品之外,这种商品就是非排他的。其结果是很难或不可能对人们使用非排他商品收费——这些商品能够在不直接付钱的情况下被享用。比如一个国家的国防所有公民都能享受到它的好处。非竞争和非排它的公共产品以零边际成本向人们提供收益,而且没有人会被排除在享用它们之外。公共产品的这两个特性引发了生活中极为普遍的人们对公共产品不愿付费、只顾免费享用的"搭便车"问题(free-rider problem)。在这种情况下,由于私人投资公共产品难以获得回报,这意味着市场价格机制丧失了激励私人提供这类产品的可能性,从而使得公共产品只能由政府来提供。

二、网络外部性的定义

网络外部性可以从不同的角度来理解。主流的观点倾向从市场主体中的消费者层面来认识。这种观点给出了一个明确的定义:当一种产品对用户的价值,随着采用相同产品或可兼容产品的用户增加而增大时,就出现了网络外部性。也就是说,由于用户数量的增加,在网络外部性的作用下,原有的用户免费得到了产品中所蕴含的新增价值,而无须为这一部分价值提供相应的补偿。以购买办公软件为例,随着使用 Office 软件的用户增多,该产品对原有用户的价值也随之增大，因为你可以与更多的使用 Office 产品的用户实现信息兼容与共享，从而提高办事效率。诸如此类的现象在我们现实的经济生活中并不少见，只是在不同的领域中体现的规模和重要性有所不同。我们可以发现，在它们之间存在着某些共同之处：无论是客户形成的销售网络还是通信网络，网络的价值都随着网络用户数的增加而增大，规模大的网络价值相对较大；同时，网络用户所能得到的价值分为两个不同的部分：一个部分叫作"自有价值"，是在没有别的使用者的情况下，产品本身所具有的那部分价值，有时这部分"自有价值"为零（设想一下如果世界上只有一个人使用 E-mail 的情况，这时 E-mail 不具有任何价值）；另一部分叫作"协同价值"，就是当新的用户加入网络时，老用户从中获得的额外价值（因为他们通过网络可以到达的节点增多了）。这部分"协同价值"就是我们所讨论的网络外部性的经济本质。用户数量对电子商务平台的价值具有决定性的作用，电子商务相关经济活动的过程都是协同价值的体现。

显然，网络外部性也是一种外部正效应。网络之所以具有外部正效应是由于它类似于公共产品，同样具有一定的非竞争性和非排他性。因为网络的主要特征就在于它的系统性和交互性，组成网络的各个端点是不可分割的一个完整的体系，网络中的任何一个端点都不可能排斥其他的端点与之相连。网络的价值也就在于网络的任意两个端点之间能进行信息流的交互传递而不是单向的信息传递。同时任意两个端点之间的信息交流也不会影响另外两个端点之间的信息交流。但网络绝不属于纯公共物品，这是因为一方面网络的使用不是免费的，任何一个想加入网络中的用户都必须支付一定的费用。消费网络这种产品的边际成本是大于零的，由此网络具有部分的排他性。另一方面，由于网络中每一个用户所获得的消费利益效用取决于该网络用户的数量，因此网络的消费具有部分的竞争性。显然网络的以上特性使之应归属于准公共产品之列。尽管网络产品具有与公共产品相似的非竞争性和非排他性，属于准公共产品，但是与公共产品外部性不同的是，网络外部性并未使市场机制失灵。原因在于以下两方面：第一，消费网络是要支付成本的，这使得对网络产品的"搭便车问题"不复存在。因此市场的价格机制仍会发挥作用。第二，公共产品因为其外部经济性导致私人收益小于社会收益，使得公共产品的提供不能达到社会福利的最优状态，即在市场机制的自发作用下，社会的资源配置不当。而网络的外部性由于只发生在消费者之间，并不涉及生产者提供产品私人收益外溢的问题，而且尽管这种外部性同样引起了社会收益的增加，但由于网络消费者对网络效用评价会因此上升，进而消费者对网络消费所愿意支付的价格也会上升，这样生产者的私人收益也会随之增加，从而仍然保持了私人收益和社会收益相一致。这说明市场机制对网络这一产品进行资源配置时，仍能够达到帕累托最优，即资源配置的最优状态。

三、网络外部性的形成原因分析

网络外部性产生的根本原因，在于网络自身的系统性和网络内部组成成分之间的互补性（或者叫作网络内部信息交流的交互性）。首先，无论网络如何向外延伸，也不论新增多少个网络节点，它们都将成为网络的一部分，同原网络结成一体，因此整个网络都将因为网络的扩大而受益。其次，在网络系统中，信息流或是其他物质的流动都不是单向的，网络内的任何两个节点之间都具有互补性（在整个网络中没有"中心"或"首脑"区域的存在，也就是说，即使网络的一部分节点消失了，也不影响网络的其他节点之间的正常联系），这就保证了网络外部性的普遍意义。为了更好地理解这一点，我们以一个简单的典型交互式网络为例（如图2-1所示）：在这个由n个部分组成的网络中，存在$n(n-1)$个潜在的商品（我们将任何两个节点之间的任何一次交流都视作一个单位商品）。这时，第$(n+1)$个节点（设为H）的加入，就向现有的网络中加入了一条交互性质的链路，从而使得网络中潜在可提供的新产品增加了$2n$个单位，网络中的其他所有用户就因此获得了相应的网络外部性。

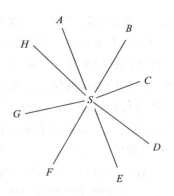

图2-1 简单的交互式网络示意图

从网络系统本身的物理性质来看，影响网络外部性大小的因素，主要包括网络的规模和网络内部物质的流动速度。网络规模越大，外部经济性就越明显，并且在网络规模超过一定数值［控制论中称为闭值（Critical Mass）］时，外部性就会急剧增大。同时，网络外部性与网络内物质流的速度同样存在着正相关的关系，流速越大，外部越经济。相比较而言，在对网络外部性大小的影响中，网络的规模所起的作用更重要，更占有主要地位。而从经济的角度来看，影响网络外部性大小的因素并不止这些，我们将在后文的讨论中分析这些因素。

在网络经济平台上，基于互联网的网络外部性的存在对企业竞争产生了更为重大的影响，它使企业面临来自标准化的压力，促使企业由竞争向竞合发展、从个体竞争向系统竞争演变；它让企业的用户基础成为竞争制胜的关键，追求用户规模成为企业在网络外部性条件下参与竞争的重要目标之一；它还产生了对用户锁定，使用户可能被限制在最初的网络系统中，从而为企业留住客户提供了新的思路，但同时也为企业从竞争对手那里抢夺市场提高了难度；此外，网络外部性还会导致"强者越强、弱者越弱的"马太效应，从而对竞争态势的发展进行了新的演绎。

网络外部性是学习电子商务经济学的理论基础，梅特卡夫准则是网络经济学的核心定律，这为我们学习电子商务企业的价值构成、生产行为、经营战略、市场结构等知识构造了一个有的放矢的理论框架，为我们比较电子商务经济下各个经济主体行为与传统西方经济学框架下各个经济主体行为的区别提供了有利的切入点。

2.2 电子商务经济学的其他相关定律

伴随着互联网技术的发展，互联网领域的一些科学家与创业者开始预见到信息技术爆炸式的发展更新速度，这种自我膨胀性不仅体现在物理属性上，还体现在互联网能够能带来的经济价值上。电子商务的市场基础需要互联网信息技术的不断发展，需要电脑、电信技术的积极配合。

2.2.1 摩尔定律

1965年4月，在美国仙童半导体公司工作的，后成为美国Intel公司创始人的戈登·摩尔提出了一个描述集成电路集成度和性价比的基本假说：处理器的功能和复杂性18~24个月增加一倍，而成本却成比例地递减。后来的实践证明，摩尔的预言非常接近现实。这样，摩尔假说变成科学理论，信息产业界称之为摩尔定律（Moore's Law），摩尔定律后来被广泛应用到处理器相关的各个领域。它说明了同等价位的微处理器会越变越快,价位会越变越低,它揭示了网络技术的发展速度,网络的发展速度为网络经济的发展奠定物质基础。有人预测,摩尔定律对今后的10~20年的发展还具有指导作用。我们用图2-2解释摩尔定律。

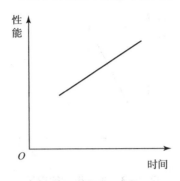

图2-2 摩尔定律图示

"摩尔定律"归纳了信息技术进步的速度。在摩尔定律应用的40多年里,计算机从神秘的庞然大物变成多数人都不可或缺的工具,信息技术由实验室进入无数个普通家庭,因特网将全世界联系起来,多媒体视听设备丰富着每个人的生活。

由于高纯硅的独特性,集成度越高,晶体管的价格越便宜,这样也就引出了摩尔定律的经济学效益。在20世纪60年代初,一个晶体管要10美元左右,但随着晶体管越来越小,直到小到一根头发丝上可以放1 000个晶体管时,每个晶体管的价格只有千分之一美分。据有关统计,按运算10万次乘法的价格算,IBM704计算机为1美元,IBM709降到20美分,而60年代中期IBM耗资50亿研制的IBM360系统计算机已变为3.5美分。

"摩尔定律"对整个世界意义深远。在回顾40多年来半导体芯片业的进展并展望其未来时,信息技术专家们认为,以后"摩尔定律"可能还会适用。但随着晶体管电路逐渐接近性能极限,这一定律终将走到尽头。40多年中,半导体芯片的集成化趋势——如摩尔的预测,推动了整个信息技术产业的发展,进而给千家万户的生活带来变化。

2.2.2 吉尔德定律

吉尔德定律(Gilder's Law)是关于网络带宽的发展变化规律,原理是在未来的25年,主干网带宽每6个月翻一番,其增长速度超过摩尔预测的CPU增长速度的三倍。吉尔德定律的提出者是被称为"数字时代三大思想家"之一的乔治·吉尔德。乔治·吉尔德认为,正如20世纪70年代昂贵的晶体管在现如今变得如此便宜一样,主干网如今还是稀缺资源的网络带宽,有朝一日会变得足够充裕,那时上网的代价也会大幅下降。在美国,目前已经有很多的ISP向用户提供免费上网服务,并且随着带宽的增加将会有更多的设备以有线或无线的方式上网。这些设备本身并没有什么智能,但大量这样的"傻瓜"设备通过网络连接在一起时,其威力将会变得很大,就像利用便宜的晶体管可以制造出价格昂贵的高档计算机一样,只要将廉价的网络带宽资源充分利用起来,也会给人们带来巨额的回报,未来的成功人士将是那些更善于利用带宽资源的人。

摩尔定律、吉尔德定律奠定了网络经济的客观发展基础。吉尔德断言,带宽终将接近免费，每比特的费用将会遵循某条渐进曲线规律，在渐进曲线上，价格点将趋向零，但永远达不到零。设想未来人们上网将变得十分容易，近于免费，所以网络将无所不包，无所不能（如图2-3所示）。

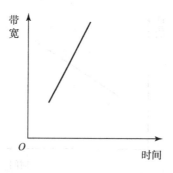

图2-3　吉尔德定律图示

2.2.3　达维多定律

达维多定律是以达维多的名字命名的，威廉·达维多在英特尔公司任副总裁时，就注意到了提高产品更新速度的重要性，并提出了这一定律。达维多定律认为，在网络经济中，进入市场的第一代产品能够自动获得50%的市场份额，因此，一家企业如果要在市场上占据主导地位，那么就要做到第一个开发出新一代产品，如果作为第二或第三家将新产品打入市场，则绝对不如第一家，尽管第一家的产品那时并不完美。该定律还认为，任何企业在本产业中必须第一个淘汰自己的产品，即自己要尽快使产品更新换代，而不要让激烈的竞争把你的产品淘汰掉。这一理论基点是着眼于市场开发和利益分割的成效：人们在市场竞争中，无时无刻不在抢占先机，因为只有先入市场才能更容易获得较大的份额和高额的利润。简言之，即先入为主。运用达维多定律永远把握着市场的主动，把竞争对手甩在背后，把供货商和消费者吸引在周围，引导着市场也掌握着市场。达维多定律揭示了取得成功的真谛，即不断创造新产品，及时淘汰老产品，使新产品尽快进入市场，并以自己成功的产品形成新的市场和产品标准，进而形成大规模生产，取得高额的利润。然而要做到这一点，其前提是要在技术上永远领先。这说明网络经济条件下，厂家要想在市场中处于垄断地位，需要抢先占领市场，并需要时刻进行技术创新，靠技术取胜。

2.2.4　马太效应

20世纪60年代，著名美国社会学家、科学史家罗伯特·默顿在研究科学共同体的奖励机制时发现，科技界调节科研资源利益的原则与《圣经》"马太福音"篇中耶稣作宗教比喻时的一段话"凡有的，还要加给他，叫他有余；没有的，连他所有的也要夺过来"非常一致，所以他于1973年在所著《科学社会学》一书中首次提出了马太效应这个学术名词，强调了资源配置总是向强势的一方聚集。马太效应就是网络经济中的正反馈性，区别于传统经济中的负反馈。

正反馈对于网络经济具有重要意义。正反馈使强者更强，弱者更弱。与正反馈相对应的是负反馈，它使强者变弱，弱者变强。在传统经济中，负反馈起支配作用。在传统经济中，几乎每个产业发展早期都经过正反馈阶段，这来源于生产的规模经济，但发展超过了一定限度，负反馈就起主导作用，这源于管理大组织的困难。例如，最初通用公司比小汽车公司更有效率，促进了通用的发展，这源于它的规模经济，但后来尽管强大了，却从来没有完全占据整个汽车市场，这种限制源于管理大组织的困难。与背上高成本负担的大企业相比，更小、更灵敏的公司会发现更有利可图的市场。负反馈的结果是市场找到了一个平衡点，它使强者变弱，弱者变强，而不是走向单极主宰的极端。

在网络经济中，正反馈处于支配地位。网络经济中的正反馈是需求方正反馈，它使强者越强，弱者越弱。这种作用是彻底的，贯穿竞争的始终，直至走向单极主宰的程度。例如：微软在软件市场的统治地位是绝对的。市场上有几种与之竞争的操作系统，但与微软相比是微不足道的。微软的统治局面是因为需求方正反馈。因为微软的顾客认为，它被广泛应用，是事实上的产业标准。需求方正反馈使市场在足够大时也不会分散。如果所有人都使用它，你就更有理由使用它。可以肯定微软的统治地位在未来会更加巩固。在网络经济中，正反馈引起两极分化，最终结果是"赢者通吃"。

2.3 电子商务经济学与传统经济学的比较

基于互联网的经济活动具有自己独特的基础规律与核心规律，与传统经济的差异是明显的。因此要正确把握电子商务经济的内在规律，就必须对电子商务经济与传统经济的各自特点进行比较分析。

2.3.1 电子商务经济与传统经济在消费活动上的比较

在传统经济中，消费主要由个人的收入水平及商品的价格决定，消费者是从自身获得最大的效用出发，理性地购买企业生产的各种商品与服务。但在电子商务经济中，基于网络在经济活动中的基础地位，消费活动具有一些新的特性。

(1) 网络消费的个性化特性。在传统经济中，市场是以供给为中心，消费者主权很容易受漠视，这主要是因为信息的不对称性，使生产者能处于有利地位。而在电子商务经济中，由于信息数量和质量的提升，信息中介的专业化分工不断深化和非常发达，信息的搜寻成本大大降低，因而在网络信息中介的作用下，消费者可以迅速得到能真正满足自身需要的产品与服务，能保护消费者个人信息，并在获得消费者许可的情况下向生产者出售消费者的需求信息而使消费者获益。同时在电子商务经济中，产品并不都是收费的，一些免费软件、共享软件和数字产品可以长期无偿提供给消费者使用，这种所谓的体验消费模式，都说明了电子商务经济能够更好地满足消费者的个性化需求，电子商务经济从某种角度上来说真正体现了消费者主权至上的理念。

(2) 网络消费的技术限定特性。电子商务经济是高技术、高知识活动的经济，这使网络消费表现出一种技术属性，即只有具备一定的知识水平和技术的消费者才能进行这种消费活动，而将一部分非技术占有的消费者排除在这种经济活动之外。传统经济中市场的力量可以将生产者和消费者联系在一起，但电子商务经济中除了市场因素外，所谓的"数字鸿沟"问题也会影响消费，消费者没有足够的技术与知识，就无法实现网络消费。

(3) 网络消费的准公共品特性。传统的新古典经济理论认为公共物品具有两个特点：一是消费的非排他性，二是消费的非对抗性。在电子商务经济中，网络上的各种信息是人人都可以消费的，并且在一定的时间和空间内，新增加一定数量的消费者并不影响整个网上的消费活动，也就是说，新增加的消费者的边际成本为零。但与传统经济不同的是，这种具有"公共品"特性的产品并非由政府提供，而是由市场提供。另一方面，由于技术与规模的原因，目前的网络消费活动还需支付一定的成本，如上网费等。因而网络消费具有一种"准公共品"的特性。

(4) 网络的消费与生产互补特性。在传统经济中，生产与消费是矛盾的，企业生产出来的商品往往由于一些原因而不能被消费者接受，形成积压库存，这种矛盾发展到严重的程度时，还会导致社会经济的危机。而在电子商务经济时代，生产与消费是统一的，这是因为网络消费是一种间接消费，人们进行网络消费时，不是消耗网络与信息本身，网络与信息本身并不能完全满足人们衣食住行的需要，而是利用网络消费中所掌握的信息作为进一步生产的条件，更好地生产出人们需要的各种商品和服务。这种消费与生产的互补统一，有别于传统经济中的生产与消费的独立性假设。

2.3.2 电子商务经济与传统经济在生产活动上的比较

网络经济是以网络为基础而形成的各种生产与交易活动，与传统经济相比较，在生产活动中也表现出不同的特点。

(1) 生产中的边际收益递增特性。传统的农业经济和工业经济均是物质资源依赖型经济，物质资源具有明显的排他性特征：其使用价值在某一时刻只能被一个使用者所占有和使用。同时物质资源是稀缺的，使用时必须消耗它，随着其使用量的增加，成本越来越高。最终导致生产者收益的递减。知识性资源具有共享性，同一知识可以被多个人同时占有和使用。并且在使用过程中不会消耗它，只是利用它，在使用过程中还会产生新的知识。信息资源和知识资源在使用时还是一种积累和开发的过程，在重复使用过程中成本递减，从而会带来递增的收益。之所以电子商务经济具有边际收益递增的特性，是由以下几方面原因决定的：其一是锁定现象。在电子商务经济中，信息产品是在一个由多种软硬件构成的系统中形成的，这种系统的使用需要专门的学习过程，当消费者已掌握了某种系统软硬件的使用后，就会对其产生依赖性，消费者以后不会轻而易举地改换使用其他系统，因为这需要相当大的学习转移成本。这样消费者就被某种系统产品锁定，消费者对这种系统产品使用的时间越长，对其未来的消费意愿就越强烈。其二是增值现象。这是因为在电子商务经济中，对信息产品和知识的获得、传递、运用、管理是整个经济社会的中心，知识或信息存量的大小决定着社会经济效率的高低。信息或知识存量越多，企业或社会就越具有竞争力；消费者占有的信息或知识越多，给其带来的财富增加就越多。其三是网络效应。在电子商务经济中，信息产品自身的价值并不很重要，而信息产品通过超越时空的网络传递后，产生的经济效果却是巨大的。这就是梅特卡夫准则所指的网络的收益与网络上的节点数的平方成正比的规律。即当网络的节点数以几何级数递增时，网络的收益却是以指数方式递增。这种收益递增机制的存在对企业具有巨大的诱惑力，它使得网络价值随着网络人数增加及网络规模的扩大如同滚雪球一样不断增大，这也是电子商务经济可在短时期内吸引大量资本进入而迅速发展的一个重要原因。

(2) 生产中供求双方的规模经济特性。传统经济理论认为，企业在激烈的竞争中获取胜利的重要手段之一是生产的规模经济。在生产规模经济阶段，企业可以有效降低单位成本而在竞争中取得优势，这可称为供给方的规模经济。在网络经济时代，不仅有供给方的规模经济，而且有需求方的规模经济。它是指随着某商品市场规模的扩大，消费者对该商品的主观评价不断上升，导致市场规模的继续扩大和生产者收益的迅速上升。需求方规模经济在网络中的这种影响也称为网络的外部性效应，或正反馈效应。如阿里巴巴电子商务平台的成功，就是基于充分利用了这一特性。需求方规模经济存在的主要原因是标准效应和上述的锁定效应。标准效应是指通过对信息产品的标准化，使交易成本大大降低，从而形成规模经济效应。另一方面，一旦某种标准制定并被消费者接受后，他们就会被锁定在标准化的产品中，其他生产者为了获得最大的利益，都会看准这个很大的市场，使自己的产品能与标准系统兼容，这使标准的制定和控制会对生产者和消费者都产生很大的影响，拥有标准的生产者就会形成规模经济效应。

(3) 生产中分工与交易互相促进的特性。传统经济理论认为，社会分工可以进一步加强生产的专业化程度，以提高经济效率。但同时，这种分工的细化使市场的交易范围扩大，交易成本增加，这反过来又会影响经济效率的提高。在网络经济中，电子商务的产生可以有效地扩展交易的时间与空间，电子商务市场的建立可以减少生产的采购成本，缩短企业运营周期，降低企业销售成本，并为客户进行有效的定位服务。在生产力水平不断提高、分工越来越细的情况下，网络的存在使信息的获取、检索和分享更加便利，管理效率不断提高。同时，生产者在网络中也更容易找到需要的信息，并进行合理的选择，以最优效率的方式完成交易。这种更低的经营管理和交易成本的出现，会有力地推动产品价格的下降和质量的提高，使整个经济活动更加接近一种理想中的完美竞争模式，最终使社会的生产效率得以提高。

(4) 生产的直接特性。传统经济中的生产基于自身的市场结构，是一种迂回的生产。生产企业不能与消费者直接沟通，而必须通过经销商的中间环节才能将消费者的需求转化为企业的生产指令。在电子商务经济中，由于生产者和消费者时刻处于网络终端之中，二者可以建立直接联系，这使传统经济中的中间层次，如批发商、代理商、经纪商，失去了存在的意义，导致经济组织结构趋于扁平化，这种从迂回的厂房生产到直接通信的虚拟办公室，从间接的商场销售到网络直销，从中间层管理制度到直接的管理制度，使得电子商务经济因生产的直接特性而大大提高经济活动的效率。

2.3.3 电子商务经济与传统经济在风险特性上的比较

电子商务经济是一种新的经济活动形态，与传统经济相比较，它是一种更高阶段的经济发展形式。但在这种新的经济活动形态中又孕育着新的风险，这些风险的内涵与传统经济中的风险有很大的不同。

(1) 金融风险的全球性。在电子商务经济条件下，金融的全球化和一体化进程不断加快，网上业务瞬息万变，货币流通速度异常加快，电子货币全球流动，加上网络经济具有实时性、交互性的特征及强正反馈效应，使得各国金融活动相互渗透和交叉，不同国家之间风险相关性增大，交叉传染的可能性提高。因此各国的金融系统都面临与过去完全不同的巨大的风险，各国的金融监管部门和政策制定者都面临严峻的挑战。

（2）产业风险的泡沫性。在电子商务经济中，由于强烈的不确定性和正反馈效应，产品生命周期和企业生存周期大大缩短，产业和企业面临更大的存续风险。在网络经济发展的初期，很多企业基于"圈地经济"和"烧钱经济"的理念，盲目扩展市场，想尽早享受"赢者通吃"的快乐，结果导致企业的基础薄弱，面临经济环境的波动，产业风险势不可当，大批大批的企业就会倒闭破产。这正如比尔·盖茨所言：微软公司离破产永远只有18个月的时间。近几年美国纳斯达克市场网络高科技公司股票的巨幅波动就是一个有力的说明。

（3）技术风险的复杂性。在电子商务经济中，网络信息系统的安全是一个最基本的问题。如果网络的安全不能保证，一些电子商务经济活动都将无从谈起。但网络服务器常易受到黑客的攻击，网络软件常被各种病毒侵扰，网络上存储或传递的数据常被未经授权者篡改、增减、复制或使用。在不少技术比较落后的国家，一些关键的网络设备依赖从别国进口，给这些国家带来无法预知的隐患。所有这些因素的存在极大地扩展了技术风险的复杂性。

（4）信息风险的隐蔽性。网络经济中的信息风险包括信息虚假、信息滞后及信息垄断等，其中信息虚假是最重要的信息风险。信息虚假的产生同样来源于信息的不对称，而这种不对称是由网络经济的虚拟性派生出来的。

2.3.4 电子商务经济与传统经济的联系

如上所述，虽然电子商务经济在各方面具有一些不同于传统经济的特性，但电子商务经济不是与传统经济完全割裂开的。正如工业经济与农业经济有千丝万缕的联系一样，电子商务经济与传统经济也有继承与发展、相互促进与相互影响的关系。

（1）传统经济是电子商务经济形成和发展的前提和基础。电子商务经济虽然是以网络作为经济活动的载体，但网络是由数以千万计的计算机联结而成的一个有机整体，这些计算机软件、硬件的开发，各种信息设备的生产是以传统产业为基础发展起来的。没有传统产业提供这些产品，电子商务经济的发展是很难实现的。美国是目前网络经济最发达的国家之一，之所以美国的网络经济能够迅速超前发展，一个最关键的因素是其雄厚的传统经济基础，包括成熟的市场环境等。因而在发展网络经济的同时，不能忽视对传统经济中各种产业的革新与发展。对中国这样的国家来说，工业化是相当长时间内的重要任务之一。既要以信息化来带动工业化，又要坚持以工业化促进信息化。因此，只有不断提高传统经济对物质产品的生产能力，电子商务经济的发展才有坚实的基础。

（2）电子商务经济与传统经济所遵循的基本的经济规律在很多方面是一致的。在传统经济理论中，供给与需求理论被视为最基本的经济理论，运用这一理论几乎可以解释每一个经济问题。在电子商务经济中，虽然供求的内涵发生了一些变化，如数字产品的性质与工业产品有本质的差别，但供求决定的价格理论并没有过时，它同样在调节着经济的运行。在网络信息时代，企业仍然是理性的经济人，它同样以获得最大化的利润作为其生产的动机，风险投资也要得到相应的回报，"概念"的炒作不会长久。因此，追求利润、相互竞争同样是基本的经济规律。

（3）电子商务经济与传统经济的目的相同。根据传统经济理论，任何经济活动都是为了解决资源的稀缺性问题，都是为了更优的配置资源。在网络时代，物质资源仍是稀缺的，网络虽创造了一个虚拟的世界，但是人类却生活在现实中，吃、穿、住、行仍是人类最基本的需要，传统经济的资源稀缺性问题在网络经济中依然存在。所不同的是在网络时代，人们可以利用网络手段更为合理地配置资源。所以，那种认为"网络经济打破了传统经济学关于资源稀缺性界定假设"的观点是不正确的。因为在网络经济中所涉及的资源不仅仅是信息资源，还包括制造各种有形设备、产品所需的自然资源，以及不可或缺的人力资源等，这些资源仍表现出稀缺性的特征。另外，即使从信息资源的角度而言，网络的目的在于使人们更好地共享信息、更为合理地配置稀缺的信息资源，而不是无限地提供人们所需要的一切信息。因此，电子商务经济与传统经济一样，最终目的也是要优化解决资源的稀缺性问题。

（4）电子商务经济能进一步促进传统经济的发展。传统经济在网络信息技术的支撑下，可以用新的生产方式和新的产品更好地满足人类的各种需要。而电子商务经济在某种意义上给人们提供了一种全新的思维方式，这种新的思维方式也有利于人们更好地进行传统经济中的物质产品的生产。目前，电子商务经济在我国的发展还停留在一个较低的层次，因此如何更好地利用网络经济发展的机遇，提高我们的市场化和工业化水平，是摆在我们面前的一个重要课题。

2.3.5 电子商务经济对未来经济的影响

据波士顿咨询集团称，在2012年1月召开的达沃斯世界经济论坛上，网络经济备受关注，并预计到2013年，20国集团互联网经济规模将达到2.3万亿，到2016年将增长近一倍，至4.2万亿美元。根据艾瑞咨询对我国网络经济的统计，我国2011年前三季度网络经济规模分别为499亿、612亿和716亿，同比分别增长58.5%、65.9%和72.7%，大大高于同期我国GDP的增速。伴随着社会信息化进程的加快，特别是互联网的高速发展，电子商务作为较先进的商业模式在中国快速兴起并呈现蓬勃发展之势。近几年中国电子商务交易规模一直保持较快增速，年增速平均为GDP（7%～9%）的2～3倍。自2010年突破4万亿元以来，中国电子商务交易额每年以人民币2万亿元左右的增幅增长，日益成为拉动国民经济增长的重要动力和引擎。2014年中国电子商务市场交易整体规模达到12.3万亿元，同比增长21.3%。其中，网络购物所占份额为23%，交易规模为2.8万亿，同比增长48.7%，在社会零售总额中的渗透率首次突破10%。中国已成为交易额超过美国的全球最大网络零售市场，网络购物也成为推动中国电子商务市场发展的重要力量。

电子商务经济对未来经济的影响主要体现在以下方面：

（1）电子商务经济将加快经济增长方式从粗放型向集约型转变的步伐，促进产业结构的优化升级，并优化就业结构。网络可以大大提高生产效率、流通效率和工作效率，同时可以大大减少交易成本，缩短生产者与最终消费者的距离，改变传统的市场结构。同时网络可以使各种信息及时流动和掌握，可以及时正确了解市场情况，避免盲目引进、盲目投资、盲目建设和生产。随着电子商务经济的不断发展，各种产品价格更加透明，生产者必须转变粗放型经营生产方式，依靠科技进步和创新，升级优化产业结构，走集约化经营道路，才能在网络市场竞争中取得胜利。电子商务经济往往和知识经济联系在一起，在电子商务经济的冲击下，人们自觉提高自身素质，就业者必须加强对知识、技术的学习，学习能力低下和知识水平低、素质能力低的人员就业机会减少，从而优化了就业结构。据麦肯锡研究报告，过去5年中，互联网对经济增长的贡献率超过20%，该比例还在不断增加，互联网每摧毁1个就业岗位，便创造2.6个就业岗位。

（2）电子商务经济将逐步成为各国经济增长的主要支柱。尽管网络经济成为未来经济的主流，但对于许多发展中国家来说，电子商务经济才刚刚起步。面对汹涌而来的网络经济、知识经济浪潮，面对全球化程度不断提高，资金、技术等资源快速流动的网络经济时代，各国都在积极支持网络经济的发展，在传统经济增长缓慢的情况下，各国都将在网络经济这一新领域取得快速增长，使其成为经济增长的主要支柱。

（3）电子商务经济将加快全球经济的步伐，缩小地区差距，促使企业公平竞争。"网络经济跨越了空间和时间，可以说是真正无国界经济、跨国界经济。"网络经济使得经济全球化步伐加快，同时由于是新经济类型，也给传统经济落后的国家和地区提供了追赶和超越的机会，使落后地区实现"后发优势"，缩小地区差距。另外，网络可以改善市场准入条件，降低新企业的进入壁垒，有利于打破大企业的垄断，使得大小企业能在相对公平的基础上竞争，也使得许多网络企业和网络商户如雨后春笋般地成立。据淘宝网2011年9月份的统计数据，淘宝网从成立以来不到10年时间，其网店数量已发展到57万家之多。

（4）电子商务经济将使消费者得到更好的服务和商品。网络技术革命突飞猛进，产品不断推陈出新，产品和服务的价格不断下降，使得消费者的消费欲望越来越强。电子商务平台上各种产品价格透明，消费者往往很容易找到物美价廉的商品，使得各生产厂家和服务及销售店家不断提高产品质量和附加值，并降低价格来吸引客户，从而使消费者可以享受到比传统经济中更为优质的商品和服务。

本章案例

微软的秘密：网络效应及其极限

（资料来源：汪新波，《中国新时代》，2012年2月13日）

回顾微软的成长故事可以看出，微软充分利用了硬件与软件、操作系统与应用软件之间的网络效应，其战略轨迹依次沿着操作系统、应用软件和网络软件的层次步步为营，一步一个脚印地牢牢控制计算机界面。

如果说IBM主宰了大型机时代，那么微软就是PC时代的霸主。所谓时势造英雄，随着IT产业从大型机时代进入PC时代，一个新的王者诞生了，它就是比尔·盖茨缔造的微软帝国。

微软登顶的过程颇有些戏剧性。时间退回到微软创立的1975年，不满19岁的哈佛三年级学生比尔·盖茨做梦也没有想到自己会成为世界首富，而且来得那么快。

微软的第一桶金是通过与世界上第一台微型计算机"阿尔泰"的生产厂商签署BASIC语言使用权协议获得的18万美元的版权费。一举成名之后，微软又得到GE和全国收款机公司等大公司的合同，在业界名声大振。但是如果不是搭上了"蓝色巨人"的战车，微软或许永远没有机会成为行业霸主。

温特主义的胜利

1981年8月12日，为了应对以苹果为首的众多微型计算机厂商的挑战，IBM开放了设计标准：IBM最终设计出了一款基于英特尔的CPU、微软的操作系统和从外部大量采购配件的个人计算机IBM PC。

但是出人意料的是，开放标准是一把双刃剑。IBM PC虽然热卖，并击败了苹果公司等其他品牌，但遇到了大批仿造兼容机的侵蚀，价格战越打越烈，IBM优势无法发挥作用，眼睁睁看着自己一手扶持的微软一步步登上产业领袖的宝座，自己却在低端市场上的激烈竞争中痛苦挣扎。

在以后若干年中，微软公司的视窗系统和英特尔公司的微处理器互相咬合搭配，经常同步升级并在全球同步发售，凭借实力和快速的创新不断抛开对手，引导市场标准和整个产业升级，成为行业的核心企业。这段历史后来被产业观察家们叫作"温特主义"。它宣告"福特主义"代表的传统的"纵向一体化"商业模式的瓦解，取而代之的是模块化分工方式的兴起。

垄断操作系统

微软和IBM签署了现代工业史上最重要的商业合同，根据合同，IBM允诺承担开发MS-DOS的大部分费用，但它允许微软向第三者转让使用操作系统的许可。随着计算机利润区从计算机组装到软件开发的转移，整机组装的利润越来越薄，人们更加看重计算机的软件功能。所以，当IBM在各种仿造机的冲击下走下坡路的时候，微软却如日中天，微软不仅从IBM制造的计算机中获得软件许可的收费，而且也从其他安装MS-DOS的公司中收取使用费。为了获得垄断地位，微软采取了掠夺性定价策略，每个MS-DOS只卖5美元。几乎所有的个人计算机都使用MS-DOS，这笔特许使用权报酬为早期的微软带来滚滚财源。

然而，MS-DOS并不是性能最好的操作系统。苹果mac机的图形界面要先进很多。1982年，乔布斯邀请盖茨参观他得意的图形界面，并要求微软为mac机开发应用软件。微软接受了乔布斯提出的苛刻的条件，但从中学到了图形界面的先进技术，被乔布斯斥为"无耻的剽窃"。

事实上，"不做第一个，但要做最好的一个"是比尔·盖茨的经营哲学。微软赖以发家的MS-DOS是从市场上买来并加以重大改进的，它推出的Windows 1.0版本也是模仿苹果的，但是强大的学习能力、集百家之长正是微软核心能力之所在，这是微软可以独步天下的关键。相比而言，乔布斯领导的早期的苹果公司却犯了一系列错误。其中操作系统长期存在严重缺陷是重要原因，它的图形界面虽领先整整一个时代，却存在兼容性差、可运行的软件少及运行慢等诸多缺陷。因此，当微软在图形界面方面赶上来的时候，等待苹果计算机的只有惨败的命运了。

捆绑应用软件

垄断操作系统仅仅是微软建立垄断优势的第一步。在操作系统平台上运行的应用软件才是微软发家的主利润区。请看微软是怎样将应用软件捆绑在操作系统平台上而巩固和扩大垄断优势的。

1990年以后,微软将开发重点转向应用软件市场。微软公司最初是桌面应用的挑战者,它首先用Word挑战Word Perfect系统,然后用Excel挑战Lotus 1-2-3系统。这两种软件产品成了同类产品的市场领导者。后来,微软推出了Office套件,和Windows操作系统一起捆绑销售。1990年,微软在电子表格市场和文字处理软件市场只占10%和15%。凭借操作系统平台优势,它很快推出了套装软件OFFICE,1994年,OFFICE为微软创造了超过一半的利润。Office实际上已经成为全世界的桌面标准,每年都有新的功能整合进去,系统优势无人匹敌。

微软最核心的竞争能力是能将分散发展的单体软件集成捆绑在一起,形成功能更强大的系统软件,并持续保持系统领先优势。正如微软软件首席分析师雷奥兹所言:"比任何一块积木更重要的是,你应该知道如何将它和其他积木组合。对于一切程序、应用软件及附件来说,重要的是掌握已有的软件模块组合能力,而不是单独开发新软件的能力。"

从"世纪商战"到"世纪审判"

20世纪90年代中期,就在微软节节胜利的同时,IT产业又在完成一次从PC时代向互联网时代的变迁。和IBM一样,微软的地位同样受到了挑战。

第一个麻烦来自1994年4月4日创立的网景(Netscape)公司,该公司的主打产品是网络浏览器Navigator,网景的野心是建立一个新的用户界面,用它作为用户和互联网之间的新的界面,这样就把微软挡在了互联网大门以外。面对网景的威胁,微软最终将自己开发的IE浏览器免费捆绑到Windows视窗系统中。网景在浏览器市场的微弱优势很快就被Windows视窗的系统优势所超越。网景和微软的这场争夺互联网门户大战被称为"世纪商战",最终以微软的胜利、网景的惨败告终。

落败后的网景公司后来被美国在线收购,从而结束了短暂的公司历史。但网景的失败引起了IT业同人们对它的同情和对微软的愤怒,它们联手美国商务部起诉微软。2001年,历时四年的微软反垄断案落幕,联邦最高法院终审裁定,微软免于被分拆,但不得利用垄断地位排斥微软以外的竞争对手的软件。这就是著名的"世纪审判"。

互联网时代的追赶者

"世纪审判"或许给微软的扩张造成了一定的不利影响,但并非动摇微软霸主地位的主因。

微软走下神坛的故事正是从击败网景浏览器开始的。为了挽回市场,网景开放了大部分浏览器源代码,开发出了更出色的新一代浏览器Mozilla及Phoenix,也就是Firefox的前身。另一方面,微软的竞争对手们资助开发了开源操作系统Linux,从2005年开始,Linux产品开始获得市场青睐。

在互联网时代,至少出现了两个并行的操作系统平台,一个是微软的Windows + IE,一个是Linux + Firefox。在越来越多的竞争对手在新的开放平台上开发出更多新的互联网软件的时候,微软的垄断优势越来越弱了,事实上,微软随后也不得不采取了防卫战略:开放部分源代码,以减少Linux对程序开发人员的吸引力。

互联网软件的操作系统是浏览器,浏览器标准的多样化无疑为众多企业建立自己的网络创造了条件，除了 Firefox 浏览器，以速度闻名的 Opera、苹果的 Safari、谷歌的 Chrome 都开始获得一定的市场份额。

将微软从霸主宝座上拖下来的正是它的宿敌苹果公司。当年，微软借助于 IBM 战车战胜了苹果，并一度将苹果逼入绝境，但大难不死的苹果在乔布斯的带领下东山再起，2003 年以来，苹果奉行"数字化生活方式战略"连续发布 iLife 套装产品，耀眼的程度可以和 20 世纪 90 年代的微软在 Office 上的创新相媲美。2010 年 5 月 27 日，苹果公司市值超越了微软，这或许是一个标示性事件，预示着微软霸主地位的正式结束，一个群雄并争的年代已经开启。

启示：

那么，什么因素成就了微软帝国，又是什么导致其风光不再？答案在于网络效应。

"网络效应"又叫"网络外部性"，根据以色列经济学家奥兹·夏伊在《网络产业经济学》中给出的定义是："当一种产品对用户的价值随着采用相同的产品或可兼容产品的用户增加而增大时，就出现了网络外部性。"

梅特卡夫法则更严谨地表述了网络效应。如果一个网络的使用者是 n 个人，那么网络对每个人的价值与网络中其他人的数量成正比。网络对所有人的总价值等于 $n\times(n-1)=n^2-n$。举个例子，假如使用电话的用户是 10 个人，那么，每个人都和除自己以外的其他 9 个人通话，那么总的通信量是 $10\times9=90$，如果用户数是 100，则通信量为 $100\times99=9\,900$，用户数增加了 10 倍，但通信价值则增加了 110 倍。这就是网络效应的正反馈原理。

微软的成功可以归结为以下三重网络效应。

其一，温特主义的胜利很好地阐释了软件和硬件之间的互补网络效应。计算机硬件价格的急剧下降和安装基数的急剧扩张，导致对操作系统和应用软件的强烈需求。

其二，采取渗透定价，以几乎免费的方式倾销操作系统，垄断了操作界面。

其三，在 Windows 系统上捆绑 Office 套装软件。其卓越的性价比和兼容性无人能敌。

回顾微软的成长故事可以看出，微软充分利用了硬件与软件、操作系统与应用软件之间的网络效应，其战略轨迹依次沿着操作系统、应用软件和网络软件的层次步步为营，一步一个脚印地牢牢控制计算机界面。凭借以上法宝，微软在 PC 时代取得了霸主地位，然而，互联网时代的到来对微软的垄断地位提出了挑战。互联网时代的特征是多元网络并存，在微软的周围，谷歌以搜索业务为核心，苹果以软硬件的完美搭配为核心，以及其他从自身核心出发的众多网络公司的崛起，都在威胁着微软的地盘，微软从 PC 时代的领先者变成了互联网时代的追赶者，垄断优势日渐式微。

本章小结

本章内容构成了电子商务经济学的重要理论基础，梅特卡法准则作为网络经济中的核心准则，对我们了解电子商务企业行为具有指导意义。网络外部性与工业经济中的外部性有相似之处，但在作用方向、效果等方面有本质的区别。网络经济中还有摩尔定律、吉尔德定律、达维多定律、马太效应等规律，它们从技术进步、价格、资源配置等角度揭示了互联网企业呈现的新特征。

本章习题

1. 简述梅特卡夫准则的定义及在现实中的应用。
2. 简述网络外部性的定义和意义。
3. 试比较电子商务经济与传统经济学的几个主要区别。

第3章

数字产品的需求与供给

学习目标

数字产品的成本特征、生产流程与消费行为都与传统工业产品有非常明显的差异性,经济学中的供求理论在某些领域受到了挑战。本章从数字产品的界定入手,对数字产品的供给与需求进行详细介绍。

教学要求

1. 掌握网络产品与数字产品的定义与内涵。
2. 理解数字产品需求与供给的新特征。
3. 掌握数字产品的价格构成。

导入案例

免费听歌将成为历史

(资料来源:搜狐娱乐 2015-07-13)

"我的专辑4月29日发行,当天就在QQ音乐上线了。"曾参加"中国最强音"的原创歌手唐艺告诉记者,她的专辑仅授权给环球唱片在香港地区发行,在大陆和台湾等地区都未授权,也未在流媒体授权。她的歌曲是怎么跑到QQ音乐上的,她自己也不知道。

昨日,国家版权局发布《关于责令网络音乐服务商停止未经授权传播音乐的通知》(以下简称《通知》),要求网络音乐服务商停止未经授权传播音乐作品,并责令各网络音乐服务商7月31日前将未经授权的音乐作品全部下线。据消息人士透露,此举为推进音乐有偿下载的实行做了铺垫,消息得到了网易云音乐和酷狗音乐的证实,过渡期为三个月。有网友评论说:"下个月就不能随随便便听音乐了。"

解读:创意型网站或将瓦解

以政府力量介入有好处也有坏处,它也许推动了下载收费进展,它打击了音乐APP创新。海洋系、阿里系和腾讯系对音乐版权是种垄断，但它们的创新度不如一些小网站推出的APP。在《通知》的打击下，小网站拿不到版权，它们可能会死掉。

前几年，盗版几乎摧毁了整个唱片业。随着网络音乐服务商对音乐版权意识的加强，向唱片公司购买版权成为趋势，目前国内主流网络音乐服务商格局呈现阿里系（天天动听、虾米）、海洋系（酷狗、酷我）和腾讯系（QQ音乐）的三足鼎立。

一位网络音乐服务平台的负责人在受访时说，新闻出版总局已在《通知》下达前约见了各大网络音乐服务商，除《通知》外，还规定了音乐下载收费的期限。"对大的平台来说影响不大，我们和很多唱片公司、版权分销的网站都有密切合作，重点打击的是小网站。"

所谓的"小网站"指的是什么？乐童音乐的创始人马客解释："政府力量会推进到什么程度，这个要看，毕竟收费已经喊了很多年。以政府力量介入有好处也有坏处——它也许推动了下载收费进展，但打击了音乐APP创新。海洋系、阿里系和腾讯系对音乐版权是种垄断，但它们的创新度不如一些小网站推出的APP，在《通知》的打击下，小网站拿不到版权，就可能会死掉。而这种局面是海洋系、阿里系和腾讯系最愿意看到的，因为它们有版权支撑，未来可能交叉使用版权。"

应对：音乐网站专注开发新产品

版权付费和正版化是必然趋势，平台方对这个事情没有什么操作空间，主要还是配合，然后做一些限时优惠、定向优惠等来缓冲直接付费给用户带来的冲击。

《通知》一方面是对盗版展开最后的打击，一方面是为向数字音乐付费过渡进行铺垫。网易云音乐表示，将提供给听众免费试听的体验，但是若想下载，则每首要2元，网站也会推出8元无限下载优惠业务，即在优惠期内可无限下载。值得注意的是，云音乐拟推出的试听和下载的音乐品质完全相同，甚至会比现在试听的品质更高。同时，他们还会和移动运营商进行合作，推出音乐流量等惠民举措，但这些还只是开发阶段。

一位网络音乐服务平台负责开发的工作人员表示："目前各家比较主流的是音乐付费包，里面包含一定量的歌曲，尤其是新歌，因为（收费）过程要慢慢来，所以先从新歌入手。版权付费和正版化是必然趋势，平台方没有什么操作空间，主要还是配合，然后做一些限时优惠、定向优惠等来缓冲直接付费给用户带来的冲击，但宏观上基本都还是差不多的轨迹。"

马客对真正实行"收费"并不乐观，他认为网站会考虑到自己2亿用户会不会减少，"减少用户是他们最不想要看到的，所以他们采取各种方式'对抗'免费。比如免费试听，现在听歌本来就不用下载了，Wi-Fi、流量就全部搞定听歌这件事。如果你们真心想实行付费，不如统一推出试听30秒吧。"

业内：音乐收费将有资金进入

如今互联网音乐服务正在进入一个转型期，虽然目前无论是海洋音乐、阿里音乐还是腾讯，都没有一个非常健康运转的循环性版权变现商业模式，虽然能有一些收益，但是不足以平复之前各家厮杀独家版权所付出的成本。

《通知》虽然针对的是网络音乐服务商，但是对于提供内容的唱片公司来说，无疑也是个利好消息，因为会有更多资本流入各大音乐公司，形成优质版权溢价。

恒大音乐宣传总监王毅说："音乐版权和互联网的关系正在走向正常化，如今的互联网平台既充当甲方也充当乙方，大型的互联网音乐服务平台会独家购买音乐版权内容，并会扮演原来版权公司的角色，在互联网市场上维权打击盗版，这在之前的互联网音乐版权环境中是不可想象的。以后也许会有音乐网站平台像如今的视频网站一样，独家购入音乐版权然后分销给其他网站，扮演版权代理机构的角色。

"当然，互联网音乐服务正进入转型期，无论是海洋音乐、阿里音乐还是腾讯，都没有一个非常健康运转的循环性版权变现商业模式。即使能有一些收益，但不足以平复之前各家厮杀独家版权所付出的成本。现在各网站的独家版权一般期限为两年，可以想象，两年之后当互联网用户对于消费独家正版音乐定制服务已习惯，当互联网平台摸索到固定循环性的音乐传播服务变现模式，当新一轮资本注入各大音乐公司形成优质版权溢价时，那些还在唱着'音乐市场不景气'的论调的人，还是会回来抱大腿的吧。"

产业：数字音乐已成必然趋势

一家音乐公司，20%的收入来自版权授权，50%是数字音乐和移动音乐方面的收入，如今下载收费了，音乐公司收益增倍，有了和网络音乐服务平台的议价资本，对音乐人的保障和乐坛新人的推出有一定的帮助。对唱片公司或原创歌手来说，推行数字音乐势在必行。

很多歌手已经放弃发行实体唱片，因为实体唱片仅仅是一种情怀，这种情怀不能满足收听的便捷要求，尤其是大多数听众在常规环境下是听不出来多少音质差异的，甘愿为音质诉求买单的用户只是极少数。所以，很多歌手试水数字唱片，并在其中尝到了甜头，早期如莫文蔚、张杰、林俊杰、光良、羽泉等歌手就在网络上进行过尝试，其中张杰的下载预购达10万元人民币。而有一个时期数字唱片出现惊人的销量，周杰伦《哎呦，不错哦》数字专辑卖出超过16万张（20元一张），张学友《醒着做梦》数字专辑创下了30万张的纪录，BIG BANG内地首张迷你数字音乐专辑销量已超37万张，周笔畅的数字EP销量逼近13万次⋯⋯必须承认这些销量更多的是靠"铁粉"支持——中国的音乐产业在从唱片过渡到网络的过程中，并没有让用户养成付费的习惯，但至少他们已经给付费音乐开了个好头。依托歌迷和强势"粉丝"的利益转化和输血模式，已经基本成型。

数字音乐专辑比实体唱片更灵活多样，更符合用户使用习惯，购买方便快捷。实体唱片发行需要线下物流支撑或线下购买，而数字音乐专辑从歌曲发布到购买试听只需短短几秒，支付渠道包括微信、财付通、Q币等，非常快捷。周笔畅的《翻白眼》有三首歌，每首2元或3首5元，比等着几十元的实体专辑便宜。

网络互动模式也同样丰富，例如给偶像留言、赠送好友、抽奖等体验，网络产品的延展性非常强，有更多的想象空间。"粉丝"权益丰厚，明星亲笔信函、明星周边礼品、私房照片、粉丝专属命牌等，对用户有更强的吸引力。比如：在周杰伦的《哎呦，不错哦》数字专辑里面包含"超大号'粉丝'福利"：偶像告白书、花絮抢鲜看、私人珍藏写真集等。

在网络经济时代，网络作为最有效的信息传输工具，与商品发生了不同层次的关系。美国学者曾经在《电子商务经济分析》一书中明确指出，电子商务的核心是买卖双方利用数字过程交易数字产品。从某种角度来说，电子商务经济学更是将电子商务作为一个市场和一种数字服务产品而展开的研究。在现实的经济活动中，不同类型的商品从它的流通、消费各个环节都可能会不同程度地受到网络的影响，与网络发生关系，不论是直接相关，还是间接相关。

3.1 网络产品概述

3.1.1 网络产品的含义

网络是当前经济时代的最主要的特征，网络的影响体现在经济生活的各个领域。商品作为一个社会经济的基本细胞，当然也毫不例外地受到网络的影响，很多商品在功能的实现上，在其流通和消费上都出现了一些新的变化。例如，原来一本《新华字典》是放到书店里卖的，现在它可以被拿到网络书店上去卖了，这说明网络改变了这种商品的交易方式；海尔的网络冰箱已经可以直接和网络联通了，可以帮助使用者根据冰箱内食品储存的情况，直接从网络上选购商品。我们生活中原有的各种商品已经开始和网络建立起了密切的关系，这一切已经悄然发生了。随着网络产业的兴起，一些新的网络服务也出现相应出现。网络使许多新应用、新技术和企业创新成为可能，而这些创新都是居于一个基本的原则之上的，这就是独特的产品。基于此，在我们开始分析网络经济关系及其相关模型的时候，充分理解网络经济的"产品概念"是非常重要的，人们无法在一个连产品概念都没有建立的市场上去建立理论并解释其中的经济关系。正如人们在网络生活和日常生活中所感受到的那样，网络经济的重要特征之一就是数字产品的出现，它改变了传统市场中产品的准确定义和基本特征，进而也带来了新的经济学问题，如数字产品的定价策略。

我们将从事计算机网络以及相关产品生产与销售的企业称为网络企业，而相关的行业称为网络产业，相应地，这些行业的产品就被称作网络产品（软件、硬件）。相关概念如信息产品、数字产品和网络产品尽管有一定的重合，但侧重点是不同的。

信息产品的一般定义包括软件、所谓的"教育"和"娱乐"产品及其他的知识产品。信息产品必须包含信息内容，信息产品在网络这一工具出现或网络环境形成之前就大量存在，例如教科书、电影电视、报纸、出版物、广告等等，这些都是以实物形式存在的信息产品。

信息产品被数字化以后，就成了数字产品。所谓数字化，从技术角度上诠释就是用少量、简单的基本符号，选用一定的组合规则，以表示大量复杂多样的信息。信息都是可以被数字化的，而有些传统的实物产品的功能是可以被数字化的，如书籍被扫描后，以信息编码的形式被存储或是传递。再如普通机床与数控机床、机械表与电子表、光学相机与数码相机、电话从模拟转向数字进而发展到网络 IP 电话；其他如数字电视、电子词典、数控水下挖掘机、3D 重建超声诊断仪等等，各领域的数字化产品层出不穷。

同时，更多的实物产品的功能是不能被数字化的，至少现在来看是这样。需要注意的是，实物产品本身是无法被数字化的，能数字化的只是它的功能或效用。

网络产品，被定义成"网络经济下的产品"，因此其所包括的范围是比较广泛的，除了包括信息产品、数字产品外，还包括一些为信息产品和数字产品的存储、传输服务的硬件设备产品，其强调的是与信息网络为基础，与之相关的一些产品及该产品可以在网络上进行存储和传输。在教材的后续内容中,"网络产品"的含义经常是指虚拟的数字产品或信息产品,而非实物的网络基础设施产品。这点需要我们加以辨别。

3.1.2 网络产品的分类

一、数字产品

纵览最近几年发表的众多有关网络经济问题研究的学术文献,我们发现,同对网络的理解一样,人们对数字产品的认识也存在一些差异。我国学者张铭洪(2001)认为:数字产品是指在网络经济中交易的可以被数字化,即编码成一段字节,并且可以通过网络来传播的产品。由于不同的数字产品所体现的经济属性存在不同之处,因此对数字产品还应根据不同的情况进行分析。本书认为,数字产品又称数字化产品,它是高科技发展特别是计算机技术及互联网技术的产物,是指以网络为载体向市场提供的,具有明显的技术特征的,并在一定条件下,其消费具有显著网络外部性的无形的产品或服务。数字产品主要分为内容性产品、交换性工具产品、数字化过程和服务性产品三类。随着以网络为代表的现代信息技术越发融入人们的生活,数字产品成为诸多网络产品中的核心产品,是本书下文中的主要研究对象。

所谓内容性产品是指确切表达一定内容的数字产品。在数字产品中,内容性产品是主要的组成部分,且通常这一类产品在网络传播极易涉及敏感的版权问题;并且有迹象表明,内容性产品的内容差异是构成其价值差异的基础(见表3-1)。

表 3-1 内容性数字产品及其内容

项 目	内 容
印刷载体信息产品	报纸、杂志和书籍
产品信息	产品说明、用户手册、营销培训广告
图形音像	照片、卡片、日历、地图和海报
音频产品	音乐唱片、语音产品
视频产品	电影、电视节目

交换性工具产品是信息技术渗透到货币金融领域的结果。交换工具是指代表某种契约的数字化产品,如数字化门票、数字化预订等。我们通常使用纸质货币作为交换工具,但在网络环境下,货币和传统的金融工具都可以被计算机编码程序转换成数字化产品。大多数金融信息都已经被数字化存储在计算机硬盘中,或者以数字化格式在互联网传播。随着互联网、个人计算机和网络银行终端的渗透和普及,数字化交换工具在现代商业社会中的作用越来越突出。从数字化银行卡等金融交换工具到数字化高速公路缴费卡等运输交换工具;从政府公共管理事务活动的交换工具到社区活动的交换工具,数字化交换工具提高了社会运行效率,降低了社会交易成本。

数字过程和服务性产品是数字产品意义的拓展和延伸。任何可以被数字化的交互行为都是一个数字过程或服务。这里所说的交互行为,实质上是通过相应的软件来驱动和激发的。例如,网络用户通过OICQ来相互即时传递信息和文件,通过CAJ浏览器来阅读论文,这两个过程都是数字过程和服务产品的典型例子。

其与内容性产品的区别在于，它更侧重服务本身的实现过程，也就是说，数字过程和服务性产品之所以区别于内容性产品，主要在于软件在数字化过程中发挥了作用（见表3-2）。

表3-2　网上服务的数字化过程

网上服务类型	数字化过程
电子政务与政府服务	电子表格、数字信息
电子消费	信件、传真、电话
商业价值的创造过程	订货、簿记、盘点、签约
拍卖和电子化市场	旧货电子交易市场
远程服务	远程教育、远程医疗等交互式服务
交互式娱乐	网络游戏、网络音乐、网络电影

二、嫁接了网络功能的传统产品

网络不仅融入了经济活动之中，而且也融入了商品的功能实现之中。在网络经济时代，一些传统的不具备网络功能的商品在技术进步的推动下，实现了与网络功能的嫁接，在传统的商品上植入了网络，增添了网络功能，本文将这类产品称为嫁接了网络功能的传统产品。这类商品的雏形在前网络经济时代就已经存在，而且在为人们生活服务的商品体系之中找到了自己的位置。在网络出现之后，这些商品适应了网络经济的潮流，将网络的功能引入自己的服务中来，实现了网络功能在传统功能上的添加，网络和传统功能相辅相成，从而扩大了原有的功能，更好地满足了网络时代人们的要求。

网络家电是该类商品的一个代表。网络家电是新兴的事物，以至于在人们对这些新兴的家电产品的各方面还没看清的时候，商家选择了比较流行的网络两个字来给这种商品命名。网络家电的实质是在传统的家用电器之上附加了新的网络功能，使传统的家用电器和网络功能相结合。这是网络经济向传统产业渗透的结果，是信息在人与家电之间双向传递。

三、组成网络的产品

网络的运行是需要物质基础的，组成网络的商品就是网络运行的物质基础，它们的性能决定了网络功能的实现，这些组成网络的商品可以说是最直接意义上的网络商品。连接成网络的不同功能的商品，它们互相连接，共同工作，使网络顺利运行。一个基本的计算机网络中包含以下组成部分：

计算机：主要完成数据处理工作，为网络上其他的计算机提供共享资源。

通信处理机：也称为前端处理机，是负责通信的控制和处理的计算机。

网络连接设备：主要用于计算机之间的互联和数据通信，比如：网络接口卡（NIC）、集线器（HLTB）、中继器（REPEATER）、网桥（BRIDGE）、路由器（ROUTER）。

通信设备和数据传输设备：如集中器（CONCENTRATOR）、多路复用器（MUX）、调制解调器（MODEM）。

传输介质：作为网络中设备之间的物理通信线路，用于传播数据信号，常用的有光缆、无线电波等。

网络协议：通信双方共同遵守的一组通信规则和约定，以协调网络正常工作，是计算机网络工作的基础。

网络软件：网络软件可以完成网络协议规定的功能，负责控制和分配管理网络资源，协调用户对网络资源的访问，使用户对网络的使用更加方便。

上述这些网络产品中有些只具有网络的功能，有些除了网络功能之外还具有其他功能。这些产品如果用于网络，连接在网络之中就是网络产品，如果它们不被连接在网络之中就是潜在的网络产品。那么这些商品是与网络的关系更为重要，还是其他的功能更为重要，是难以定论的，这要受到商品用途的多少、具体使用用途等因素的影响。这些网络产品必须满足兼容性的要求，生产这些商品的厂商在博弈竞争中必须协定共同的标准，以保持网络成为一个畅通无阻的信息通道。这类网络产品更新速度快，发展非常迅速，且各个构成部分之间相互协作、相互制衡，"木桶效应"特别明显。

3.1.3 数字产品的特性

数字产品主要具有以下八个特征：

第一，高固定成本、低边际成本。数字化信息产品的生产固定成本很高，且绝大部分是沉没成本，必须在生产开始之前预付，生产一旦停止就无法收回；但其复制的可变成本几乎为零，并且生产拷贝的数量不受自然能力限制。这种特殊的成本结构表明数字化产品的生产能力是无穷的，具有巨大的经济规模，因为数字化产品的边际成本可以保持不变或递减。

第二，不可破坏性。由于数字产品是在网络上传播和发行，不具有实际的物理存在实体，因此一经创生，就不存在磨损的问题，可以永远存在下去。也许数字产品最初的质量差异会因为消费者的使用行为而变得十分明显。但是无论用多久或是多频繁，数字产品的质量是不会下降的。因此，数字产品无耐用和不耐用之分。换句话说，从厂家那里买到的产品和二手货没有区别，同时对于同一种产品，大多数消费者的需求只有一次。这就是数字产品不可破坏性的本质特征，这类产品在经济学上称作"耐用消费品"。

第三，可变性。与数字产品的不可破坏性相对应的一个特性是数字产品的内容很容易受到改变：它们随时可能被定制或是被修改，这种修改可能是无意的、有意的，甚至是恶意的；然而由于数字产品的物理本质，这种修改是不可避免的。一般来说，数字产品的修改会出现在以下四种情况中：生产时，生产商可以根据客户和生产的需要定制非标准的差别化数字产品；在网络的传输过程中，数字产品的内容或真实性可能会被改变；数字产品一旦到达用户手中，生产商就很难在用户级别上控制内容的完整性；最后一种修改情况是生产商对数字产品进行的升级。

第四，可复制性。所有数字产品的最重要的特征之一，也是最大的价值之一，就是它们可以很容易地以低成本进行复制。一个数字产品可以很轻松地从网上下载，然后再被复制。同样，对于数字产品的生产商而言，只要第一份数字产品被生产出来，多拷贝一份的成本几乎为零。数字产品的可复制性带来了许多经济学问题，我们将在下一部分进行讨论。

第五，数字产品的公共物品性质。在消费时具有非竞争性的商品被称作公共物品。所谓非竞争性，是指商品可以同时被许多人消费，而相互之间不损害别人的消费。公共物品的典型例子有灯塔、公路、电影等。不管大海上有多少船只经过，建灯塔的费用是一样的，一艘船从中受益并未剥夺他人受益的权利。一旦播放电影，所有在场的观众都可以看到这部电影。相对地，私人物品在消费时就具有竞争性，在使用上具有先验性。公共物品可以分为两种：排他性和非排他性公共物品。这两者的区别在于是否能通过花费某一合理的成本，来排除未花成本者对该物品的消费。例如，只有支付了有线电视费用的消费者才能看到电视的内容，这时有线电视就是排他性的公共物品，而公共电视则是非排他性的。数字产品是典型的公共物品。这主要是由其信息内容的特征决定的：信息可以同时被许多消费者消费而不会影响其中任何一个人的消费利益。信息的这种性质被人们称作"信息的共享"。数字产品的可复制性、不可破坏性加强了其公共物品的特征。数字产品作为公共物品，可以是排他性的，如受到知识产权保护的数字产品；也可能是非排他性的，如没有对其消费收费的数字产品。但是事实上，要想完全实现数字产品的排他性是相当困难的，计算机软件盗版的广泛存在就是一例，这也涉及重要的经济学问题，成为经济学家关心的内容之一。

第六，数字产品的"经验产品"性质。如果消费者必须先尝试一种产品才能对它进行评价，经济学家就把它称为"经验产品"。几乎所有的新产品都是经验产品，市场人员已经发展出许多的策略来帮助消费者了解新产品，如免费送样品、促销定价和产品鉴定书等。但是对于数字产品来说，它每次被消费的时候都是经验产品。在你从网上看到、读到或是听到某一数字产品之前，你不知道是不是喜欢这个产品，并不能确定是否愿意为其付费。

与数字产品的经验产品性质相关的经济问题有许多，其中最重要的问题在于：由于数字产品只有在被消费以后，它的价值才能被确定，这样必然存在一些消费者担心在消费这些数字产品以后发现它不值得自己付出的价格和处理时间，因此而谨慎消费。如何克服消费者的"经验产品"难题，成为网络经济中实现价值创造的一道门槛。

第七，数字产品的外部性。所谓外部性是指：当一个行为给其他人带来附带的受益或者损害，而并没有因此而对他人相应地进行支付或补偿，我们就认为这一行为具有外部性。外部性的典型例子就是排污问题。一家工厂生产时排放的污水污染了河流，给整个社会尤其是附近的居民带来了不利的影响，如果这家工厂并不对其排污的行为及其后果负责，那么这时就出现了外部性问题。很多数字产品都具有正的外部效应或是负的外部效应，或者兼而有之。例如，有价值的数字产品，不仅能被购买者所使用，同时由于它的可共享性，也能被大家所使用；同时数字产品所蕴含的信息被消费者获得以后，可能会使得他的素质提高或行为更有利于社会，这些都可以视作数字产品的正外部效应。相应地，虚假的或是负面的数字产品对受它影响的人也会通过同样的途径实现负的外部效应。有时，由于同一信息对不同的消费者具有的意义不同，导致数字产品的消费或生产可能对一些人是正外部效应，而对另一些人则是负外部效应。数字产品常常具有的一种重要的外部效应叫作网络外部性。所谓网络外部性是指当一种产品被更多的人使用时，它的价值就会增大。例如电子邮件，当使用它的人增多的时候，每新加入一个消费者，就意味着原先使用电子邮件的人又获得了一份收益：可以通过电子邮件联系的范围又扩大了。网络外部性不是网络经济时代的新产物，也并非和数字产品具有必然联系的基本性质，但却由于网络经济的发展而凸现了其对经济的重要影响。

第八，对个人偏好的依赖。由于数字产品所携带的内容本质是信息——人类的思想、知识、智力、资料等，这类产品没有实物的形式（或者说能够在物理上消费的结构），因此从传统意义上说,信息产品不是"可消费"的产品,实际上被消费的是信息所代表的思想和信息的用处。从消费者的角度来说,这些思想和信息的作用是因人而异的。可以说,任何产品的需求都会随着消费者内在的口味差异而变化,而对数字产品的需求似乎更容易随着消费者个人的偏好不同而变化。

3.2 数字产品的需求分析

网络经济拥有庞大而复杂的产业链,微观经济学的需求理论在网络经济的很多领域依然有所体现——价格是影响需求的重要因素,且价格与需求量呈反方向变化关系。但我们更应当看到,以数字产品为代表的大量网络产品在消费与定价方面出现了诸多用传统需求理论无法解释的新现象,也就是说,传统需求理论对某些具有代表性的网络产品不再适用。

3.2.1 传统经济学的基本需求原理

在西方的微观经济分析中,一般将经济活动主体抽象地分为两大类,一类是生产者,另一类是消费者。在产品市场上生产者将所生产的最终产品或劳务销售形成供给的一方,而消费者则购买最终产品或劳务形成需求的一方。供求双方通过市场作用决定产品和劳务的价格,这就是均衡价格的形成。经济学中讲的需求(demand)是指消费者在一定时间内,在各种可能的价格水平下愿意并且能够购买的商品数量。与需求概念相对应,需求量指的是在某一特定的价格水平下,消费者愿意并且能够购买的数量。反过来说,消费者对一定数量的商品所愿意支付的价格被称为需求价格,它取决于商品对消费者的边际效用。现实生活中影响消费者对某种商品的需求的因素,除了该商品本身的价格以外,还有其他很多因素,如相关商品包括互补品和替代品的价格、消费者的收入水平、消费者的偏好、消费者对该商品未来供应情况和价格变化的预期、消费者的人口规模及人口结构、大众传媒、政府政策等等。因此市场上在一定时间内对某种商品的需求量是受多种因素影响的。一般将上述影响商品需求的因素分成两类,一类是商品的自身价格,另一类是除了商品自身价格以外的其他因素。这也称为需求条件。

在微观经济学的分析中,如果将影响需求的所有因素都考虑进去问题将会变得极为复杂且难以得出结果,因此通常只关注其中某一种因素变量与需求变动的关系,而同时假定其他所有的因素都既定不变。而研究最多的就是某种商品的自身价格与消费者对其需求量之间的关系。在假定影响需求的其他所有因素,即需求条件保持不变的情况下,影响需求的唯一因素就是商品的自身价格,此时可以说在该商品的价格和消费者对它的需求量之间存在着一一对应的关系。如果以商品的自身价格为自变量,以商品的需求量为因变量,这种商品的价格和需求量之间的一一对应关系可以用一个函数式来表示,也就是西方经济学中提到的需求函数。

3.2.2 网络外部性与消费决策

在传统经济学中,反映需求量与价格之间关系的个人需求曲线是一条向右下方倾斜的曲线,那么对网络产品而言这是否仍然适用呢?由于传统产品的个人需求曲线是在假定价格以外的其他条件都不变的情况下，推导出的需求量与商品自身价格之间的关系，因此在推导网络产品的个人需求曲线时，除了要假定相关商品的价格、消费者的收入及偏好等传统经济学中提到的会影响需求的因素保持不变外，还必须有一个很重要的假定：该网络产品其他用户的数量也保持不变。回顾一下我们曾经大量消费的网络产品，是否满足这一假设呢？

根据网络产品的网络外部性特征，网络产品对消费者的效用随着该产品的其他使用者数量的增加而增加。而效用决定着需求，也就是说其他消费者对某一网络产品的需求会直接影响某一消费者对该产品的需求，这与传统经济下其他消费者的需求不是影响消费者需求的直接重要因素有很大的区别。因此消费者在决定是否购买某一网络产品时，不仅要考虑该产品现有的用户规模是否足够大，而且还要据此预测该产品未来的用户规模是否会继续扩张及该产品的互补性产品种类是否会进一步增加。也就是说，消费者对网络产品的消费选择是建立在其他消费者的消费决策和自己的理性预期基础之上的。因此，传统需求理论的假设基础已经在网络产品的大范围内不再成立。

传统产品的个人需求量之所以会不止一个，是因为无论如何传统产品都会被用完或用坏，只不过是时间长短而已。但网络产品中某些产品具有不可破坏性，这类产品一旦制造出来就可以永远存在下去，无论用多久或多频繁其质量都不会下降，比如专业软件类产品。对于这样的同种同质产品，大多数消费者只可能购买一次，即个人消费量或者等于 0 或者等于 1。这就使得对这类商品来说，分析商品的价格与需求量之间的关系毫无意义。

需求的对象可以是商品，也可以是服务。需求的对象可能是现实的物质产品，也可能是一种虚拟的存在。在现实生活中有些商品的存在，在于通过物质的使用价值来满足人们的需求，而还有些商品本身的意义就是象征性的，主要是获得一种信息所带来的心理需要。当信息传递的手段不是很高效的时候，这种象征性的商品还是以物质产品的形式存在，很大程度上要消耗物质资源。在网络出现之后，这种对象征性商品的需求逐渐转化为对虚拟商品的需求，虚拟需求渐渐开始大行其道。例如，电子贺卡对纸质贺卡的替代，并且免费电子贺卡的消费数量远远大于收费类电子贺卡。类似的，由于网络出现之后而产生的对虚拟商品的需求还有很多。网络虚拟商品同样可以达到和以前物质商品同样的目的，大大减少了对物质商品的依赖。这种虚拟需求的对象已经脱离传统经济学研究的产品范畴，免费提供方式也无法用传统的需求曲线来解释。

综上所述，传统需求理论的假设条件、研究对象和某些典型性需求行为都在网络经济中发生了颠覆性的变化，传统的需求理论在研究数字产品为首的网络产品时将面临失灵的窘境。但我们同时应当看到，网络产业链条是一个很大的范畴，甚至在某些方面涵盖了部分传统产业，所以对传统需求理论进行全盘否定也是不可取的。同时，网络产品的多元性特征使我们难以仿照传统经济学推导出一条适用性较广且标准的需求曲线。

3.2.3 电子商务改变了消费者的购买决定行为

传统经济学在市场交易理论中暗含着完全信息的假设条件，即交易双方对商品买卖的信息掌握得都很充分，且双方处于信息对称的均衡状态。这种假设与事实不相符，交易过程中，信息状况的经常情况是信息不对称，一般来说，卖者比买者掌握的关于交易商品的信息要多。所以经常出现质次价高、质优价廉的情况，或者市场是没有效率的。20 世纪 60 年代,信息经济学学者斯蒂格勒(Gorge Stigeler)研究了这一现象,后继者阿克尔洛夫(George A. Akerlof)等人提出了"柠檬市场"理论、市场失灵的理论来解释这一问题。信息经济学认为,在交易过程中,交易双方掌握的信息是不对称的,且买者处于信息劣势(即掌握的信息比卖者少)。于是,买者在做出购买决定之前,会展开"货比三家"的信息搜寻行动。搜寻方式有两种,要么以居住地为圆心逐步扩大搜寻范围,要么以专业市场为圆心逐步扩大搜寻范围。然而,搜寻是有成本的,随着搜寻范围的扩大,搜寻者的现实支出成本(搜寻过程中实际的花费)和机会成本(主要指时间成本)都会增加,而搜寻获得的收益却是递减的(发现比已经发现的低价更低价格的可能性越来越小),也就是说,消费者不会无止境地搜寻下去,他们会在掌握了一定的信息,但却不是全部信息的条件下做出购买决定,购买决定点是搜寻的边际收益与边际成本相等的点,如图 3-1 中 MC_1、MR 及其交点 BP_1。在电子商务条件下,消费者可以利用网络扩大搜寻范围,从而使市场效率提高、搜寻现实支出成本减少,在扩大搜寻范围时,由于网络打破了时空限制,使消费者仍然可以用较少的机会成本扩大搜寻范围(指搜寻不需要占用工作、学习的时间而只用闲暇时间)。这样,在模型中表现为边际成本的向外移动 MC_2,购买决定点也因此向外移动至 BP_2,如图 3-1 中 MC_2、MR 及其交点 BP_2。与 BP_1 相比,BP_2 点消费者所获得的信息显然要多。也就是说,在电子商务条件下,消费者的购买决定是在比以往获取更多信息的条件下做出的,电子商务中的信息不对称现象是可以有效缓解甚至消除的。所以,与传统的市场相比,电子商务市场具有更高的效率,而效率的提高是通过电子商务手段缓解或消除信息不对称条件而实现的。

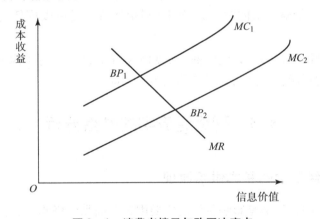

图 3-1 消费者搜寻与购买决定点

根据人们在购买商品时对商品信息的依赖程度,信息经济学将商品分为两类:经验商品和搜寻商品。经验商品指不具有标准化或标准化程度不高、质量只有在使用后才能了解的商品;搜寻商品则相反,它具有标准化特征,其质量容易被消费者了解。这两类商品在传统市场上最大的不同是,前者通过大量的广告和商品信息都难以使顾客相信其质量,后者则通过广告和商品信息就可以解决顾客对商品不了解的问题,顾客不必通过实际使用来了解商品质量。现实生活中,大量的商品通常都属于经验商品,而少量的商品属于搜寻商品。国外一项实验表明:虽然在传统零售环境下,消费者在购买前对搜寻商品和经验商品质量的感知和测度能力存在显著差异,但是这些差异在在线购买环境下变得模糊。他们认为,网络可以通过减少收集和分享信息、提供购买前学习的新途径来减少搜寻商品和经验商品的传统差异。一项以美国典型消费者为样本的在线信息搜寻行为研究显示,消费者在对搜寻商品和经验商品的信息收集上花费的时间相似,但是在对两种商品的浏览和购买行为上存在重要差异,与搜寻商品相比,对经验商品的搜寻深度更高(时间/网页)、搜寻速度更低(总网页);自由选择(从非产品信息主要提供商处购买的行为)的频率在经验商品上的出现频率比搜寻商品的低;其他消费者的产品测度和使消费者在购买前能与产品互动的媒体,对消费者搜寻和购买行为的影响,在经验商品上比搜寻商品上的要大。

香蕉属于经验商品,尽管美国联合水果公司通过给他们出售的香蕉贴上"Chiquita"商标并广而告之,拟让消费者明白他们出售的香蕉比别家的好,但是大多数消费者并不买账,消费者仍然愿意通过实物来判断香蕉有多大多重,是绿的、黄的,还是熟过了头。只要上述条件符合消费者的要求,剩下的差别就是价格问题了。显然消费者会在自己判定的同质量的香蕉中购买价格便宜的,而不管它是否属于品牌"Chiquita"。小轿车属于搜寻商品,不同品牌、型号、外观、质量的小轿车,可谓琳琅满目。在激烈的竞争中,各个品牌的制造商都尽力赢得消费者的信任和对其品牌的信任。直白地说,制造商在竭力放大小轿车作为搜寻商品的特征,以使消费者信赖自己的品牌而直接购买商品。然而,电子商务环境下的消费者也并不像制造商们所希望的那样,而是按照接近于购买经验商品的方式来挑选和购买小轿车。首先,他们可以通过消费者报告或其他途径找到不同品牌小轿车的相关信息。然后,他们可以在本地经销商那里通过目测、试驾等方式来选择不同品牌。一旦他们选定了品牌,他们可以在网上,也可以在本地同若干经销同一品牌的经销商联系,让他们给出报价(也可能是网上报价),然后选择与价格最低的两三家经销商讨价还价。最后以更低的价格在网上购买到自己中意的轿车。

上述实验和事例说明,第一,电子商务加剧了竞争,第二,电子商务改变了人们的购物方式,他们可以用购买经验商品的方式来购买搜寻商品。

3.3 网络经济中的供给分析

3.3.1 传统经济学的基本供给原理

在传统工业经济中,价格是影响供给的主要因素,商品价格越高,供给量越大。但是产品的供给受到生产者成本的制约,规模报酬递减规律要求生产者必须把企业规模保持在最优生产区间才能实现生产的均衡。供给定理是说明商品本身价格与其供给量之间的关系的理论。其基本内容是:在其他条件不变的情况下,某商品的供给量与价格之间成同方向的波动,即供给量随着商品本身价格的上升而增加,随商品本身价格的下降而减少。供给定理也被称为供给法则,反映商品本身价格和商品供给量之间的关系。对于正常商品来说,在其他条件不变的情况下,商品价格与供给量之间存在着同方向的变动关系,即一种商品的价格上升时,这种商品的供给量增加;相反,价格下降时供给量减少。影响供给的因素包括影响企业供给愿望与供给能力的各种经济与社会因素,这些因素主要是:价格、生产要素的数量与价格、技术及预期。

传统经济学中要素是稀缺的,边际成本是递增的,边际报酬递减规律在生产行为中大行其道，这对生产者的供给行为构成了一定的限制。企业在供给过程中必须保持合理的最适规模，供给能力与企业成本结构与市场结构息息相关。在网络经济环境下，信息作为网络经济的核心资源具有无穷性的特征，边际成本在数字产品的生产过程中呈递减的规律并趋向于0，边际报酬递减由传统经济中的个别现象转变为网络经济中的共性，这些都打破了传统因素对供给能力的束缚。

3.3.2 网络化供给

互联网对供给的影响是深远的，网络经济中供给受到更加丰富、高效的信息的引导，有了更强的目的性，可以更好地满足消费者的需要。网络的出现赋予了供给新的特征：网络本身成为一种供给的方式，低边际成本的供给使得供给能力大大提高；网络化供给是与网络商品相契合的，流通环节的减少使得供给变得直接；与对需求的表达相对应，出现了定制化供给。

在不远的未来，除了一些特殊要求的信息之外，所有的信息都将归于网络，网络成为信息流动的主干道。网络上传递的大部分信息用于引导资源配置，为人们的活动提供决策参考，它们是经济活动的中间材料，而不是最终的商品形态。还有一部分信息，它们本身就是商品，例如，数字产品通过网络传输直接进入人们的消费，这就是网络化供给。所谓网络化供给，是数字商品以网络为中介由生产者一端直接传递到消费者一端，也就是通过 Internet 本身的配送。显然，网络化供给是只适用于数字产品的，在网络上传递的商品必须是数字商品，也就是被写成一段数字编码的商品。网络化供给的一种特殊表现方式是虚拟商品的供给，这是与对虚拟商品的需求相对应的。所谓虚拟化的供给就是指供给的非物质性。虚拟化供给所提供的产品还不是信息等非物质性商品的实体，它所供给的是现实世界的物质产品在网络世界的影像，尽管仅仅是一种商品的虚拟，但是同样能够使消费者感觉到需求的满足。虚拟化供给包含三方面：

第一，对象征性商品的网络化供给，同样起到物质商品所应有的作用，同时这种供给减轻了在传统经济中满足人们的需求所必需的对实物资源的耗费。

第二，充分利用网络的虚拟性特征，通过技术手段为网民提供现实生活中无法经历的事情，让人们体会在现实中难以感受到的体验。

第三，利用计算机与网络技术可以对现实社会的各种活动进行模拟，这种模拟摆脱了时间和空间的限制，使人们充分享受到现实生活中无法体验到的快乐。网络游戏就是虚拟化供给的一种。

通过网络化的供给，消费者可以买到以火箭般速度传送的数字商品。E-Book 书店就是现实生活中最典型的网络化传输的应用。所谓 E-Book 就是 Electronic Book，电子图书。在这里，书的内容并没有发生变化，改变的只是形式，在 E-Book 书店中，书的内容已经全部被转换成文本文件，实际上是由数字编码 01010101010 的组合构成的。组成电子图书的数字编码的集合，可以先被转换成小的可以在网络上进行传输的数据包，按照 IP 地址的指引，在网络上传输，到达消费者的微机上，这些数据包再结合相关多媒体技术，恢复文本文件的形态，消费者看到的就是屏幕上显示的图书了。电子图书的购买和传输过程完全在网络上进行，整个过程消费者足不出户在短时间内就能看到自己想要的图书，这大大方便了人们的生活。如果人们不愿意直接看屏幕上的图书,那么随着家庭印刷及装订的改善,人们也可以先利用网络传输书的内容,然后将这些内容文件在家里打印成图书。可以预言,电子图书和图书的网络发送将来会成为最受欢迎的书籍销售方式。网络化供给的其他应用还有:计算机软件被用户以数字方式下载、网络音像店、网络信息查询、付费电视,等等。在现实生活中,网络的应用正以人们无法预期的方式和速度向前发展,也许在明年的这个时候,会有更多的信息产品通过网络化的传输来到你面前。

网络化供给的特点:

首先,它目前仅适用于数字产品。目前仅有数字化的信息、商品可以在网络上传输,但是这并不限制网络化供给的发展。未来随着社会制造能力的增加,可以仅仅传递商品的制造程序,例如一个螺丝钉的制造程序,人们用放在家里的纳米制造装置就把这个螺丝钉生产出来了。这种说法现在听起来让人感觉离奇,但是谁能预测未来呢?

其次,网络化供给的优势在于:①分散的地理位置形成的距离在网络化供给中可以被忽略。②快速。网络化供给的速度决定于网络的基础设施和用户端的接收能力,这些条件的性能正在迅速提升。③准确。不会发生信息的失真和扭曲。

最后,网络化传输与版权问题息息相关。网络化传输(下载)的数字产品,面临着版权问题的严重挑战。例如用 MP3 将网上音乐下载,这样的网络化传输已经引起唱片产业经理们的恐惧,因为它似乎提供了一种人们可以将放在 Web 上的任何音乐作品无限量地拷贝的可能性。目前版权的维护成为人们所关心的焦点。对此人们在技术上进行了有益的探索。美国加利福尼亚圣克拉拉的 Inter Trust 公司设计了一种被称为"变形应用"(meta - utility)的方式,它是一种保护版权及交易支付行为的数字电子商务的管理平台。使用 Inter Trust 模式的时候,一家唱片公司(或拥有数字内容的任何人)须将其内容首先打包为一个称为"Digibox"的加密文件,这些内容就可以遵循 Inter Trust 公司设定的使用、存取及支付方法的规则,灵活地适应内容提供者的要求。例如,三次免费的播放,或者为全部播放(多次)规定一个固定价格,还有一种就是每次重新播放负担一个小额费用。Inter Trust 的方案当然不是这种事情的唯一的尝试:Liquid Audio、施乐及微软,都在设计他们自己的数字版权管理系统。所以可以预见随着技术的发展,网络化传输涉及的版权问题是可以通过技术创新解决的。

网络化供给是未来的一个趋势,因为它有着方便、快捷的绝对优势,这种商品的供给效率是前网络时代的任何方式所无法比拟的,实现了供给方式的革命。尽管它只是适用于数字产品,但是仅仅是数字产品领域就是一块大有作为的广阔天地。随着网络逐渐深入经济生活,以及整个经济运行的信息化程度的提高,数字产品将成为商品的主流,届时网络就是今天的公路、铁路、航空。现在的生产者将自觉地融入网络化供给的行列。网络化供给是网络经济时代的一大特征。

3.3.3 直接化供给

在传统的经济流通中,生产商、中间商或批发商、零售商都是不可缺少的环节。因为在前网络时代,人们的信息交流方式非常有限,在生产者和消费者之间难以建立起有效的信息传递,消费者不具备单独从生产者处直接购买的能力,生产者也不具备向消费者直接提供商品的能力,中间商凭借掌握的商品信息优势,起到了生产者和消费者之间的沟通和桥梁作用,是一个必不可少的中间环节,否则市场将难以运行。这样就形成了生产者—中间商—消费者的商品流通链条。中间商存在的意义就在于弥补、补充生产者和消费者对完成交易行为所需的相关信息的不足,其存在的成本对生产者和消费者来说在于对社会总价值的分割。网络的出现提供了生产者和消费者直接对话的可能,随着网络经济的逐渐形成,网络成了联结厂商和广泛分布于各个地点的消费者之间的最直接的渠道,成为生产者和消费者直接见面的场所。生产者可以在网上全面地展示自己的商品,提供交易所需的信息,网络也可以使消费者低成本地发现生产者。处于网络端点的生产者与消费者可直接联系,看样品、询价、购买确认、支付货款等环节都可以在网上实现,这样就降低了传统的中间商层次存在的必要性,压缩甚至取消不必要的中间环节。但是需要讨论的是,在网络经济中注意力是一种非常稀缺的资源,DELL神话是因为它已经充分地吸收了注意力,实现了规模效益。现实中不可能所有的公司都能像DELL那样,如果有1 000家服装厂的网站,那么被顾客浏览的不可能是全部。所以很多小公司难以经营(它可以建立,但是难以经营)自己的网站。这样,很多小的生产者还是会把自己的业务交付给一个中介机构去完成,中间商还有存在的空间,Internet改变着中间人的作用和功能,而不是取消他们。所以网络经济不是完全"脱离中间商",而是进入了像《哈佛商业评论》的执行编辑尼古拉斯·卡尔说的那种"超中间商"时代,涌现出了代理信息和产品的新兴中间商。例如,亚马逊公司本身就是一个中间商,它不是书籍的出版商,而是书籍的销售商。它不过是将众多出版商的书籍集中到网上,由书籍的买者从网上选购。在网络经济中只有那些实现规模效益的、专业化的中间商才能存在。总的来说网络在很大程度上消除了商品流通的中介,从而带来交易成本的显著降低,目前其魅力的体现还仅仅是初露端倪。

3.3.4 定制化供给

大批量生产技术(mass production)在20世纪初使产品制造业得到了迅猛的发展,为社会提供了大量工业产品,满足了社会对工业产品的数量需求,体现为规模经济。其主要特点是,大规模采购原材料,应用机械化和标准化的制造工艺,使用标准化部件,进行高效率的自动化作业。但是人们的需求是千差万别的,随着人们在商品的数量方面的逐渐满足,人们对商品的个性化要求凸显出来,产品设计者挖空心思让产品满足不同的消费者的不同要求,但是在网络出现之前这种愿望一直没能够完全实现。网络的出现为人们的这种个性需求提供了表达的方式,生产者有可能并且开始按照消费者的需求的表达来提供商品,定制化供给(mass customization)出现了。所谓定制化供给,是以网络为基础,将网络技术、信息技术、管理技术和生产工艺相结合,通过网络直接收集客户的需求信息,并可通过网络与顾客进行实时信息交流(同时,企业通过构建各种数据库,记录全部客户的各种数据,并对数据进行整理、分析),企业得到用户的需求信息后,将其融入企业的产品设计及商品的生产之中。在一系列生产环节之后,企业向消费者提供按照消费者定制要求生产的商品。定制化供给是与需求的表达是相对应的。

网络在客户的特定需求转变成现实的产品或服务的过程中发挥了巨大作用。20世纪末美国佛罗里达的摩托罗拉寻呼机生产厂在零售商的柜台上设置了专用计算机系统,用户可以在销售人员的帮助下设计所需寻呼机的款式和颜色组合,然后根据相应信息形成产品订单,通过信息网络直接传送到生产厂,并转化成生产控制指令传输到产品生产装配线上进行自动化生产和装配,用户在一两天之内就可以得到自己所定做的产品。还有一个比较典型的例子是位于美国田纳西州的 Levi Strauss 牛仔服专卖店,除了在店中展卖各种标准规格的牛仔服装外,还在店中配备了微机服装设计系统,用户可以在销售人员的帮助下,按自己的身材尺寸和喜欢的款式自行设计所需的服装,系统可将用户的定制要求直接通过网络传送到生产车间,在生产线上按特定的尺寸和款式要求进行裁剪和缝纫,并快速提供给顾客,而价格仅比标准规格产品增加一个很小的百分比。这种方式十分新颖,吸引了很多顾客慕名而来。

戴尔公司是运用定制化供给的杰出企业,其定制化供给具体体现在生产环节上就是:通过国际互联网和企业内联网等网络接收顾客订单,当订单传至该公司信息中心时,由公司控制中心将订单分解为子任务,并通过国际互联网和企业间信息网分派给各个独立制造商,各制造商按收到的电子订单进行配件生产组装,最终按戴尔公司控制中心的时间表来供货。需要指出的是,现实中定制化供给并不是企业提供无限、任意的选择,而是提供适当数量的标准件、形成一个巨大的选择范围,并使之进行多种搭配。众多的选择足以给顾客一种无限自由的感觉,而企业在这些选择的范围内又可以对复杂的制造程序进行游刃有余的系统管理,不会因为顾客的选择降低生产的效率。这是反映个性化需求基础之上的规模经济。在定制化供给条件下,客户按照自己的独特需求定制产品,其生产质量、效率和成本完全可以与大批量生产方式相媲美。

定制化供给的优势有:

第一,定制化供给有利于降低销售成本。传统的市场销售把推销作为营销的一个重要方面,通过做广告、人员推销及各种推广方式来吸引更多的消费者,因而企业的销售成本很高。但在直接定制中,由于产品是在切实了解顾客实际需求的基础上设计和生产出的适销对路的产品,所以只要质量可靠、定价合理,这些产品就能很顺畅地销售出去,大大减少了广告促销等方面的费用,降低了销售成本。

第二,定制化供给减少了库存积压。在传统营销模式下,企业为了追求利润最大化,往往在生产成本上下功夫,通过追求规模经济,尽可能扩大产量,实现大规模生产,降低单位产品的成本。但随着买方市场的形成,这种大规模的生产和产品品种的趋同必然导致产品的积压和滞销,造成资源的闲置和浪费,定制化供给则很好地避免了这一点,由于在定制化供给中企业根据顾客的实际订单来进行生产,动态响应用户的即时需求,消除了库存这一环节,这大大加快了企业资金的周转速度,减少了资金的占用。从戴尔公司的市场销售业绩便可以看出戴尔公司从这种供给模式中获益匪浅,1998 年它的成品库存为零,在零部件上仅有 2.5 亿美元的库存量,而其库存周转率一年为五十次,库存平均为七天。

第三,定制化供给有利于促进企业的不断发展。企业必须不断地推出新产品来适应市场,创新是企业保持活力的重要源泉。在传统的营销模式下,企业的研究开发人员是新产品开发的主体,他们通过市场调查和分析来挖掘新的市场需求,然后推出与之相适应的新产品,但是,这种方法受到市场研究人员能力的限制,很容易受错误调查结果的误导。而在直接定制中,企业与顾客之间直接进行沟通,企业就可以根据顾客的喜好及对产品设计的一些改进意见直接对产品进行改进,从而达到产品、技术上的创新,并且这种创新始终能与顾客的需求变化保持一致，使企业能不断生产出顾客满意的新产品，最终使企业不断向前发展。

第四，定制化供给能极大地满足消费者的需求。在传统的营销模式中，企业往往是根据市场调查的结果进行产品开发，他们首先了解细分市场中顾客的需求，然后生产满足顾客需求的产品，并将产品提供给目标市场的顾客。这种产品通常不能令所有的消费者满意。直接定制则将这种目标市场划分到了极限的程度——把每一位顾客都视作一个潜在的细分市场。在这个市场上，顾客不是产品的被动接受者，而是产品的设计者，顾客可以根据自己的偏好对产品提出自己特定的要求。这样，企业在生产过程中，可以有针对性地向顾客提供差异性的产品，以满足广大消费者的个性化需求，使他们得到自己真正想要的产品和服务。

3.4 数字产品的定价规则与在线市场价格

网络产品的定价问题是一个复杂的范畴，上文中已经分析过网络产品的不同类型，正因为存在着与实体经济的交叉，所以传统的均衡定价方法在部分网络产品中仍然适用。但我们重点应该看到，以数字产品为首的网络产品的出现打破了人们对传统均衡定价方法的惯性思维，差异化定价与价格歧视已经成为互联网产品定价的主流方式，因此本章主要以数字产品为例来探讨网络产品定价中的某些新现象。

3.4.1 数字产品的价格形成规则

数字产品的定价规则主要包括标签定价、讨价还价、拍卖三种定价方式。

标签定价也称"一口价"，"一口价"是卖家愿意直接成交而不需要进行竞价的价格，一般没有讨价还价的余地。"一口价"是很多C2C网络卖家选择的定价方式，它的初衷是想通过公开价格达到快速成交的目的。但是由于"一口价"公布了该产品价格，从而让同行轻而易举地知道原本为商业机密的价格行情，容易引发恶性价格竞争。所以很多卖家的"一口价"，会给买家留一些讨价还价的余地。在处于买方市场的今天，"一口价"可以让买方能够迅速找到合适的卖家。将价格定得实在，能够尽量节省和顾客讨价还价所耗费的时间和精力。所谓物有所值，意思就是一分价钱一分货，什么样的物品定什么样的价格，千万不要漫天开价，然后让顾客就地还价，这样生意做不长久。大量相同商品的销售一般比较适合"一口价"交易模式。在"一口价"定价模式中，传统市场营销理论的许多定价方法都是可以借鉴的，如竞争导向定价法、成本加成定价法和需求导向定价法等。

讨价还价也是电子商务活动中产品定价的一种方式。在日常的买卖活动中，人们习惯于把讨价还价连起来说，但在谈判学上，讨价和还价是两个不同的概念。以买方为例，讨价是指卖方报价后，买方不同意卖方的报价，要求卖方重新报价。还价是指卖方报价后，要求买方报价，买方报出自己希望成交的价格。同样卖方也可以向买方讨价还价。买方讨价是要求卖方降低价格，卖方讨价是要求买方提高价格。不过在电子商务中这种讨价还价过程一般是通过即时通信工具来实现的，如QQ、淘宝旺旺等。对于卖方来说，讨价还价有助于了解买方的若干信息和偏好，从而有助于对消费者实行价格歧视。因为讨价还价可以显示出买方对交易品的需求价格弹性，从而了解到买方的价格底线。对于买方来说，获取尽可能多的消费者剩余是讨价还价的一般目的，有可能争取到比其他消费者更低的优惠价格。但是讨价还需要付出时间成本、心理成本等，有可能会导致交易结果的不确定性。因此，这种定价方式是因人而异的。

拍卖（Auction），是人类社会特殊的商品交易方式，近现代以来在世界各国广为发展，各国的法律解释有所不同，《中华人民共和国拍卖法》给出的定义为：拍卖是指以公开竞价的形式，将特定物品或者财产权利转让给最高应价者的买卖方式。美国经济学家麦卡菲认为：“拍卖是一种市场状态，此市场状态在市场参入者标价基础上具有决定资源配置和资源价格的明确规则。”拍卖从古希腊罗马时代的奴隶买卖到现代荷兰花市、欧洲政府的国债出售等，已经创造出不同文化的拍卖制度。拍卖方式有英格兰式拍卖（English Auction）、荷兰式拍卖（Dutch Auction）、英格兰式与荷兰式相结合的拍卖方式，此外还有美式拍卖、密封递价最高价拍卖、密封递价次高价拍卖、开放出价双重拍卖、密封出价双重拍卖等方式。

英格兰式拍卖也称"增价拍卖"或"低估价拍卖"，是指在拍卖过程中，拍卖人宣布拍卖标的的起叫价及最低增幅，竞买人以起叫价为起点，由低至高竞相应价，最后以最高竞价者以三次报价无人应价后，响槌成交，但成交价不得低于保留价。

荷兰式拍卖也称"降价拍卖"或"高估价拍卖"。是指在拍卖过程中，拍卖人宣布拍卖标的的起叫价及降幅，并依次叫价，第一位应价人响槌成交，但成交价不得低于保留价。英格兰式与荷兰式相结合的拍卖方式是指在拍卖过程中，拍卖人宣布起拍价后及最低增幅，由竞买人竞相应价，拍卖人依次升高叫价，以最高应价者竞得。若无人应价则转为拍卖人依次降低叫价及降幅，并依次叫价，以第一位应价者竞得，但成交价不得低于保留价。

密封递价式又称招标式拍卖。由买主在规定的时间内将密封的报价单（也称标书）递交拍卖人，由拍卖人选择买主。这种拍卖方式和上述两种方式相比较，有以下两个特点：一是除价格条件外，还可能有其他交易条件需要考虑；二是可以采取公开开标方式，也可以采取不公开开标方式。拍卖大型设施或数量较大的库存物资或政府罚没物资时，可能采用这种方式。

标准增量式拍卖是一种在拍卖标的数量远大于单个竞买人的需求量的情况下而采取的拍卖方式（此拍卖方式非常适合大宗积压物资的拍卖活动）。卖方为拍卖标的设计一个需求量与成交价格的关系曲线。竞买人提交所需标的的数量之后，如果接受卖方根据他的数量而报出的成交价即可成为买受人。

维克瑞拍卖也称为第二价格密封拍卖。这种拍卖方式与首价密封拍卖基本相同，区别仅在于胜出者需要支付的价格是第二高的报价，而不是他自己的报价。这与易趣网所使用的代理人竞价系统相似，在这个系统中，胜出者需要支付第二高的报价，再加上一个报价的增额（如10%）。

速胜式拍卖是增价式拍卖的一种变体。拍卖标的物的竞价也是按照竞价阶梯由低到高、依次递增，不同的是，当某个竞买人的出价达到（大于或等于）保留价时，拍卖结束，此竞买人成为买受人。

反向拍卖也叫拍买，常用于政府采购、工程采购等。由采购方提供希望得到的产品的信息、需要服务的要求和可以承受的价格定位，卖家以竞争方式产生最终的产品提供商和服务供应商，从而使采购方以最优的性能价格比实现购买。定向拍卖是一种为特定的拍卖标的物而设计的拍卖方式，有意竞买者必须符合卖家所提出的相关条件，才可成为竞买人参与竞价。

互联网产生后，拍卖这种定价方式迅速地与电子商务相融合，成为在线交易的一种定价模式。网络拍卖指网络服务商利用互联网通信传输技术，向商品所有者或某些权益所有人提供有偿或无偿使用的互联网技术平台，让商品所有者或某些权益所有人在其平台上独立开展以竞价、议价方式为主的在线交易模式，如图3-2所示。

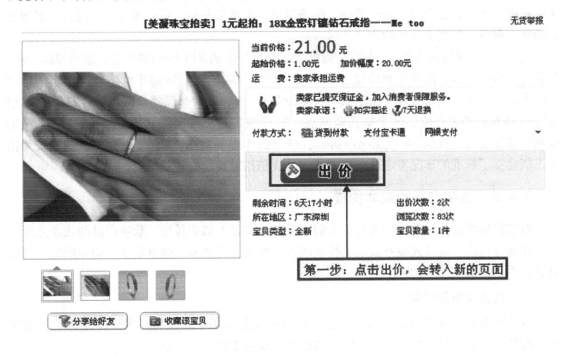

图3-2 淘宝拍卖图示

阅读资料：优信拍

优信拍交易规模市场领先，累计融资达4.6亿美元，位居行业第一。优信拍成立于2011年，在国内互联网二手车市场处于领先地位。根据易观智库测算，2014年优信拍线上二手车交易量15.5万辆（市场份额26%），交易额87亿元（市场份额26%）。目前，优信拍在北京、上海、广州、成都、天津、杭州、武汉七大中心城市设有包括集中交付、现场拍卖于一体的服务及场地，具备强大的二手车流通能力。截至2014年年底，优信拍在全国拥有卖家会员超过8 500家，买家会员超过20 000家。优信拍的商业模式也备受资本市场青睐，截至2015年6月，优信拍共完成三轮融资，累计融资额达4.6亿美元，位居行业首位。

商业模式：基于B2B竞拍模式的线上拍卖平台与线下拍卖场+基于B2C模式的在线零售平台。优信拍主要采取B2B竞拍模式，即"车辆检测服务+线上拍卖服务/线下拍卖会+线下过户交付服务+汽车物流运输服务"的O2O闭环二手车拍卖交易服务。线上拍卖通过在线看检测报告竞拍，线下拍卖是买家现场集中看车后进行在线竞拍。拍卖成功后，优信拍为车辆提供交付、仓储、物流等后续服务。优信拍通过线下门店的扩张和汽车零散物流"优仕物流"形成强大的二手车交易网络和流通能力。此外，优信拍还经营4S店拍卖服务、公车拍卖等其他业务。优信拍的盈利来源包括：交易佣金、过户服务费及其他增值服务

（物流、金融等）费用等。

优信拍面向普通消费者推出"优信二手车"在线零售平台，涉足 B2C 领域，致力于从"打造电商品牌""包装好车好店""检测＋无事故承诺"三个方面重构二手车交易市场诚信；还推出了优信金融业务，涵盖对公融资、消费信贷、二手车延保服务等专业汽车金融产品等，帮助消费者降低购车门槛，让经销商的业务更快发展。优信拍模式的特点体现为：①商业模式丰富，盈利多元化；②线下网络发达，本地交易能力强；③重资产模式可实现更好的线下服务，提高交易成功率。

"查客"车况检测系统。"查客"检测系统是集合车辆 VIN 码识别技术、漆膜厚度检测、车载电脑数据分析、广角照相功能、3G、无线传输等功能于一体的非可见性损伤车辆检测鉴定产品，是唯一获得专利的全系汽车检测设备。"查客"对车况的检测包括：27 项基本信息、17 张车辆拍照点位、74 个损伤监测点、53 个快速检测漆膜修复历史点位、116 个精密检测漆膜修复历史点位、8 项工况声明包、33 项行车电脑数据读取。"查客"检测系统为拍卖车辆建立了标准的车况鉴定及呈现方式，是优信拍重要的交易基础。

3.4.2 数字产品的成本构成

数字产品的定价与离线厂商有重合的部分，也有很大的差异性。数字产品的成本主要由以下几部分构成：商品或服务成本、技术成本、网上支付成本、信息安全、物流配送、售后服务成本，等等。

一、商品或服务成本

商品或服务是电子商务交易的核心，是电子商务市场中的交易对象。即使已经被数字化，商品或服务自身的价值也是在线价格成本中最主要的组成部分。

二、技术成本

电子商务是各种技术结合的产物，要使其正常有序地运行，必须建设由性能优越的硬件设施和先进软件系统组成的操作平台，并对系统进行有效的维护。

电子商务的技术成本包括软硬件成本、学习成本和维护成本。电子商务是各种技术结合的产物，复杂的管理、维护费用的高昂使得一些企业望而却步。面对客户无力应付复杂的技术平台和费用高昂的软硬件配置的实际问题，ASP 这个行业随之兴起。它以系统、人才匮乏的中小企业作为开展业务的主要对象，同时一些大企业也对 ASP 发生了兴趣，利用租赁式服务在很大程度上降低企业的电子商务技术成本。

三、营销成本

网络营销对品牌在初期建立良好的形象是相当重要的，为了能使商品销售出去必须提高其在网上的知名度，为此而在自己网站和其他网站上做广告所需的费用，以及为了使消费者能更容易地找到自己的网站而在一些门户网站上插入链接和其他各种媒介推广所需的费用，就构成了厂商在电子商务交易前的成本。在电子商务条件下网络作为众多企业和客户进行交易的虚拟市场，任何企业或客户都可以使用一些专门的网络搜索引擎方便快捷地收集到很多对方的信息，且广告不再是单向的信息流动，企业通过网络能够取得广告效果的反馈信息，从而更加容易地对客户行为方式和偏好进行跟踪，改进生产或营销策略。因此交易双方可以在网络中直接相互接触、相互选择，降低搜索成本，缩短搜索时间，促进交易的达成。

四、安全成本

在任何情况下，交易的安全总是人们关心的首要问题，如何在网上保证交易的公正性和安全性，保证交易方身份的真实性，保证传递信息的完整性，以及交易的不可抵赖性，成为推广电子商务的关键所在。而上述交易的一系列安全要素，必须有一系列的技术措施来保证。目前，安全标准的制定、安全产品的研制以及安全技术的开发为解决网上交易的安全问题起到了推动作用。而这些用于交易安全的协议、规章、软件、硬件、技术的使用及其学习和操作定会加大电子商务运营的成本。

五、配送成本

物流配送是电子商务最后一个重要环节，是电子商务的目标和核心，也是衡量电子商务成功与否的一个重要标识。在电子商务中最难解决的就是物流配送。物流配送从经营电子商务的公司中分离出来，而由专门的物流代理公司去经营将成为发展方向。

物流配送需要有商品的存放网点，需要增加运输、配送人员的开支，由此而引起的费用开支即为电子商务的配送成本。电子商务商品配送应尽量疏通厂家到消费者之间的通道，以减少配送成本。

物流配送代理的独立操作也将引发一些新的问题，双方的配合至关重要，但一些涉及物权归属、风险责任、费用成本、产品质量、争议解决方面的法律问题也将浮出水面。

物流配送是电子商务的重要和最后环节，是电子商务的目标和核心，也是衡量电子商务成功与否的一个重要尺度。物流配送需要有商品的存放网点，需要增加运输、配送人员的开支，由此而增加的成本应该经过仔细核算。有人认为，企业要增加的仅仅是配送成本，而节省的则是库存成本和店面成本。要知道，店面成本虽然节省了，但是存放网点的增加和配送所需的其他开支能在多大幅度上降低总成本，仍需要在实践中摸索，而且库存仍然是必需的。

六、法律成本

毋庸置疑，电子商务的发展面临着大量的法律问题，例如网上交易纠纷的司法裁定、司法权限；跨国、跨地区网上交易时法律的适用性、非歧视性等；进出口及关税管理和知识产权保护等；网上商务有关的标准统一及转换等。

七、风险成本

电子商务目前存在着一定程度的经营风险，应该对电子商务方面的特殊风险有清醒的认识和把握，才有利于规避风险。

风险成本是一种隐形成本，成本的形成是由不好确定、不易把握的因素构成的，如网站人才的流失、病毒、黑客的攻击、新技术的迅速发展所导致的硬软件的更新换代，等等。

3.4.3 数字产品的定价基础

从上文我们对数字产品特点的讨论中可以看到，数字产品往往具有网络外部性，主要体现为：一件数字产品所使用的人越多，消费者对其的口碑就越好，还有可能出现对这一数字产品的依赖和锁定。与这一现象相联系的概念包括外部性、路径依赖、锁定、转移成本、正反馈等,我们将在后面的章节中详细讨论。这里我们仅举一个例子来帮助读者理解这个现象。例如在网上售卖的一个软件,当消费者进行选购的时候,他不仅仅考虑价格问题,往往更多地考虑这一软件是否有许多人在使用,使用的人多意味着这个软件的消费者口碑很好,也意味着他所使用的软件可以和大多数人的兼容,不会出现与其他人无法交流的问题。如果这一软件是他以前使用过的某一软件的升级版,那么他更容易倾向于选择这款软件,因为他无须再学习新的使用方法。这就是我们后面将谈到的网络外部性、锁定、正反馈等现象,也可以叫作"消费者规模经济"。在这样的情况下,在消费者对产品的选择中,价格往往不再是主要的或者是单一的考虑对象,也就是说,在这里价高少买、价低多买的需求规律失去了原有的决定性地位。即使不考虑数字产品的网络效应问题,由于网络经济比传统经济、数字产品比传统产品都表现出更大的可变性,这样,相对静态的需求曲线在动态的产品定价过程中的决定性作用趋于减弱,显然是不可避免的了。同时数字产品对个人偏好的依赖性也在相当程度上影响了需求规律的作用。由于数字产品所包含的信息内容对消费者而言是因人而异的,所以数字产品的生产者和销售者如果按照原来的方法来生产、销售统一的产品,并且以统一的价格来为数字产品定价的话,他们就会发现他们很难获得预期的利润。他们有必要根据消费者的需要进行产品定制和差别定价,因为产品的用途和价值是相对不同的。而数字产品的可变性为这一策略的实施提供了物理基础。可以说,尽管非数字产品也可能实现差异化定制,但数字产品在可变性和依赖消费者偏好方面的突出特点导致其差异化和定制化的程度要远远高于任何其他的实物产品。在这样的产品差别化和定价个人化的动态过程中,如果仍然像在传统经济中那样,单纯地根据价格来考虑消费者的需求变化,显然是远远不能满足实际需要的。边际成本可以忽略不计,消费上的规模效应使边际效用递减规律失效,产品可以更多地进行差异化和差别定价,这对于以边际分析为基础的新古典经济学来说,的确是致命的打击。

我们应当承认,相当一部分数字产品依然符合传统产品的供求规律,价格在调节供求方面有决定性的作用。对另外一部分数字产品,在供给曲线和需求曲线都无法发挥作用的情况下,新古典经济学中根据均衡点确定最优销售价格和销售数量的方法显然有失灵的地方。但是,新古典经济学定价方法的"失灵"并不意味着数字产品的市场定价就无规律可循,其关键在于要设计出差别化机制,以区分不同层次的消费者。比如,同是清华同方公司设计的扫描仪,由于办公用与家庭用的预算约束不同会形成不同的市场需求偏好评价,从而会形成不同的定价。另一个典型例子是西方的机票差价,若周六晚登机,票价会非常便宜。因为在周六晚登机的当然不太可能是商务出差人员(因为第二天是假期)。这种差别定价便把出差的人筛选了出来,从而可从他们身上赚更多的钱。这就是所谓的价格歧视理论,也是电子商务经济中的重要的定价原理之一。

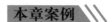
本章案例

你不知道的网购潜规则

目前,用户的位置数据已经被广泛用于互联网广告的定制投放当中,但你能够想象位置信息也会和购物网站的商品价格相关吗？

据《华尔街日报》近日的一份调查显示，以 Staples 购物网站为例，其会根据客户所处的地理位置来向消费者提供不同的商品价格，俗称"价格歧视"。其中，消费者距离 Staples 竞争对手零售店的距离以及所处地区的平均收入水平都是可参考的因素。

报道指出，Staples 网站通常会向处在竞争对手商店 20 英里①的范围内的消费者提供一个更加优惠的价格来拉拢消费者。同时，居住在高收入社区中的消费者将会比居住在中低收入社区中的消费者获得更大的折扣，以诱使高收入人群提高自己的购物频率。

对此，Staples 方面做出了如下回答："实体店和网上商店的商品价格将会受到房租、人工以及配送成本的影响而发生改变。"但该公司拒绝对采用平均收入作为标准的定价策略发表评论。

另外，《华尔街日报》在此次调查当中发现，目前存在这种区别定价策略的商业机构并不只 Staples 一家，其中还包括美国五大信用卡发卡机构之一的发现金融服务公司（Discover Financial Services）、以主打语言教育为主的罗塞塔石碑公司（Rosetta Stone）以及美国最大的家居零售商家得宝（Home Depot）。

本章小结

传统供求理论对研究工业经济中的产品生产和消费提供了分析模型，而网络产品的特征产生了互联网企业独特的生产行为和消费行为，传统供求理论不再适用于分析互联网企业，相应的均衡定价方法也不再适用于网络产品的定价。通过本章内容的学习，要求学生掌握网络产品的内涵与分类，总结互联网经济中新的供求行为表现，并结合现实分析价格歧视、捆绑销售等定价方法在数字产品定价中的应用。

本章习题

1. 简述网络产品的定义、分类与特征。
2. 试分析供求曲线是否适合描述数字产品。
3. 简述数字产品的特征。

---

① 1 英里 = 1.609 344 千米。

第4章

电子商务企业

学习目标

电子商务的发展改变了传统的营销方式,为企业发展带来了巨大的商机。本章介绍了电子商务企业的定义与分类,指出了新环境下企业组织结构的演变,并列举了六种电子商务企业的主要赢利模式。

教学要求

1. 掌握电子商务企业的定义与分类。
2. 理解电子商务企业组织结构的变迁。
3. 理解电子商务企业各种赢利模式的经济学原理。
4. 了解电子商务企业的绩效评价方法。

导入案例

聚美优品的商业模式

聚美优品的战略目标是打造一个专注于化妆品行业的网络超级市场。其立足于创造新的商业模式,打开团购化妆品的先河,获取大量的网络女性用户,将分散的用户进行集聚,将社交网络进行延伸,面向顾客提供广告服务,并增强聚美优品网页的互动性,留住用户。同时锁定消费市场,对消费市场进行划分,针对以女性为主体的消费群体,再对女性群体从年龄、学历、消费观念上进行分析,打开女性消费市场的大门,使她们的资金流向自己的产品。

聚美优品是以团购形式来进行产品交易的,聚美优品是专业的女性化妆品网站,所以它的赢利模式与一般网站相似,收入和利润来源主要依靠在线销售提成。它的赢利模式主要有两种,一是直接销售商品带来的收入:聚美优品有自己的货源、仓库以及物流渠道;二是合作商家的广告收入:合作商家在网站上做广告,以赢取广告收入;还有交易抽取的佣金。

聚美优品的商业模式具有以下特点：

1. 产品类型具有专一性

聚美优品是一家垂直型电子商务网站。所以它的本质决定了它的类型，它只专注于化妆品的产品销售。在销售产品类型上比较单一，但同时注定了其更能有效地占有市场份额，抢占女性消费市场，改变她们的消费观念。

2. 自主化的仓储物流系统

聚美优品拥有自己完善的仓储物流系统，自主性较强，这一点和其他购物网站不同。例如淘宝网加强了物流与购物网站的联系，但是本身物流并不隶属于淘宝网站，而聚美优品加入了自己的物流体系，发展更具外延性，同时能为自己节省更多的成本和创造品牌效应。

在市场经济中，企业是生产经营活动的基本单位，是整个经济的承载体。随着互联网的出现和电子商务的发展，市场竞争环境发生了巨大变化，企业行为相应也发生了改变，反映在企业组织形式、赢利模式、绩效评价等多个方面。

4.1 电子商务企业概述

4.1.1 电子商务对企业的影响

一、电子商务对企业管理思想的影响

电子商务超越了产品、技术的范畴，成为新的管理模式的载体，推动着管理思想的创新。首先，电子商务打破了地域、时间限制，使企业直接面对全球配置资源，企业需要树立全球化观念。其次，电子商务使得企业直接面向全球，这就要求企业必须树立标准化观念。再次，电子商务改变了信息传递方式，使企业在获得信息与发布信息方面实现了"零时滞"，企业需要树立快速创新的观念。最后，电子商务改变了企业经营要素观念，企业要树立注重知识的观念。

二、电子商务对企业管理方式方法的影响

随着电子商务的兴起与发展，企业在管理方式方法方面实现了新的突破，许多传统的管理方式方法得到了升级。

在生产管理方面，出现了现代化的生产过程、低库存生产、数字化定制生产等先进的管理方法。电子商务在企业生产过程中的应用，使企业可在管理信息系统（MIS）的基础上采用计算机辅助设计与制造（CAD/CAM），建立计算机集成制造系统（CIMS）；可在开发决策支持系统（DSS）的基础上，通过人机对话实施计划与控制，从物料需求计划（MRP）发展到制造资源计划（MRP-Ⅱ）和企业资源计划（ERP）。这些新的生产方式把信息技术和生产技术紧密地融为一体，使传统的生产方式升级换代。

在市场营销方面，电子商务最大的影响莫过于促使电子营销的出现。电子营销是借助于互联网技术的一种新的营销方式，其主要包括网络互动式营销、网络整合营销、网络定制营销等。电子营销帮助企业同时考虑客户需求和企业利润，寻找能实现企业利益的最大化和满足客户需求最大化的营销决策。新的国际市场经营环境要求企业必须把客户整合到整个营销过程中来,并在整个营销过程中不断地与客户交流。

三、电子商务对企业管理手段的影响

电子商务对企业管理手段的最大影响莫过于计算机及网络的应用。计算机是电子商务的基础,也是企业实现管理手段现代化的基础。计算机的应用大大提高了企业的效率,实现了真正的"自动化"。网络使得电子商务真正成为现实,从而成为企业最先进的管理手段。企业不仅在内部形成网络,做到信息共享,而且还与外部网络沟通,形成互联网络。企业通过建立自己的网站,可以使自己的经营理念、企业状况、产品信息处于任何人都可以随时查看的状态,从而提高了企业与顾客的"接触率"。各种管理软件的应用,不仅极大地节约了企业的人力、物力,还提高了企业的运行效率。

四、电子商务对企业组织管理的影响

传统的组织是基于信息流通和控制,以及分工细化而产生的,无论是直线制、直线职能制,还是事业部制,都是一种自上而下的垂直结构。传统组织强调专业分工、顺序传递等,在电子商务迅速发展的信息时代显得臃肿且运行效率低下。传统分工细化的企业组织已经不能适应电子商务发展的需要,在竞争日益激烈的信息时代,电子商务正以深刻的方式改变着传统组织结构,促进企业管理组织现代化,这也是企业为了提高运行效率,以便具有较强的竞争力参与激烈的市场竞争的必然结果。电子商务正在使企业组织趋向结构扁平化、决策分散化、运作虚拟化。

4.1.2 电子商务企业的定义与分类

一、电子商务企业的含义

电子商务企业与企业电子商务是两个既有联系又有区别的概念。电子商务企业指的是通过网络或电子化的方式来提供产品和服务,实行经营运作的企业。电子商务企业的内涵是较为广泛的,如信息门户类网站(新浪、搜狐、网易等)、提供各种免费资源的网站(太平洋下载网等)、虚拟社区类企业(天涯、豆瓣等)、网络游戏类企业(盛大游戏、游族网络等)、电子商务平台(淘宝、京东、当当等),这些都属于电子商务企业的范畴。企业电子商务是指利用 Internet 来组织企业内部经营管理活动,与企业展开的电子商贸活动保持协调一致。最典型的是供应链管理,它从市场需求出发,利用网络将企业的销、产、供、研等活动串在一起,实现了企业的网络化、数字化管理,最大限度地适应网络时代市场需求的变化,也就是企业内部的电子商务实现。因此,电子商务企业强调的是企业的赢利模式与电子商务的关系;而企业电子商务强调的是电子商务作为一种新工具引入传统企业中的意义,代表了传统企业的未来的发展方向。

二、电子商务企业的分类

一般来说,对传统企业的分类方法对电子商务企业依然适用,即按产品和行业分类、按行业结构分类、按战略行为分类、按所处价值链环节的位置分类。按产品和行业分类,就是主要依据企业生产什么产品或者提供什么服务,或者依据企业所在的行业对企业进行分类。按行业结构分类,就是依据企业所处行业垄断或者竞争程度的大小和进出退出的障碍进行分

类。按战略行为分类，就是依据企业是寻求低成本的领导优势还是通过产品差别化来获取和创造价值的战略行为来分类。主要是由产品的性质来决定的按所处价值链环节的位置进行分类，其实也就是根据企业所处的整个产业链的上游、中游或下游的位置，甚至是处于什么样的生产环节而进行的分类。

除此之外，还有一些适用的方法对电子商务企业进行分类。从不同的维度可对电子商务进行不同的分类，按电子商务企业经营模式划分可分为六类，即消费者对消费者（C2C）、企业对消费者（B2C）、企业对企业（B2B）、企业对政府机构（B2G）、消费者对政府机构（C2G）、政府机构对政府机构（G2G）的电子商务。

从某种意义上讲，传统企业与电子商务服务业企业开展电子商务的内涵不尽相同，为了突出这种区别，我们将电子商务从业企业划分为电子商务应用企业和电子商务服务企业两大类，分述如下。电子商务应用企业指国民经济各行业（诸如工业、IT、批发零售等）中开展电子商务的企业，如华为、中兴等，这些企业开展电子商务的直接目的是降低经营成本，拓宽销售渠道，发展网络营销。电子商务服务业指提供基于网络的交易服务、业务外包服务以及信息技术外包服务的新兴服务业。其中，交易服务包括：面向行业、区域、企业及消费者的第三方交易及相关信息增值服务；业务外包服务包括：生产经营性业务外包，基于网络的研发设计、生产制造、现代物流、财务管理等，辅助性业务外包，在线人力资源、管理咨询、技能培训等；信息技术外包服务包括：信息处理、数据托管、应用系统等技术外包；基础电信运营，软件供应商、系统集成商的业务转型中的适合内容等。广义上讲，所有属于电子商务服务业范畴的企业都应是电子商务服务企业。

从业务专业性的角度来看，可以分为电子商务专业企业和第三方服务平台企业。电子商务专业企业是指仅通过互联网与其他企业、单位或个人进行产品或服务交易的企业，如卓越网、当当网等；与非专业企业相比，电子商务专业企业的所有业务和服务全部依赖网络和电子商务形式进行，对互联网的依存度很高。电子商务第三方服务平台企业是指为其他企业、单位或个人开展电子商务提供交易或服务的平台企业，如阿里巴巴、淘宝网、伊西威威国际贸易网、商机网。这些企业的突出特征是其自身并不直接开展电子商务，而是为其他企业开展电子商务提供专业服务。

4.1.3 电子商务企业与传统企业的区别

通过对电子商务企业商业模式与赢利模式、价值驱动因素的分析，我们发现电子商务与传统企业有很大差别。电子商务企业与互联网企业一样，是建立在对全新的科研成果和新兴技术的应用上的，通过与实体经济的结合，不仅仅是借助于网络平台实现商品服务交易，更是一种全新的商业模式。电子商务企业与传统企业区别在于：

一、风险性

相对于投资传统企业，投资电子商务企业失败的比率要高得多，但其预期收益率也远高于投资传统企业。电子商务企业产品和服务的生命周期特征类似于高科技企业，在其生命周期发展中，产品和服务的更新换代的周期以及消费者偏好的变动都比传统行业频繁，企业前期大量的资金和人员、技术等资产的投入都有可能因为跟不上技术进步和创新而化为乌有。经过激烈的市场竞争后，每个行业内能够最终成为赢家存活下来的也只有那些规模较大、服务有特色的少数几家企业。这时在行业中成功生存的电子商务企业由于占据大部分市场,将从中获得高额的收益。因此,电子商务企业一个显著特点就是"高投入、高风险、高收益"。

二、赢利性

传统企业的资源配置结构以有形资产为主,如厂房、机器、原材料、人力等,它们是实现企业盈利的主要力量;然而在电子商务企业中,无形资产等技术上和战略发展上的创新活动在企业创造收益的过程中起着极大的作用。电子商务企业由于刚成立几乎没有收入,而网站等运营推广又需要大量资金,因而大多数电子商务企业在最初几年时间盈利均为负。只要没有在竞争中被淘汰,随着规模的形成,其投入将越来越少,并开始实现盈利。传统企业从投入到赢利的周期从6个月到2年不等,除了最初的硬件投入额较大外,以后经营的成本投入与产出将趋于稳定。

三、整体性

从整体与部分的关系来说,企业要作为一个整体,服从特定的目标才能发挥其最大的价值。传统企业中各部分的价值是可以独立评估的,而电子商务企业各部分资产在发挥作用时有高度的黏性,且以无形资产、知识型人才为主,因此它的价值不能拆分估计,只能作为一个整体。

四、网络效应

随着用户数量的增加,如互联网的价值将按其平方数增加,也就是说互联网的规模效应很强。电子商务企业同样有这样的网络效应,只要企业能形成规模,拥有大量的客户,企业就有巨大的价值潜力。而且电子商务行业的竞争格局多半带有垄断性质,一旦获得市场认可,就能很快扩张,进入高成长阶段,比如阿里巴巴,如今已经占据电子商务行业的半壁江山。

五、融资模式

传统企业融资渠道相对较广,如借款、发行债券、发行股票等,而电子商务企业融资方式就比较少。电子商务企业初创期融资主要是获得风险投资,在一段时间发展后,企业有了利润点,则可以通过IPO实现股权融资。现有电子商务企业没有发行债券的权利,主要的融资方式就是权益融资。

4.2 电子商务企业的组织结构

4.2.1 企业组织结构的定义与演变

企业组织结构是企业组织内部各个有机构成要素相互作用的联系方式或形式,以求有效、合理地把组织成员组织起来,为实现共同目标而协同努力。组织结构是企业资源和权力分配的载体,它在人的能动行为下,通过信息传递承载着企业的业务流动,推动或者阻碍企业使命的进程。由于组织结构在企业中的基础地位和关键作用,企业所有战略意义上的变革,都必须首先从组织结构上开始。

一、U 型组织结构

19 世纪末 20 世纪初,西方大企业普遍采用的是一种按职能划分部门的纵向一体化的职能结构,即 U 型结构。特点是企业内部按职能(如生产、销售、开发等)划分成若干部门,各部门独立性很小,均由企业高层领导直接进行管理,即企业实行集中控制和统一指挥。U 型结构保持了直线制的集中统一指挥的优点,并吸收了职能制发挥专业管理职能作用的长处,适合市场稳定、产品品种少、需求价格弹性较大的环境。但是,从 20 世纪初开始,西方企业的外部环境发生了很大的变化,如原有市场利润率出现下降、新的技术发明不断产生等,同时企业规模不断扩大,使这种结构的缺陷日渐暴露:高层领导们由于陷入日常生产经营活动,缺乏精力考虑长远的战略发展,且行政机构越来越庞大,各部门协调越来越难,造成信息和管理成本上升。20 世纪初,通用汽车公司针对这种结构的缺陷,首先在公司内部进行组织结构的变革,采用 M 型组织结构,此后,许多大公司都进行了仿效。

二、M 型组织结构

M 型组织结构,又称事业部门型组织结构。这种结构的基本特征是,战略决策和经营决策分离。根据业务按产品、服务、客户、地区等设立半自主性的经营事业部,公司的战略决策和经营决策由不同的部门和人员负责,使高层领导从繁重的日常经营业务中解脱出来,集中精力致力于企业的长期经营决策,并监督、协调各事业部的活动和评价各部门的绩效。

与 U 型结构相比较,M 型结构具有治理方面的优势,且适合现代企业经营发展的要求。M 型组织结构是一种多单位的企业体制,但各个单位不是独立的法人实体,仍然是企业的内部经营机构,如分公司。

三、矩阵制结构

在组织结构上,把既有按职能划分的垂直领导系统,又有按产品(项目)划分的横向领导关系的结构,称为矩阵组织结构。矩阵制组织是为了改进直线职能制横向联系差,缺乏弹性的缺点而形成的一种组织形式。它把按职能划分的部门与按项目划分的小组结合起来组成矩阵,使小组成员接受小组和职能部门的双重领导。它的特点表现在围绕某项专门任务成立跨职能部门的专门机构上,这种组织结构形式是固定的,人员却是变动的,任务完成后就可以离开。

与 U 型结构相比较,矩阵制结构机动、灵活,可随项目的开发与结束进行组织或解散;由于这种结构是根据项目组织的,任务清楚,目的明确,各方面有专长的人都是有备而来,克服了 U 型结构中各部门互相脱节的现象。矩阵结构适用于一些重大攻关项目。企业可用来完成涉及面广的、临时性的、复杂的重大工程项目或管理改革任务。特别适用于以开发与实验为主的单位,例如科学研究,尤其是应用性研究单位等。

四、多维制和超级事业部制结构

多维制结构,又称立体组织结构,是在矩阵制结构的基础上建立起来的。它由美国道－科宁化学工业公司于 1967 年创立。它是在矩阵制结构(即二维平面)基础上构建产品利润中心、地区利润中心和专业成本中心的三维立体结构,若再加时间维可构成四维立体结构。虽然它的细分结构比较复杂,但每个结构层面仍然是二维制结构,而且多维制结构未改变矩阵制结构的基本特征,多重领导和各部门配合,只是增加了组织系统的多重性。因而,其基础结构形式仍然是矩阵制,或者说它只是矩阵制结构的扩展形式。

超级事业部制是在 M 型结构基础上建立的。目的是对多个事业部进行相对集中管理,即分成几个"大组",便于协调和控制。但它的出现并未改变 M 型结构的基本形态。

五、H 型组织结构

H 型组织结构是一种多个法人实体集合的母子体制,母子之间主要靠产权纽带来连接。H 型组织结构较多地出现在由横向合并而形成的企业之中,这种结构使合并后的各子公司保持了较大的独立性。子公司可分布在完全不同的行业,而总公司则通过各种委员会和职能部门来协调和控制子公司的目标和行为。这种结构的公司往往独立性过强,缺乏必要的战略联系和协调,因此,公司整体资源战略运用存在一定难度。

六、模拟分权制结构

模拟分权制是一种介于直线职能制和事业部制之间的结构形式,其优点除了调动各生产单位的积极性外,就是解决企业规模过大不易管理的问题。高层管理人员将部分权力分给生产单位,减少了自己的行政事务,从而把精力集中到战略问题上来。其缺点是,不易为模拟的生产单位明确任务,造成考核上的困难;各生产单位领导人不易了解企业的全貌,在信息沟通和决策权力方面也存在着明显的缺陷。

4.2.2 电子商务对企业组织结构的影响

电子商务作为一种全新的商务运作模式不仅影响着企业内部的管理成本和企业间的交易成本,改变了企业与消费者之间的联系方式,同时也改变了企业组织内部沟通和企业间协调的模式。如图 4-1 所示,企业组织结构与传统企业有了较大区别。

一、电子商务运作要求具有柔性的扁平化组织结构

电子商务技术信息处理效率高,信息的采集、汇总和处理实行了自动化,从而提高了管理者的管理效率和水平,企业网络内的每一个终端可以同时获得全面的数据与信息,计算机技术和互联网技术的应用,使企业内外的信息传递更为便捷、直接,高层管理者接近了生产第一线,中层管理者失去了存在的基础,企业利用电子商务技术代替了中层管理。柔性的组织结构可以使管理者充分授权,进而加大管理的幅度,减少管理层次,增强组织内横向沟通以及与外部环境的沟通,加快对市场和竞争动态变化的反应。

二、电子商务要求企业组织结构与信息技术系统之间保持一致

在日益动荡的外部环境下,企业必须与其他企业建立稳定的依赖关系以降低环境的不确定性,利用信息技术(如 EDI)降低协调成本,建立企业组织内及组织之间的协调机制,从而形成企业的非产品、成本、技术等方面的虚拟核心竞争力。企业要建立与外部环境相对稳定的依赖关系,形成自己的核心竞争力,这就要求企业组织结构与信息技术系统之间保持一致。

三、跨职能工作团队成为企业组织结构的基础

根据特定任务和业务流程建立的具有监督、激励、约束等职能的工作团队,直接面向生产任务,实行自我管理,它取代了层级组织结构而成为电子商务企业中组织结构的基础。现

代化市场要求企业更直接、更及时地满足消费者的个性化需求和多元化需求，电子商务改变了企业与消费者的联系模式，大规模定制取代了大规模生产，跨职能工作团队利用互联网技术及时了解消费者的个性化和多元化消费需求，快捷地研发和生产。

四、企业组织之间加强了虚拟运作

以信息技术和通信技术为基础，利用网络技术把供应商、生产商、顾客甚至竞争对手等独立的企业连接而成的动态的、临时的虚拟企业，降低了交易成本和协调成本，打破了传统企业间明确的组织界限，使企业具有可渗透性的灵活边界，以柔性组织结构模式替代了刚性模式，以可持续变化的组织结构替代了原来相对固定的组织结构。这种以各自优势组建的网络虚拟企业的各个网络成员的组织结构精干且富有弹性，它们技术共享，优势互补，相互合作，联合开发，形成强有力的竞争优势。

4.2.3 电子商务企业组织结构的特点

电子商务时代的企业必须迅速、及时地掌握消费者的偏好和需求，并快速地做出反应。电子商务企业组织结构的扁平化、网络化、中空化、决策分散化和运作虚拟化，能够及时、准确地针对不断变化的市场做出决策，以提高工作效率，增强企业的适应能力和竞争能力。

一、组织结构紧凑化

互联网技术在企业的广泛应用，使企业各部门和其他各方主体能够便捷、直接、高效地交流，管理者之间增加了相互沟通的机会，组织结构逐步倾向于分布化和电子商务结构，企业内部形成扁平化的组织结构，传统的中间管理层被网络所取代。这种紧凑化的组织结构减少了管理层次和管理人员的数量，依靠高效率、高速度提高企业营运水平，降低了管理成本。

二、组织内部关系网络化

企业组织内部部门之间、员工之间的网络化关系便于信息的有效传递，不同部门、员工之间通过网络通信技术进行信息沟通，信息传递快而失真少，增进员工之间的了解，提高了学习能力，并增强了部门之间的协同能力，降低了在新产品研发过程中的复杂性，提高了研发的成功率，有利于企业处理复杂的项目，形成独特的竞争优势。关系网络化使得企业内部的运作方式是协商、互动式的，而不是等级制命令式的，企业各部门之间工作联系变得更加紧密，减少了由于部门分割导致的交流障碍，便于协调，利于合作。

三、组织决策分散化

电子商务企业的组织结构由过去的高度集中的决策中心集权制向分散化的多中心决策分权制转变，企业的战略规划、市场预测等经营决策，由跨部门、跨职能的各个组织单元共同参与、共同负责。决策分散化增强了员工的参与感和责任感，在共同利益的驱动下，大大提高决策的科学性和可操作性。

四、组织资产中空化

在对Internet的有效运用的前提下，企业不再以实物资产作为企业存在的前提，企业最有控制力的资产是无形资产或关键技术，企业的主要任务是创造和维护品牌、研发产品、控制关键技术等。

五、组织运作虚拟化

在信息时代，企业的边界则是由无形资产特别是隐性知识所确定的能力边界，企业所能开展的活动以及可以达到的规模是由其拥有的核心能力决定的。因此，从本质上说，企业的核心能力决定了企业的生产可能边界，从而决定了企业的最优规模边界。电子商务企业的经营活动打破时空的限制，形成了一种全新的企业组织形式——虚拟企业。它没有企业、产业、地区之间的界限，而是利用网络把现有资源整合成为一种超越时间和空间的经营实体，其组织形式包括生产完全外包模式、供应链管理模式、战略联盟模式、特许经营模式、技术联盟模式等。通过构建虚拟经营模式，发挥了各自企业的核心竞争力，可实现资源共享、风险共担、利益共享，从而达到降低成本、降低风险、提高效率、增强竞争力的目的。

以网商型电子商务企业为例，如图4-1所示，可以看出以上特点。

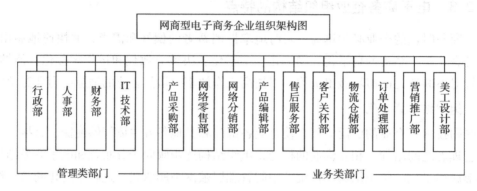

图4-1　网商型电子商务企业组织架构图

4.2.4　电子商务企业组织结构模式的发展趋势

以互联网为基础的电子商务正在促进企业组织结构的创新。由于企业的信息获取、处理能力的加强，系统集成和计算机联网使得不同时间和不同地点的信息共享成为可能，信息获取更便捷，传递更为有效，网络的开放性、交流性也促使不同企业之间建立起新的合作关系，从而形成新型的企业间的组织形态。目前，电子商务企业组织结构模式总的发展趋势具体表现为由传统的金字塔形的层级制组织模式向开放的网络型结构转变，扁平化、柔性化、分立化、虚拟化、无边界化、网络化和集成化成为电子商务企业组织结构模式独特的发展趋势。

一、扁平化

组织结构的扁平化，是指企业减少管理层次和扩大管理幅度，组织结构由传统的金字塔形向网络型转化，达到使企业变得灵活、敏捷、富有弹性和创造性的目的。在电子商务时代，信息处理和传输技术能够对大量复杂信息进行迅捷的处理和传输，从而大大缩减原有的进行信息处理和传输的中间管理层次，计算机系统将取代中层监督和控制部门的大量职能，加强决策层与执行层的直接沟通。

二、柔性化

组织结构的柔性化，是指以一些临时性的、以任务为导向的团队式组织来取代一部分固定的、正式的组织结构,其目的是使一个组织的资源得到充分的利用,增强组织对组织环境动态变化的适应能力。柔性化组织结构由两部分构成:一部分是为完成常规性任务而设计的比较稳定的组织结构;另一部分是为完成临时性任务而设计的比较灵活的组织结构。而组建迅速、机动灵活、反应敏捷的团队结构是柔性化组织的主要形式。

三、分立化

分立化是指从一个大公司里再分离出几个小的公司,把公司总部与下属单位之间的上下级关系变为外部性的公司与公司之间的平行关系,以市场的关系来联结公司总部与所属各个分公司和子公司之间的关系。分立化分为两种方式:横向分立和纵向分立。前者是按照产品的不同种类进行分立,而后者是按照同一产品的不同生产阶段进行分立。

四、网络化

在以工作或任务为中心的工作团队内部,在企业内部网络平台的帮助下,员工之间的纵向分工不断减少,而横向分工协作不断增加,企业组织结构变成了一个相对平等和自主、富于创新的小型经营单元组成的网络型组织。从企业内部的角度看,网络型企业是一个由若干独立的、彼此有一定纵横联系的经营单元组成的网络,网络成员之间形成比较松散的"联邦"关系,企业由自我管理、自我组织和自我约束的经营单元组成。从企业外部的角度来看,网络型组织利用互联网、产业供应链和资金市场,在企业之间建立起了多种形式的合作关系,利用自己的核心优势成为外部产业供应链上的一个或多个核心"插件"。

五、虚拟化

组织结构虚拟化是指企业只保留规模较小但具有核心竞争力的部门,和其他企业以契约或合同为基础进行研发、制造、分销、营销等经营活动。企业组织虚拟化后,采取从价值产生到价值确认直接对应的横向模式,以横向管理取代了纵向管理,以信息流动支配企业的物质流动。

六、无边界化

组织结构无边界化。一是在企业内部减少了各部门之间的界限;二是消除了企业与客户及供应商之间的外部障碍。在电子商务时代,企业通过建立跨层级、跨职能工作小组。在一定程度上消除了组织纵向结构和横向结构上的界限,使企业内部各部门的界限变得模糊不清;电子商务的远程办公在一定程度上又突破了企业在物理属性上的界限,消除了企业与外部环境之间的障碍,使企业变得无边界。

七、组织流程集成化

企业传统的生产模式是线性的,而电子商务则使企业形成一种以知识信息为中心的互相联系的网络状结构,企业成为收集整理并运用各种信息的中心。电子商务企业的整个生产过程实质上是一个信息采集、传递和加工处理的过程,最终产品是信息的物化表现,企业从市场分析、产品设计、产品制造、市场营销到售后服务的全部活动是一个不可分割的有机整体,要紧密连接,统一考虑。

4.3 电子商务企业的赢利模式

电子商务企业的赢利模式可以概括为一个系统,是指企业能为客户提供价值,同时企和其他参与者又能分享利益的有机体系。它是企业在经营过程中所形成的，不易被竞争对手所模仿的，是一个企业核心竞争力的来源，且能带来超额利润，实现企业和网站的可持续发展。由于电子商务企业的范围较大，本书仅以电子商务网站类企业为例来指出电子商务企业的几种主要赢利模式。

4.3.1 注册会员收取会员费的赢利模式

阿里巴巴可以说是目前全球最成功的 B2B 电子商务公司，也是以注册会员、收取会员费为赢利模式的最典型的网站。阿里巴巴的会员分为免费会员和收费会员两种，其中收费会员又可以分为中国供应商和诚信通会员。"中国供应商"服务主要面对中国的出口型企业，依托网上贸易社区，向国际上通过电子商务平台进行采购的国外企业推荐中国出口供应商，从而帮助出口供应商获得国际订单。其服务包括提供独立的"中国供应商"账号和密码，并为其建立英文网站，让全球 220 个国家逾 42 万专业买家在线浏览其企业网站，从而帮助供应商销售其产品。目前，中国供应商的会员费是 6 万~8 万元/年。"诚信通"针对的是国内贸易商，通过向注册会员出示第三方对其进行的诚信评估，以及在阿里巴巴的交易诚信记录，帮助"诚信通"会员获得采购方的信任。"诚信通"的会员费是 2 300 元/年。"诚信通"服务主要包括：网站空间权限提高，可以任意修改产品资料；发布的供应产品信息在阿里巴巴的关键词搜索中排名更靠前；商标使用权，专业的认证机构做认证，使店铺可信度更高；可以使用支付宝交易，在网络的交易中更安全，让客户产生更多信任和保障；免费提供采购会、展会等行业信息。

阿里巴巴最新数据显示，阿里巴巴网站的企业商铺和注册用户在经过几年的飞速增长后，其增长速度虽然已经有所放缓，但仍保持着持续增长。目前阿里巴巴在中国的企业会员有 700 万家，在海外的会员有 200 多万家，而且除了付费的"中国供应商"和"诚信通"会员以外，阿里巴巴上面还活动着近 8 000 万免费注册用户。如图 4-2、图 4-3 所示。

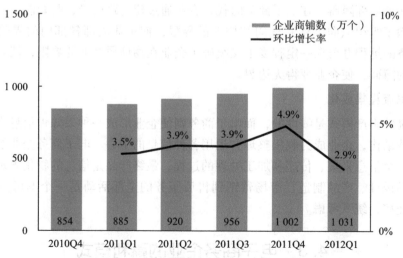

图 4-2 2010Q4—2012Q1 阿里巴巴企业商铺数量变化情况

（来源：阿里巴巴财报）

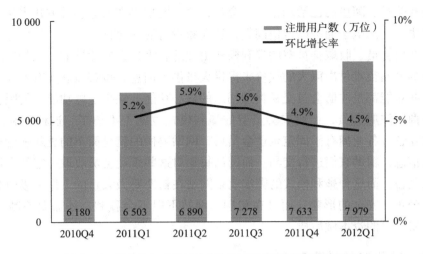

图 4-3　2010Q4—2012Q1 阿里巴巴注册用户数变化情况
（来源：阿里巴巴财报）

2012 年第一季度，阿里巴巴单季度营业收入为 15.89 亿元人民币，相比于 2011 第一季度的营业收入 15.31 亿元人民币有了 3.7% 的增长。2012 年第一季度，阿里巴巴、环球资源网、慧聪网分别以 52.4%、8.1%、3.7% 的比例占据中国电子商务 B2B 市场份额的前三甲。其中阿里巴巴所占市场份额是排名第二的环球资源网所占市场份额的 6.47 倍，是排名第三的慧聪网所占市场份额的 14.2 倍。如图 4-4 所示。

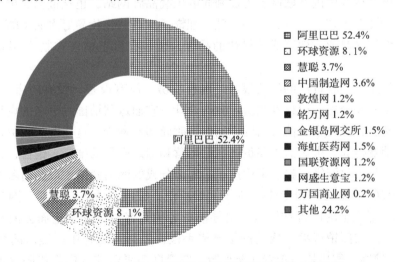

图 4-4　2012Q1 电子商务 B2B 运营商在市场中的份额
（来源：易观国际）

阿里巴巴采用注册会员、收取会员费的赢利模式取得成功的关键因素有两点：第一，阿里巴巴在创业初期就对市场和自己的网站有良好的定位，在发展初期集中精力专做信息流，汇聚海量的市场供求信息，而绕开物流，前瞻性地观望资金流并在恰当的时候介入支付环节，从而吸引了庞大的注册用户，占据大量的市场；其次，阿里巴巴采取第三方认证（企业资信调查机构提供信用认证，认证的内容包括工商部门的合法注册记录、业务授权等）、网下的证书和荣誉、阿里巴巴活动记录、会员评价、资信参考人等多种方式来保证商家的诚信,这就解决了中国电子商务的诚信问题,让商家没有后顾之忧。

因此,注册会员、收取会员费的赢利模式更加适合大型、专业性非常强的网站。小型或者不够专业的网站很难付出巨大的代价来提供大量供求信息,也难以确实有效地保证商家的诚信,而这些功能都是注册会员交易类型网站的核心功能,缺少这些功能,就吸引不了各行各业的大量商家注册会员,而收取会员费的赢利模式也就走不通了。这种赢利模式的优势是,当网站在各行各业拥有了固定企业会员后,网站要做的就是简单的更新和管理这些企业会员的供求信息,辅助它们进行交易。而网站每年对这些企业会员收取一定的会员费,从而获得巨大的利益。而这种赢利模式的弊端就是网站在初期要做大量的工作来吸引会员,并在其心中树立公正、安全的形象;而且在初期,网站不但不会赢利,还需要不断投入大量资金,这就需要雄厚的资本做后盾。

4.3.2 销售产品的赢利模式

通过网站销售产品的赢利模式是目前非常流行的一种赢利模式,它具体可以分为通过网站销售自己的产品的赢利模式和通过网站销售别人产品的赢利模式两种。这两种具体的赢利模式有很多相似之处,但也有所区别。

一、销售自己的产品的赢利模式

凡客诚品是通过网站销售自己产品的赢利模式的一个非常成功的例子,从成立至今,短短六年时间,已经成为中国互联网上遥遥领先的服装品牌网站,也从最初的单一男装品牌直销网站拓展成为涵盖男装、女装、童装、鞋、配饰、家具、化妆品等多品类的综合型销售网站。目前,凡客诚品是亚太地区成长最快的品牌,也是在自主销售式服装 B2C 网站中排名第一的网站。

凡客诚品采用的是轻资产的经营模式,没有厂房,没有设备,没有门店,只有设计部、市场部、呼叫中心和仓库。设计部负责产品的设计,它通过聘请国际著名的设计师和与国外的设计工作室建立合作关系,使自己的产品保持时尚却不奢华,这样既能吸引众多顾客,绝大多数顾客也消费得起。市场部主要负责网站运营和网站产品的推广、销售,凡客诚品采用的主要推广方式是投放网络广告、采用按照销售额分成的网络营销手段和请名人代言。凡客诚品在几乎所有的主要门户和专业网站(例如新浪、雅虎、腾讯、搜狐、网易、迅雷、凤凰网等)上面做了大量的广告和链接,引导消费者到凡客诚品网站上面去消费。而凡客诚品创新性地采用的按照销售额分成的网络营销手段,是指只要是中国境内的合法网站(包括个人网站)、博客、网店均可免费注册加盟,登录联盟平台获取广告代码放置到网站或者博客的广告位,当消费者通过点击专属广告进入凡客诚品的官网形成有效的购买后,会在一个月后得到来自凡客联盟的广告佣金。这样不仅降低了广告费,而且增加了网站的访问量及购买量。除此之外,凡客诚品还着重打造自己的品牌形象,提升自己的品牌知名度和美誉度,先后聘请了韩寒、王珞丹、黄晓明、李宇春等网络明星人物为其代言。呼叫中心和仓库主要负责的是产品的物流和暂时存储。凡客诚品在自营物流建设中,成立了自己的物流子公司"如风达",目前该公司只为凡客服务,但是该公司并不能承担凡客诚品的全部配送业务,而只是主要承担北京、上海、广州、苏州、杭州这五大核心城市的物流配送。除了自己建立物流公司,凡客诚品还与30多家第三方物流公司开展了合作,以保证将顾客购买的商品快速安全地送达。

从凡客诚品的案例我们看到,通过网站销售自己产品的赢利模式的成功,主要依靠生产出具有竞争力的产品、采用创新式的营销手段和选择最合适的经营模式。能够设计生产出具有竞争力的产品是对销售自己产品的网站的最基本,也是最重要的要求。而营销手段决定了网站产品的销售情况,经营模式是从整体上关注网站的工作效率、成本和发展。因此这种赢利模式更加适合在产品上有核心竞争力,并且善于运用网上营销手段的企业或者网站。而这种赢利模式的优势是,一旦你成功地塑造了自己的品牌形象后,顾客就会接踵而至,而你也可以在该市场占据重要地位,从而获得巨额利润;并且在后期,你可以减少在营销推广上面的投入,只需专心做好产品设计生产和物流就可以了。而它的缺陷是,在网站初期营销推广时比较困难,特别是在和类似的网站竞争市场时,要比拼耐力和持久力,更需要巨额资金投入。

二、网站经销别人的产品的赢利模式

亚马逊是采用通过网站经销别人商品的赢利模式取得成功的经典网站,它的盈利主要来自卖出商品收入与成本的差额。同时,因为是经销别人商品,不需要自己设计和生产产品,亚马逊把主要精力集中在网站的推广和物流这两个关键部分,这也是它取得成功的关键。

亚马逊的推广手段主要有竞价排名和网络营销联盟。它通过向google和百度等搜索公司支付文本搜索广告费用的方式,使消费者使用这些公司的搜索引擎搜索时,亚马逊公司的网页和文本广告等被排在最前面,从而给亚马逊带来巨大销量。根据全球知名广告集团WPP旗下市场研究公司Kantar Media在2012年4月公布的最新数据显示,在2011年第四季度期间,亚马逊成为谷歌在美国市场付费搜索业务的第一大广告主,该季度亚马逊向谷歌所支付文本搜索广告资金为5 100万美元(如表4-1所示),相当于每年支付相应广告资金超过2亿美元。而网络营销联盟是指在其他网站上收录亚马逊的链接,当消费这从这些链接进入亚马逊网站并进行了有效的消费后,这些网站就会获得一定的佣金。这种推广手段也使得亚马逊的知名度和网站销量大大提高。在过去三年,亚马逊的年销售额增长率分别为28%、40%和41%,如图4-5所示。

表4-1 2012Q4谷歌搜索业务广告商前十排名

(资料来源:易观国际)

Rank on $	Advertiser	Search Total
1	Amazon	$51 million
2	AT&T	$27 million
3	Capital One	$26 million
4	Target Department Store	$25 million
5	Expedia	$23 million
6	Ebay	$22 million

续表

Rank on $	Advertiser	Search Total
7	Progressive	$19 million
8	Spnnt	$17 million
9	Geico	$16.5 million
10	State Farm	$16.2 million

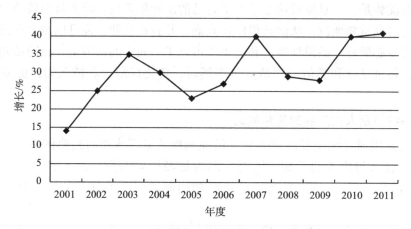

图 4-5 2001—2011 亚马逊年销售额增长率
（来源：亚马逊财报）

在物流建设方面，亚马逊的投入也是不遗余力。截至 2012 年 12 月 31 日，亚马逊在北美地区购买的用于仓储物流的总面积约 3.15 万平方米，租赁面积约 327.56 万平方米，租赁到期范围在 2013—2027 年；海外地区购买的用于仓储物流用地面积约 0.2 万平方米，海外租赁面积约 285.76 万平方米，租赁到期范围在 2013—2031 年。以上各项合计约 616.67 万平方米。2012 年，亚马逊向用户收取的运费总计 22.8 亿美元，较 2011 年时的 15.5 亿美元增加 47%；同时，支付给合作第三方快递公司的成本为 51.3 亿美元，较 2011 年时的 39.8 亿美元增加 29%。2012 年全年，亚马逊物流费用总计 64.1 亿美元，较上年同期的 37.2 亿美元增加 40%。2010、2011、2012 年三年，物流费用占总营收的比重一直在上升，分别为 8.5%、9.5%、10.5% 在国内，截止到 2012 年 12 月，亚马逊在中国有 11 个运营中心，分别位于北京、苏州、广州、成都、武汉、沈阳、西安、厦门、昆山、天津，总面积超过 49 万平方米。亚马逊的运营中心主要负责厂商收货、出仓、库存管理、订单发货、配送等等。

这种赢利模式的优点是它使网站经营变得更加简单，只需集中主要精力解决网站推广和物流问题，不用为经销的商品付出过多精力。它的缺点是在网站建设初期，需要投入巨量精力和资金来做网站推广，打造网站品牌，从而吸引更多消费者。这种赢利模式比较适合背后有雄厚资金做后盾，对于网站推广和物流配送已经积累了丰富经验的网站，不管是通过网站销售自己的产品，还是通过网站经销别人的产品，都需要大力推广自己的网站，打造自己的品牌形象，积极发展物流配送网络，并需要大量资金做后盾。这是所有以销售商品为赢利模式的网站的共同点,而是否需要设计生产自己的、具有竞争力的产品,是通过网站销售自己的产品与通过网站经销别人的产品的最大区别,这两种赢利模式的比较如表4-2所示。

表4-2 两种赢利模式的比较

赢利模式特点	资金	产品	网站推广	物流
销售自己的产品	需要大量资金投入	需要设计生产具有竞争力的产品	需要大力推广自己的网站,打出自己的品牌	需要大力发展
经销别人的产品	需要大量资金投入	无须自己设计生产产品	需要大力推广自己的网站,打出自己的品牌	需要大力发展

4.3.3 广告的赢利模式

广告的赢利模式主要分为两种:在线广告赢利模式和广告联盟的赢利模式(广告中介)。在线广告赢利模式是指在自己的个人网站、博客上投放广告,当有人浏览自己的个人网站或博客时,广告自动弹出或者浏览者点击进入,从而获得利益的赢利模式。而广告联盟则是位于广告商和网站站长之间的"承包商",广告商将需要推广的产品或网站交给处于中间环节的广告联盟,广告联盟制作出各种类型的广告代码,中小型网站站长则向广告联盟申请广告,将其投放到自己的网站上,广告联盟通过赚取广告商付给自己的和自己需要付给站长的资金之间的差额,达到赢利的目的。

一、在线广告的赢利模式

新浪是采用在线广告的赢利模式的一个非常典型的网站,主要通过大量的各类免费资讯、大小热点新闻和服务去吸引大量的浏览者,形成固定的客户群,并保持着很高的点击率和知名度,从而吸引各企业纷纷在新浪网站上投放广告,通过新浪的广告推广自己的产品。而新浪则从广告投放商那里获得收益,这些收益要远远超过它自身提供的免费资讯、新闻、服务的成本,并且占新浪网站总收入的绝大部分。

数据显示,新浪2012年广告收入4.129亿美元,较上年度增长12%,非广告营收只有1.164亿美元,较上年度增长2%。全年广告收入占总收入超过网站总收入的78%。而且这并不是偶然现象,新浪网从2009年第三季度到2012第四季度的广告收入和非广告收入的比较如图4-6所示。

在线广告的赢利模式更加适合有大量稳定的访问量和点击率的网站采用,例如新浪、腾讯、搜狐等大型门户网站都是主要采用的这种赢利模式来赢利的。在线广告的赢利模式也有其特殊性,它的门槛比较低,除了大型门户网站以外,其他任何网站、博客等也都可以采用,但因为这些网站的访问量和点击率不够大或者不稳定,这种赢利模式不能为网站带来大额利润或者赢利不稳定。但是因为这种赢利模式简单、易操作,那些不是专门依靠网站赢利,只是偶尔利用网站赚取一点额外收入的小网站主、博客主也是比较青睐这种赢利模式的。

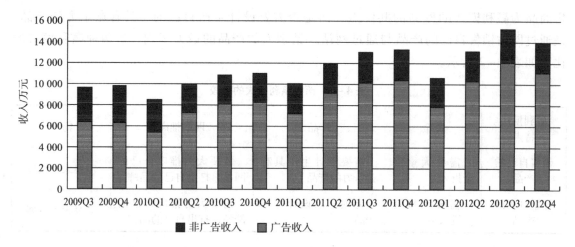

图 4-6 2009Q3—2012Q4 新浪广告收入和非广告收入的比较

二、广告联盟的赢利模式

弈天广告联盟是一家以广告联盟为赢利模式的目前比较成功的专业性网站。它是网络广告营销方案的提供商，并宣称自己为广告主和网站主提供公平、公正的交易平台。它主要经营的广告业务有弹窗、富媒体、状态栏、消息框、横幅、画中画、图标、对联、视频、文字链。自成立至今，弈天广告联盟与淘宝网、口碑网等 300 多家知名广告主成功合作，为其做网站推广，目前有 30 000 多家网站资源，每天 3 亿页面浏览量，每 100 个人上网，就有 20 多人浏览到它们的广告，已经积累了 8 年品牌优势和丰富经验。

这种赢利模式的优点是门槛低：对网站本身的技术要求不高；网站经营简单，只需要对自身网站进行推广，吸引更多的广告主和网站主，并根据广告主需要推广的产品和网站做出相应的广告即可，不涉及实体产品设计和生产，不涉及物流与配送；不需大量资本。缺点是这种类型网站的利润低，竞争激烈，都难以成长为大型网站平台。

4.3.4 增值业务收费的赢利模式

增值业务收费是目前比较流行的网站赢利模式，许多网站都提供自己的增值业务，通过向消费者提供这种额外业务或者服务赚取利润。比较常见的增值业务有彩铃下载、电子杂志订阅、短信自动发送、邮箱等等。

中国移动网上营业厅除了提供正常的通信类业务服务以外，还提供了彩铃、手机视频"V+精选包"、无线音乐俱乐部、手机报等很多增值业务服务。以彩铃为例，你需要向中国移动按月交取一定的费用，开启彩铃功能，才能为自己设置彩铃，让别人在拨打你的电话时，听到你设置的彩铃音乐。而且你还可以看到，在中国移动官网首页页面底端有一个无线音乐的链接，点击后就可进入中国移动旗下音乐门户网站——咪咕音乐，在这个网站上你几乎可以找到所有你能想到的歌曲，包括当前的流行歌曲、经典老歌和热门明星的歌曲，你可以在线免费聆听这些歌曲，但是你如果想下载为手机铃声或者设置成手机彩铃，就必须额外支付费用，这也是中国移动的一种增值业务。

你会发现，几乎每一个进入全球排名前 10 万位的商业网站或者个人网站，都会涉及增值业务。增值业务赢利模式的优点是可以对网站赢利点进一步延伸和深化，增加网站收入；而其缺点是这种赢利模式的成功与否要取决于其主营业务是否成功。比如中国移动的这些增值业务都是建立在其通信业务成功的基础上的，如果其主营业务都失败了，没有人使用，那么其增值业务也就不可能成功推销出去。

4.3.5 网络游戏的赢利模式

提到网络游戏的赢利模式就不得不说到网易，它是网络游戏自主开发和成功运营的集大成者，在开发实力、产品线和市场占有率上都是国产网游领军者。网易的在线游戏在中国 MMORPG 游戏市场始终保持领着先地位，网易目前正在运营的游戏主要有《大话西游 Online Ⅱ》《梦幻西游 Online》《大话西游 3》《天下 3》等。其中《大话西游 Online Ⅱ》是在网易推出的首款自主研发的大型网络角色扮演游戏《大话西游 Online》的基础上开发的，它的注册人数超过 1.5 亿，最高同时在线人数突破 126 万。而《梦幻西游》是 2004 年 1 月 16 日由网易公司自行开发并营运的网络游戏，该游戏最高同时在线人数已经超过 271 万，截至 2012 年 12 月，注册人数超过 3.1 亿。这些游戏都为网易带来了巨大的利润，网易的游戏收入占其总收入的比重超过 80%。

网络游戏赢利模式的主要赢利点有两个：一个是服务费，一个是购买游戏中的虚拟装备。其中服务费可以按照包月或者游戏在线时间来计算，而购买游戏中的虚拟装备则根据具体购买装备情况来计算。表 4-3 是网易 2013 年 3 月 8 日提供的一周装备成交额排行榜，仅这排行前十位的装备一周成交额就超过了 10 万，由此网络游戏的赢利能力可见一斑。

表 4-3 网易公布一周装备成交额前十排行榜

（来源：网易官网）

游戏	装备名称	价格/元
1. 地下城与勇士	+17 死亡烈焰	17 000
2. 新挑战	150 +10 武器箱子	14 000
3. 地下城与勇士	+14 暗黑血之毁伤	12 111
4. 问道	武学玄冥	9 980
5. 奇迹世界 2	战士 +15 天龙之翼	9 500
6. QQ 三国	完美五被动陆逊	9 000
7. 剑侠情缘 Ⅲ	化玉玄晶	8 000
8. 御龙在天	神圣封印礼包	7 500
9. R2	+9 祝福重剑	7 500
10. QQ 自由幻想	135 戒灵带攻击变装	7 500

采取网络游戏的赢利模式来赢利的网站必须做的事情有两方面：一方面要对自己的网站和网站所运营的游戏进行宣传推广，吸引大量网络游戏玩家；另一方面，要对网站系统、客户端等进行维护，保证玩家能够顺畅地游戏。这类网站不仅要善于推广，对自己的游戏进行宣传，激起大量游戏玩家的兴趣；还要保证网站的游戏系统每天能 24 小时不间断地无故障

运行。这就对网站团队的技术要求比高了,而且如果网站还想要开发自己的游戏,这对网站团队的技术要求就更高了。

因此,网络游戏的赢利模式比较适合专业性强、规模较大的网站。它最大的优点就是利润丰厚,中国网民基数比较大,其中网络游戏玩家占了很大部分,他们经常在网游中投入巨大的精力和财力,这些钱大部分都流向了游戏运营商。而这种赢利模式的缺点就是不适合小型网站采用,因为小型网站承受不了自主开发游戏的高昂代价,只能成为别人游戏的代理商,而由于网站规模小,技术不够成熟,难以吸引大量玩家,代理游戏还需要向游戏提供商支付大笔费用,因此最终自己能够获得的利润相当小,难以生存。

4.3.6 竞价排名的赢利模式

竞价排名是一种按效果付费的网络推广方式。竞价排名的赢利模式则是指用这种推广方式帮助其他企业推广从而获得利润的一种赢利模式。根据具体公司的不同,竞价排名的赢利模式又可以分为搜索竞价排名和分类网址竞价排名。搜索竞价排名是指搜索引擎公司按照付费公司支付费用的多少,将付费公司需要自己推广的网站排在相关用户的搜索结果的前面。分类网址竞价则是指门户网站按照付费公司支付费用的多少,将付费公司需要自己推广的网站链接排在自己门户网站的前面。这两种具体竞价排名赢利模式的实施方式虽然不同,但都是按照被推广公司支付的费用的多少,对被推广公司的网站进行排名而实现网站推广的一种赢利模式。它们的赢利原理都是相同的。

百度是采用竞价排名赢利模式的最典型的例子,是它在国内率先推出竞价排名的推广方式。它把企业的产品、服务等通过以关键词的形式在百度搜索引擎平台上进行推广,并根据推广的效果向企业收取相应的费用。百度竞价排名有四大特点:第一,覆盖面广,百度是全球最大的中文搜索引擎,是全球十大网站之一,覆盖了中国95%的网民;第二,针对性强,可以设置你想要的关键词,企业的推广信息只出现在真正感兴趣的潜在客户面前,更容易实现销售;第三,按效果付费,每次按点击的收费起步价每个关键词不同,如果多家网站同时竞买一个关键词,则搜索结果按照每次点击竞价的高低来排序。每个用户所能提交的关键词的数量没有限制,而且无论提交多少个关键词,均按网站的实际被点击量计费。每年,搜索竞价排名的赢利模式为百度带入巨大的收益,占百度年收入的80%以上。搜索竞价排名赢利模式的优点主要有以下三点:

(1) 按效果付费,企业可以自己控制点击价格和推广费用,费用相对较低。

(2) 竞价结果出现在搜索结果靠前的位置,容易引起用户的关注和点击,因而效果比较显著。

(3) 因为是关键词搜索,所以出现在搜索结果页面的是与用户检索内容高度相关的,增加了推广的定位程度。

其缺点是由于企业支付费用多少直接影响搜索结果的排名,这样不可避免地制造不平等,搜索结果更倾向于反映那些具有金钱和权利的客户的观点、兴趣和信息,而没有加入关键词竞价的公共类、正面的信息排名靠后,不易被搜索出来,让更多的人点击进入观看。而且,它还可能会导致一些公司通过向百度支付更多的钱而将一些虚假信息排在搜索结果的最前面,这样会大大增加用户上当受骗的概率。

竞价排名可以用少量的投入给企业带来大量潜在客户，有效提升企业销售额和品牌知名度，但这种赢利模式只适合比较有名的搜索公司和大型门户网站。它们有大量的固定用户，采用竞价排名的方式为其他企业推广的效果好，并且投入微小。而不著名的搜索公司（或者小型非门户网站）没有这么多的固定用户，那么它采取这种方式的推广效果就很有限，很难吸引顾客，这种赢利模式也就行不通了。

除了上面详细分析的六种最常见的、使用最多的电子商务网站赢利模式以外，还有许多使用不是很频繁，或者是新兴的电子商务网站赢利模式。例如企业信息化服务、按询盘付费、移动电子商务、协同商务等电子商务网站赢利模式，其中新兴电子商务网站赢利模式代表了未来电子商务的发展趋势。

不管电子商务企业采取的是哪一种赢利模式，我们都应当看到网络外部性原理在企业赢利模式中的体现。用户数量对电子商务企业的生存至关重要，通过实施产品主流化战略来扩大市场份额与建立稳定的用户基础同时进行。在市场份额扩张的过程中，电子商务企业通过对顾客的锁定来帮助产品主流化的实施，主要内容是采取多种措施提高用户的转移成本。主流化战略一旦成功，正反馈效应将会出现——市场份额的增长进入自我加强的良性循环，使产品迅速实现更大规模的主流化。拥有庞大用户基础的电子商务企业往往会不断地开发和出售后续互补产品，以实现企业滚雪球式的赢利。

4.4 电子商务企业绩效评价

4.4.1 绩效评价对电子商务企业的意义

国外很多研究成果认为，企业的战略管理系统涵盖以下几方面的要素：
企业使命——解释什么是组织的目的。
企业愿景——描述组织在未来的形象和事业。
战略目标——对使命和愿景的翻译解释。
绩效评价——对战略目标进行测量。

绩效评价作为一种有效的监管制度在西方国家已经得到广泛的应用。"绩"系指企业经营者的业绩。"效"系指企业经营效益。可以看到，战略规划是构建绩效评价系统的先决条件，而绩效评价是战略管理中企业实施计划与控制的有机组成部分。所谓企业绩效评价，是指对企业经营业绩和管理效益评估的简称。它是运用统计及经济管理等方面知识，采用特定的指标体系和评价模型，对照统一的标准，按照一定的程序，通过定量定性对比分析，对企业一定期间的经营管理绩效做出客观、公正和标准的综合评判。企业的经营管理绩效既呈现在企业财务、资产管理的账面上，也包含在企业各种经营管理行为和管理过程。

构建企业绩效评价指标体系，旨在通过绩效评价体系对管理过程的控制，掌握企业经营状况，发现问题，分析原因，及时采取措施，实现绩效的提升和管理的改善，从而进一步增强企业竞争力。企业绩效评价是管理者完成其利润目标和战略的工具。绩效评价系统能使管理者平衡利润成长和成本控制之间的矛盾，平衡不同群体之间期望值的矛盾，平衡机会和注意力之间的矛盾，平衡不同激励方式之间的矛盾。

通过连续的绩效评价，可使一个设计和联系都很合理的系统，能够有助于实现组织的目标和提高员工的业绩，并能提供转化为对组织中人力资源优劣势的剖析，以安排人力资源计划。绩效评价的等级也会有助于对招聘甄选的预测，在确认选择测试中，对选择测试可靠性的正确决策将取决于评价结果的准确性。另外，建立和推行企业绩效评价制度，科学地评判企业经营成果，有助于正确引导企业经营行为，帮助企业寻找经营差距及产生的原因，促进企业加强经营管理，提高经济效益。同时，也为各有关部门对企业实施间接管理加强宏观调控、制定经济政策和考核企业经营管理者的业绩提供依据。因此，绩效评价的作用可以总结为以下三个方面：

（1）评价作用。绩效评价指标体系反映的是企业的实际活动及绩效表现，而且总是试图用若干个指标去多维度地评价其运行情况。

（2）监督作用。作为企业的经营管理者，最根本的任务就是搞好企业，实现所有者投入财产的保值增值，没有系统准确的信息就难以监督一个企业的运作是否正常。绩效指标体系恰恰能够提供全面反映企业的业绩和效率的数据和资料。因此，监督和约束经营管理者，首先需要建立一套评价经营管理者绩效的指标体系。

（3）导向作用。绩效评价指标体系是对企业运营情况做出客观、公正评判的依据，同时它还对企业经营管理起着导向作用。正确的企业绩效评价指标体系有助于促使企业经营管理者合理地经营企业，提高运营绩效。

随着电子商务的广泛应用，对电子商务企业的绩效评价也显得重要起来。电子商务系统是一项需要巨大投资的工程，包括物力、财力和人力上的大量投资，还要求对企业组织结构和经营模式提出创新的要求，因此企业要对其投资的效益有所了解。电子商务系统的效益不仅仅是可见的经济效益，还包括隐性的长期的社会效益等。电子商务企业绩效评价的核心是绩效，一般是指评价主体依据经济学和管理学等理论，运用一定的数理方法，采用特定的指标体系，对照统一的标准，按照一定的程序，通过定性定量对比分析，对电子商务企业在一定期间取得的经营业绩和经营效益做出客观、公正和准确的综合评判。因此，对电子商务企业绩效评价方法的研究归根到底也就是关于绩效评价方法的研究。从研究对象上看，电子商务企业评价研究大致上可以分为电子商务网站评价、服务满意度评价、评价指标体系研究及其他等几类。

电子商务企业自身的特点和网络经济的一些特有的弊端，使得电子商务行业也面临着很多全新的风险，电子商务行业具有高度的风险性，电子商务企业也不例外。这些风险可以归结为财务风险、技术方面安全风险、交易风险、隐私风险等。面对如此高风险的环境，电子商务企业有必要对自身经营绩效进行全面的了解和评估，以发现问题所在，努力提高经营管理水平，促使企业获得长足发展。

4.4.2 电子商务企业绩效评价方法简介

对电子商务企业绩效评价方法主要有五种，本书进行总结如下：

一、层次分析法（AHP）

层次分析法是将与决策总是有关的元素分解成目标、准则、方案等层次，在此基础之上进行定性和定量分析的决策方法。此方法是美国运筹学家 Saaty 教授在 20 世纪 70 年代提出的一种实用的多方案或多目标的决策方法。其特点是具有高度的系统性、逻辑性、简洁性和实用性,所需定量数据信息较少,并把定性与定量的决策结合起来,按照思维心理的规律将决策过程层次化、数量化。层次分析法应用中存在的主要问题是每项指标的权重难以确定;另外如何构造判断矩阵的一致性也是一个突出问题。实际应用 AHP 时多数是凭经验和技巧进行修正。AHP 方法经过几十年的发展,逐渐形成了如模糊评价法的新研究方法。

二、关键业绩指标法（KPI）

关键业绩指标法是通过对组织内部流程的参数进行设计、抽样、运行、结果分析后,来评估流程绩效的量化管理的指标,是把企业的战略目标分解为可操作的工作目标的工具,是企业绩效管理的基础。此理论的基础是"二八原理",此经济原理是意大利的经济学家帕累托提出的,也就是企业在创造价值的过程里,各个部门和各个员工 80% 的任务是通过 20% 的关键行为实现的,抓住这 20% 的关键,也就抓住了任务主体。绩效关键指标一般数量较少,但是却对企业绩效评估、战略管理乃至组织设计具有举足轻重的意义。但是 KPI 的指标比较难界定,KPI 更多是倾向于定量化的指标,这些定量化的指标是否真正是对企业绩效产生关键性的影响,如果没有运用专业化的工具和手段较难界定。

三、平衡记分卡法（BSC）

平衡记分卡（Balance Score Card）是在财务、客户、内部流程和学习与发展四个不同的方面将企业愿景和战略转化为目标和考核指标,从而实现对企业绩效进行全方位的监控和管理。美国 Kaplan 和 Norton 于 1992 年发明并推广 BSC,他们用顾客、内部程序以及创新和改善这三个维度的绩效评估指标对传统的财务指标进行补充,避免了以往只注重财务指标评价企业绩效的现象,这种思路使其发展成为适合信息时代的商业需求的一种评价方法。Kaplan 和 Norton 特别指出,运用这一方法的前提是,企业应当已经确立了一致认同的战略。另外还具有实施难度大、指标体系建立较困难等缺点。

四、灰色关联分析法（GRA）

1982 年,华中理工大学的邓聚龙教授开创性地提出了"灰色系统"的含义,创立了灰色系统的理论。随后,这一理论被深入研究,在众多领域获得了应用。灰色关联度分析（Grey Relational Analysis，GRA）是对灰色系统理论的实施应用,它是根据因素之间发展趋势的相似或相异程度,作为衡量因素间关联程度的一种方法。灰色关联分析法对一个系统发展变化态势提供了量化的度量,非常适合动态历程分析。其优点是：思路很清晰,计算较简单,无须归一化处理数据,同时可以直接计算原始数据；不需要大量样本的计算。其缺点是：需要对各项指标的最优值进行现行确定,主观性较强,同时部分指标最优值难以确定。此方法不能处理评价指标的相关性导致的评价重复,所以选择合适的指标就变得尤为重要。

五、模糊综合评价（FCE）

模糊数学产生于 1965 年,它的创始人是美国的查德（L. A. Zaden）教授。模糊综合评价是通过隶属度的理论将定性的评价转而用定量指标来评价,也就是通过应用模糊数学对被多因素制约的对象做相关的总体的评价。其优点是：评价的结果为集合,则能较为准确地刻画事物本身的模糊状况,因此,模糊综合评价结果在信息的质和量上都具有优越性；对多指标进行综合处理,可以建立指标分级体系,以确保评价模型的科学性和可行性；较好地解决了定性指标的定量化问题。因此，模糊综合评价既可用于主观指标的综合评价，又可用于客观指标的综合评价，应用范围更广。此方法存在的缺点是：各因素权重的确定带有一定的主观性；在某些情况下，隶属函数的确定有一定困难，尤其是多目标评价模型要对每一目标、每个因素确定隶属度函数，过于烦琐。

电子商务企业绩效评价方法的优缺点见表4-4。

表4-4 电子商务企业绩效评价方法的优缺点分析

电子商务企业绩效评价方法	产生	优点	缺点
层次分析法（AHP）	Saaty教授于20世纪70年代提出	高度的系统性、逻辑性、简洁性和实用性，所需定量数据信息较少，把定性分析与定量的决策结合起来，按照思维心理的规律将决策过程层次化、数量化	各项指标的权重难以确定，难以构造判断矩阵的一致性
关键业绩指标法（KPI）	20世纪80年代出现	标准比较鲜明，易于做出评估，目标明确，有利于公司战略目标的实现，有利于组织利益和个人利益达成一致	对简单的工作制定标准难度较大，缺乏定量性
平衡计分卡法（BSC）	1992年Kaplan和Norton发明并推广	克服了财务评估方法的短期行为，能有效地将组织的战略转化为组织各层绩效指标和行为，有助于各级员工对组织目标和战略的沟通理解	实施难度大，指标体系建立较困难
灰色关联分析法（GRA）	1982年邓聚龙教授提出	思路清晰，数据简单，数据不需要进行归一化处理，可用原始数据进行直接计算，无须大量样本，只要有代表性的少量样本即可	各项指标最优值的确定主观性过强，部分指标的最优值难以确定
模糊综合评价法（FCE）	1965年Zaden教授提出	可以对模糊性资料做出比较科学、合理的量化评价，评价的信息较丰富，可以全面反映评价对象的情况	各因素权重的确定带有一定的主观性，有时隶属函数的确定有一定困难

本章案例

腾讯两大平台用户基数庞大　页游厂商纷纷入驻

随着腾讯嘉年华的落幕，腾讯5款网页游戏也浮出水面，分别是：《大话神仙》《飞升》《真王》《倚天》《乱世诛魔》。从腾讯页游借TCG主推的5款页游不难看出，腾讯页游对这5款页游寄予了颇高的希望。

而事实也的确如此，据了解，《大话神仙》《飞升》《真王》《乱世诛魔》分别由光环工作室、天神互动、广州菲音、热酷制作。除去热酷因其社交游戏厂商的定位，与腾讯的合作必然紧密之外，其余三家与腾讯的合作可以说均为首次。

但必须注意，包括热酷在内，这四家页游厂商在业内早已大名鼎鼎，如光环曾研发了《神仙道》，天神是《傲剑》的研发商，而菲音旗下产品则包括《凡人修真》与《梦幻修仙》等产品，从一定意义上而言，这四家厂商在页游界内均属大佬级。

那么，这些厂商集体跳槽腾讯，选择将产品交予腾讯独家代理，而抛弃了此前的联运，必有其深层次原因。

随着页游推广和用户获取成本提高，为了开辟新的推广渠道，一方面页游厂商开始尝试利用品牌推广策略，另外则是选择了一条与联运相反的道路"独代"。其中腾讯无疑成为唯一的选择。

据了解，2011年6月，腾讯正式对外宣布实行开放政策，开放平台为广大开发者提供了一个大舞台。通过腾讯朋友网、QQ空间等多个社交平台给应用带来了巨大的流量和收入。有数据表明，在2012年第二季度，社区及开放平台增值服务为腾讯带来的营收为22.219亿元。

业内人士分析，基于庞大的用户群、精细化的推广方式，极具诱惑的分成模式吸引了国内多家游戏研发厂商。腾讯开发平台策略在产品供应、营销渠道占用等方面，给自有流量游戏平台造成的压力增大。

据悉，腾讯朋友网和QQ空间两大社区开放平台的月活跃用户数分别达到5.9亿、2.5亿，各有超过15万名注册开发者和4万款注册应用。

此外，随着2012年年初腾讯改变了分成比例，这个平台对页游厂商的吸引力逐年增高已成事实。在此之前腾讯选择的比例为"一刀切"模式，抽成70%，开发商拿30%。而现在，腾讯的分成比例变得更为人性化，以注重可持续化发展为主，其中对中小型游戏的抽成基本可以忽略不计，而对于收入规模超过1 000万的游戏，抽成也降低了10个百分点。

虽然这个分成比例相比联运厂商依然较高，但是对于优秀的游戏厂商而言，省下的推广成本等是实打实的开销。由于腾讯庞大的用户基数，在吸引用户方面的优势是联运平台所不能比拟的，而对于优秀游戏的推广对腾讯来说关系到自身的营收，因此可以说是无条件的。

但是必须注意一点，独代往往意味着游戏发行商要付出足够吸引人的保证金、分成比，按此前的分成比例研发商并不存在什么特殊保障，随时可能会"中独而亡"，即使现在腾讯降低了分成比例，独代模式也存在着弊端：一切以腾讯的意志为主。

某联运平台总监表示，知名的研发商在比较信任的产品上，肯定会放联运而不会选择和腾讯合作。毕竟这样才能全面吞噬市场，而选择和腾讯合作，可能会是个别的产品。

梦工厂营销总监吴亚辉也表示："腾讯平台用户量大，消费能力高，用户及广告不作假，但是鸡蛋不会放在一个篮子里，这些都是一种尝试，甚至有些厂商都会把产品换个名字上腾讯。"

本章小结

电子商务企业指的是通过网络或电子化的方式来提供产品和服务，实行经营运作的企业。传统的企业组织结构对电子商务企业不再适用，电子商务企业组织结构呈现出扁平化、虚拟化、网络化、柔性化等特征。电子商务企业根据其经营产品或服务的不同，可以有多种赢利模式，但其赢利路径的本质都离不开网络外部性原理。

本章习题

1. 简述电子商务环境对企业的影响在哪些方面？
2. 简述电子商务企业的定义与分类。
3. 传统企业的组织结构有哪些？电子商务环境下企业的组织结构呈现出哪些特征？
4. 试分析电子商务企业赢利路径所体现出的经济学原理。
5. 简述电子商务企业的主要绩效评价方法。

第 5 章

电子商务市场

学习目标

如何根据网络经济时代的新要求来制定和调整竞争政策是所有国家面临的共同问题。本章以传统经济学的市场理论为基础,对网络经济下的竞争与垄断呈现出的新特征进行了全面的分析,指出网络经济下电子商务企业的竞争与垄断统一于技术创新,对于垄断对资源配置效率的影响在网络经济下应该有全新的认识。

教学要求

1. 了解电子商务市场与传统产品市场信息不对称的区别。
2. 掌握电子商务企业竞争的主要内容。
3. 掌握电子商务企业垄断形成的原因。
4. 运用本章知识分析电子商务行业的市场结构。

导入案例

淘宝开放数据,解决生产企业信息不对称困惑

大淘宝战略在深化。继淘宝开放平台和淘宝合作伙伴计划之后,淘宝 2010 年 3 月 31 日正式宣布,将面向全球首度开放淘宝数据。这就意味着商家、企业及消费者将可获得来自淘宝全网的海量原始数据。淘宝将区分三个不同层面的数据采取开放政策:对涉及电子商务行业的宏观数据以及让消费者了解最新消费风向标的数据,实行免费开放策略;对涉及各个行业市场情况、消费者行为研究等商业数据,通过商业方式开放;而对涉及消费者个人隐私、企业商业隐私的数据,将绝对保护,防止任何泄露。

毫无疑问,淘宝此举将对国内电子商务的发展起到巨大的推动作用,包括企业、商家和消费者这些对象。正如阿里巴巴集团总参谋长曾鸣所说的:"消费者有了更好的数据,就能更好地做决策,买到更有性价比的商品和服务。厂家有了更好的数据,就能更好地做定制,提供给消费者更好的产品和创新。而这样一个数据，它必须是分享的，而不是由我们来掌控的。"抛开商家和企业，对于普通消费者而言，淘宝开放数据将会有效解决目前我国网络购物中其与卖家就产品质量方面的信息不对称问题。

市场结构理论作为经济学体系的重要构成部分，对于研究市场资源配置有着重要的意义。电子商务企业的竞争和垄断与传统企业相比具有较大的差异性，应该区别对待。

5.1 电子商务市场的信息不对称

经济学中普遍存在着信息不对称现象，按传统经济学观点，产生信息不对称的原因有以下四个：

（1）专业分工导致人们只了解自己专业内的信息，对其他专业内的信息掌握就不够完全。

（2）交易双方由于所拥有和支配的资源有限，从而导致所拥有的信息是有限的。

（3）信息的获得是有成本的，当获得信息的成本高于所得收益，人们会因"得不偿失"而放弃信息获取，从而造成信息不对称。

（4）信息不对称是由于信息优势方的信息垄断所致，即信息拥有方不愿意把一部分信息公开，造成消费者或投资者不了解信息。

电子商务市场同样存在信息不对称，但在形成原因和导致的后果上与传统经济学有着明显的区别。

5.1.1 电子商务市场信息不对称的原因分析

电子商务市场与传统市场最大的区别在于产品信息的传递方式上。根据信息传递给买方的方式不同，可以将商品质量信息划分为实物的质量信息与象征的质量信息。通过实物方式传递给买方的商品质量信息称为实意质量信息，它是与商品本身密切联系的，一般只有通过触摸、使用或检测才能够获取，通常这种信息的获取要求买方能够接触商品本身，或者买方能够获得值得信任的"经验信息或检测信息"。通过语言、文字、图表、图像等方式传递给买方的商品质量信息称为象征质量信息，包括卖方提供的象征质量信息和社会环境中买方传递的反馈信息。电子商务市场中存在着信息与实物相分离、商品与售卖网站相分离以及交易者与物理空间相分离的现象。这些客观现象阻碍了买方形成有效的感知质量。事实上，与传统市场比较起来，电子商务市场产品信息的不对称性问题不仅存在，而且更加严重。其主要原因在于：

一、实物质量信息传递效率

电子商务市场销售的商品主要有两大类：实物商品和数字商品。对于这两类商品，电子商务市场都采用数字形式传递商品信息。象征质量信息极为适合这种传递方式，因为诸如商品品名、商标、价格等易于数字化的其他商品信息的传递效率，在电子商务市场方式下都会大幅度提高。目前，大多数文献阐述的电子商务降低交易费用的问题就是基于数字形式传递的这类商品信息效率的提高。因此，电子商务市场相对于传统市场来说，在适用于数字形式传递的信息方面，信息效率提高，信息不对称程度降低。

然而，电子商务市场中实物产品与数字产品的实意质量信息则不适于数字形式传递。因为实意质量信息与商品本身是密切联系的，只有通过观看、触摸、品尝、嗅、使用或检测才能够获取，因而这种信息的获取要求买方能够接触商品本身，或者买方能够获得值得信任的"经验信息或检测信息"。电子商务市场的数字化传递方式当然无法传递实物产品的实意质量信息，同时由于数字产品可复制性的特点，对经验性数字产品也无法传递其实意质量信息。所以，当买方从一个在线网址观察商品时，尽管有着强大的信息传递与检索功能，却没有接收商品实意质量信息的快速方便的途径，电子商务市场传递实意质量信息的效率较低。因此，从实意质量信息的传递角度来看，电子商务市场相对于传统市场的信息效率并没有提高，信息不对称的状况依然存在；而且由于商品品名、价格、象征质量信息的市场透明度较高，买方可以在少量的观察中获得大量的相关信息，易于形成对价格与质量分布的认识。买方基于这种分布的认识，在缺少实意质量信息的购买决策过程中，更易于形成逆向选择，从而影响电子商务的市场效率。

二、卖方信誉与质量信息发布

如果卖方已经在全球范围内建立起一定的信誉，电子商务市场强大的信息传递功能将有助于企业的营销活动。例如 Covisint（克莱斯勒和福特建立的汽车行业的网站）可以让该行业所有的供应商和经销商在这里进行电子商务，它凭借的就是克莱斯勒和福特在全球建立的企业信誉。但对于尚未建立起全球信誉的卖方来说，虽然电子商务市场突破传统市场地理范围的限制使企业扩大了可能进行交易的范围，但对于大部分的买方群体来说，它们则是陌生的新进入者，缺乏公认的商标与企业信誉。在这一状况下，由电子商务市场传递产品质量信息时存在着以上所述的局限性，卖方在电子商务市场发布商品信息只能是象征质量信息。由于电子商务市场中卖方的进入门槛较低，例如不需要设置实际的店面等等，使得具有欺诈动机的"卖方"易于改变身份或者可能同时具有多重身份，这样，基于长期交易的信誉约束对交易方欺诈行为的制约作用就较弱。

由此可见，具有欺诈动机的"卖方"在电子商务市场进行"欺诈"的机会成本较低，而且由于知道买方无法通过电子商务市场获取实意质量信息，因而具有欺诈动机的"卖方"在电子商务市场比在传统市场中进行欺诈的动机更强。如果这种情况出现在电子商务市场的信息发布过程中，就可能造成卖方发布的象征质量信息与商品客观质量相背离，即象征质量信息与客观质量不符或卖方故意隐瞒商品缺陷的现象。卖方作为信息源发布的信息失真进一步造成了买卖双方的信息不对称。

此外，电子商务市场的买方也知道卖方知道自己难以获取实意质量信息以及卖方可能存在着欺诈的动机，因而理性的买方在信息不对称且无法形成完整的"感知质量"时，不会产生购买的积极性，从而降低了电子商务市场的交易效率。

三、买方的有限理性

电子商务市场为交易者提供了强大的信息搜寻功能，买方可以在极短的时间内获得成千上万甚至更多的象征质量信息。赫伯特·西蒙认为，活动者的信息处理能力是有限的，现实中不存在全智全能的完全理性。因而有限理性的买方在电子商务市场进行购买决策的过程中，不可能将所有的信息，即决策备选方案都检查比较一遍。事实上，电子商务市场象征质量信息的超载与实意质量信息的匮乏致使买方无力对商品质量的市场结构做出完全准确的判断，这就更加增强了买方感知质量的不确定性。

从以上分析可以看出，电子商务市场质量信息不对称存在三个主要原因：一是电子商务市场无法传递实意质量信息；二是卖方提供的质量信息有背离客观质量的可能；三是信息超载使有限理性的买方无法做出确定性的判断。其中，根本原因是电子商务市场实意质量信息的传递问题。所以，电子商务市场虽然极大地增加了交易者可以获取的信息量，但质量信息不对称的状况依然存在。目前，有些从事电子商务的网站也认识到担保产品质量的困难，例如，eBay 在它的用户协议中免除了它自己的相关责任："不对广告项目质量、安全或合法性以及商品目录的真实性或准确性进行控制。"

5.1.2 电子商务市场信息不对称的后果

总的来说，信息不对称会导致市场的失效，因为市场有效即帕累托效率状态的条件是完全信息。经济主体的销售决策、消费决策等经济决策的正确性依赖信息的对称性，如果交易者的信息不对称，决策者就会做出错误的决策，经济资源的配置就不可能达到最优。

一、低质量产品驱逐高质量产品

在完全信息市场中，消费者拥有有关产品质量的完全信息，高质量产品是完全能够赢得市场的。但是，在信息不对称市场中，由于消费者的信息不完全，无法辨别产品的优劣，低质量产品成本低于高质量产品，如果二者的价格相同，将导致高质量产品生产者所得到盈利减少，甚至毫无盈利。在这种情况下，生产高质量产品显然处于劣势，生产者就会慢慢退出市场，甚至消失。因此，若无外力约束，在消费者无力辨别高质量与低质量产品的市场上，所出现的结果就是低质量产品驱逐高质量产品。

二、市场萎缩

在市场交易中，消费者拥有的信息一般总是要少于产品提供商，消费者为了获取最大化的经济利益或为了最大限度地减少损失，对某类商品在无力辨别其真伪的情况下，而会对所有商品采取拒买行为，其结果会使这类商品的交易市场消失或不存在。在现实中，很多质量优异的产品不能形成市场，其中一个重要原因就在于消费者缺乏对于这种产品的信息。另一种可能，也是经常出现的经济后果，就是消费者担心其质量，而尽可能地减少购买量，其结果将导致市场的萎缩。

三、某种产品的供应不足

信息不对称必然会造成劣驱逐良或消费者拒买或少买的行为选择，必然会使生产者担心生产出来的产品没有市场，投入得不到应有的回报，结果将导致这些产品的供应不足或缺乏供应。产品的研制、生产所需投入越多，而被假冒、伪造的可能性越大，生产者就越不愿生产这类产品，这类产品也就越可能出现供应不足。

四、需求缺口与供给过剩

在信息不对称经济中，由于交易者对交易对方的资信等的信息缺乏，就往往会减少交易量。其结果是在造成一些产品，包括实物产品、资金、劳动、服务等需求得不到满足的同时，另一些产品又会出现供给过剩。如在信贷市场上，由于贷款人对贷款申请人的品德、能力、收入等的真实情况难以准确判定，就会许多对贷款申请人采取拒绝贷款或减少贷款的行为，这样就会出现一方面社会贷款需求得不到满足，而另一方面银行体系又存在大量的资金过剩的现象。

五、不公平交易和不公平竞争

公平交易和公平竞争的前提条件是信息对称。在市场交易中，如果交易双方的信息不对称，信息优势方就会利用其信息优势欺诈对方，施行不公平交易行为，损害对方的经济利益。而信息的弱势方则会因信息弱势做出不合理的经济决策。在信息不对称的经济中，交易者之间是不可能有公平竞争的。信息不对称会导致不公平交易和不公平竞争，从而使经济资源不能得到最优配置。

六、生产者和消费者不能合理决策

在信息对称的经济中，生产者和消费者完全能够做出最优的生产和消费决策，但在信息不对称的情况下，消费者可能因为信息的缺乏而害怕买到劣质产品。消费者的购买决策是否能够最大限度地增进自己的利益，在很多情况下处于难以决定的状态。同样，生产者的投资、生产、销售决策也会变得很困难。在拓展市场、开发新产品等方面，都往往因为信息不对称而不能做出合理决策。

5.2 电子商务企业的竞争

5.2.1 传统经济中的竞争理论与网络经济的合作式竞争

经济学家把完全竞争看作市场效率的最高形式。但是在实际的市场中这种完全竞争的状态几乎就不存在，因为现实的市场满足不了以下几方面的假设：
- 潜在的买方和卖方有很多，而且能够无代价地进入和退出市场，也就是说没有市场进入的障碍。
- 买卖双方很多，哪个买者和卖者都不能单独影响市场，他们都是价格的接受者。
- 产品同质，没有差异。
- 买卖双方都了解产品的价格和质量，具有关于产品的完全信息。

尽管农副产品市场被看作实际生活中完全竞争市场的范例，但是农副产品市场也和完全竞争状态相差甚远，其他市场更是难以满足以上假设的全部甚至是部分。以下几个方面都是现实市场中阻断完全竞争的因素：生产设备的投入及其他企业前期投入限制了企业的进入。消费者被生产者的广告吸引，形成了一定的偏好，从而形成对于生产者有利的市场地位，促销员和商品广告的任务就在于形成或改变消费者对产品的评价，形成有利于生产者的价值判断。通过发现消费者的偏好差异，生产者出售不同品牌和不同质地的商品，通过产品差异形成对价格竞争的限制。还有重要的一点，就是在市场上，买者的信息是不完全的，买者搜寻和了解产品信息要花费大量成本，这种信息获取的较高成本对于市场的竞争程度有重要的影响。

竞争是双方或多方为取得并非各方都能得到的利益所进行的较量。竞争有供给方之间（同行业内企业之间、不同行业企业之间）的竞争、供求双方的竞争、需求方之间的竞争。按照战略管理专家迈克尔·波特的观点，一个企业在市场上面临五种竞争力量：新的竞争对手入侵、替代品的威胁、客户的砍价能力、供应商的砍价能力、现有竞争对手之间的竞争。竞争的基础是双方利益的冲突，供给方之间为争夺资源、高利润的投资项目、市场份额展开竞争。竞争的形式有价格竞争和非价格竞争。价格竞争表现在市场上供给方之间为争夺顾客而竞相压价，供求双方的讨价还价，需求方之间为竞拍到稀有产品在拍卖市场竞争；非价格竞争表现为同行业厂商在产品质量、品种、差异性、售后服务、广告等方面的竞争和非同行之间的资本在部门间流动，涉及垄断与竞争的研究及其相互关系。竞争的原因是双方利益的冲突，结果是优胜劣汰，失败者要么倒闭，要么被兼并。合作是基于双方的共同利益要通过合作才能取得，并且在合作收益－合作成本＞竞争收益－竞争成本的情况下，双方会选择合作。在传统经济中，合作之前双方并无优势，合作后有共同利益，而竞争中利益是冲突的。合作的形式有价格合作和非价格合作，价格合作即价格合谋或价格卡特尔，还有向消费者承诺"最低价格保证"的做法，承诺"如果还有更低的价格，消费者可以得到相当于价格差额的补偿"；还有一种是投标骗局，几个投标者联合起来固定价格，欺骗招标者。反垄断法对价格合谋的限制是最为严格的。非价格合作主要有分配市场份额、企业的横向兼并、纵向一体化等，同样这种合作也要受到反垄断法的限制。可见在传统经济中，企业之间的合作和垄断几乎是同义语，合作被认为降低市场效率，导致串谋和垄断，意味着消费者利益的受损。所以传统经济通常认为竞争与合作不能同时存在于相同的两企业之间。但是在网络经济时代竞争和合作可以统一，竞争有了新特点，是"合作性竞争"。

哈佛商学院的管理学家亚当·M·布兰登勃格认为："合作性竞争是超越了过去竞争和合作的规则，并且结合了两者的优势，意味着在创造更大的市场时的合作，在瓜分市场时的竞争。"网络经济时代这种新型的合作性竞争是基于双方各自有的竞争优势，合作可以取得$1+1>2$的效果，达到"双赢"，合作之前优势已经存在，合作后优势更大，在竞争中有共同利益。所以竞争中有合作，这种竞争是"合作性竞争"，它的产生有如下原因。

第一，竞争中有共同利益。

首先，网络经济中主要生产资源是知识、技术、信息，这种资源具有再生性和共享性，而且不但不会随使用者的增加而减少，还会越用越多。在主要生产资源的使用上供给方的利益是一致的。以互联网为核心的先进的通信和传输方式的广泛使用，企业相互之间获取知识、信息、技术的成本大大降低，由于网络效应的存在，资源使用者越多，其价值就越大，封闭性的知识和信息会影响其价值的实现。其次，由于网络效应的存在，供求双方的利益也变得一致，信息产品的需求量越多，对生产者而言，固定成本可以分摊到更多的产品上，边际成本趋向于零。对消费者而言，由于网络正效应的存在，产品带给消费者的效用也越大，需求量的增加，使生产者低价出售产品也能保证有丰厚的利润，消费者得到的"消费者剩余"也更多。另外，电子商务的广泛使用，省略了产销之间的中间环节，流通环节减少，交易效率提高，交易成本下降，对供求双方都有好处。CIMS系统直接根据消费者的个性化需求来设计和生产商品，所以经过信息化改造后的传统产业本身也成了服务业，网络时代是供求双方合作的时代。再次，需求方之间的利益也是一致的，信息产品的效用随用户的增加而呈指数上升，第一台传真机出现时，它的价值几乎是零，到第二台传真机出现时，两台相连可以发传真了，这样第一台传真机也有了价值。随着通信网络内传真机的增加，每台传真机的效用也增加。电话的价值也同样。说明对于具有网络效应的产品来说，消费者之间的利益是一致的。

第二，科技的快速进步和产品寿命周期的缩短迫使企业在竞争中合作。例如美国从有专利申请制度开始，到第 100 万个专利产生，整整花了 85 年时间，而从 1991 年第 500 万个专利到 1999 年的第 600 万个专利产生只用了 8 年时间，目前信息技术专利每年超过 30 万件。20 世纪 90 年代之前，美国产品的生命周期平均为 3 年（35.5 个月），到 1995 年已经不到 2 年（23 个月），个人计算机每年更新，计算机构件的价值每周将失去 1%。惠普公司收入的 77% 来自近 2 年内上市的企业。网络时代是以网年（相当于正常历年的 3 个月）来论技术进步的。新产品的研究和开发费用大，风险也大，合作可以分担风险，优势互补。单靠单个企业自身的积累，很难跟上技术进步的步伐，企业之间必须通过合作获取所需的技术。芬兰诺基亚与瑞典爱立信、德国西门子合作，共同研制开发移动通信标准 GSM，才能与美国的 CDMA 移动通信标准抗衡。回顾英特尔和微软的发展历史，可以看到英特尔和微软的成功开始于和 IBM 的合作，借助于 IBM 在计算机领域的知名品牌而走向市场。所以在信息产业中，某一行业技术领先者的产品已经占领了足够的市场份额，其他企业要进入该市场，明智的做法是在兼容的基础上革新，没有必要重起炉灶。行业的技术标准是行业内企业合作的基础。康柏计算机的成功是借助于和英特尔、微软的合作，采用 Wintel 标准的芯片。1999 年年底我国第一个国产高端大型操作系统 COSIX64 的诞生就是中软公司和康柏公司成功合作的产物。

合作性竞争采取了战略联盟和虚拟企业的形式。战略联盟和虚拟企业的出现，是传统的市场竞争搬到电子网络上进行后产生的新形式，体现了网络时代合作与竞争的统一。合作性竞争以"双赢"为特点，在工业经济时代对抗性竞争中，垄断作为竞争的结果，是以竞争中一方的失败为代价，赢者成为垄断者，失败者不是被兼并，就是倒闭。网络经济时代竞争的结果是"双赢"，竞争中有合作，合作中有竞争，竞争的结果避开了传统的垄断表现，即不再表现为企业规模的扩大、价格上升等，而是以战略联盟和虚拟企业的形式出现。这种竞争的结果也就是垄断的新形式。网络时代的企业竞争优势来源于速度、时效、创新。传统经济中竞争优势在于大规模、批量化生产带来的低成本，是大吃小；网络经济中搜集、处理和使用信息几乎在同一时间内进行，经济节奏加快，是快吃慢。企业要在全球竞争中取胜，必须以最快的速度发现顾客需求，然后以最快的速度去满足他，为了在短时间内组织生产能力，合作是必需的。根据"木桶"原理，企业的竞争力水平就是卡在最薄弱的环节上，网络时代没有时间等待修补自己的"木桶"，而要求把自己"木桶"上最长的几块木板拿出去和别的企业合作，共同把市场做大。信息网络为企业在全球范围内寻找合作伙伴提供了条件，网络时代合作比竞争更重要。

合作性竞争是创新竞争，按照哈罗德·德姆塞茨的观点，在新古典的完全竞争模型中是不存在价格竞争的，企业面对着既定的价格，只能凭借其产量来参与竞争，这种竞争是"仿制产品的竞争"。仿制产品竞争的强度和参与竞争的企业数量成正比，但是创新竞争不受这种关系制约，即使是一个垄断者，创新竞争仍然可以发生。所以在合作性竞争中，参与竞争的中小企业数量的增加，并不意味着竞争强度的增加，企业之间的合作也并不意味着回归传统的垄断。

5.2.2 以主流化战略竞争尽可能多的市场份额

在关于产品主流化的研究中，最著名的是美国学者勒维斯在《非摩擦经济》一书中对产品主流化进行的探讨。他认为"任何时候要想保持企业的生存和发展，与其落后于竞争对手进入市场，还不如对产品的前景做出高明的预测，并且在该产品尚未完善时就首家进入市场。"因此，勒维斯将产品主流化奉为网络经济时代市场竞争的主要战略手段之一。事实也证明，产品主流化的实施的确能帮助企业迅速占领市场，获得持续的盈利。

产品主流化是指互联网企业将其拥有自主知识产权的产品率先推向市场，占领大部分市场份额，形成对用户一定程度上的锁定，以获得持续盈利的一种经营策略。对产品主流化内涵的深入理解可以概括为以下几点：

一是产品主流化是独家企业凭借技术创新，为达到主宰市场而进行的一种策略选择。其中，拥有自主知识产权，并且拥有竞争对手难以模仿的核心产品是实施产品主流化的前提条件。

二是产品主流化的主要表现在市场份额这一指标上。通常认为主流产品是占据市场份额50％以上的产品。因此，不断扩大市场份额，最终占据最多的市场份额可以看作是产品主流化的直接目标。

三是在实施产品主流化的过程中，市场份额的扩大应同时有量的增加和质的提高，也就是说市场份额的扩大应和建立稳定的用户基础同时进行，通过形成对顾客的锁定来帮助产品主流化的实施。

四是产品主流化的实施由于涉及用户安装基础的建立，因此先发制人、率先引发用户网络形成正反馈效应是至关重要的。正反馈效应将促进市场份额的增长进入自我加强的良性循环，使产品迅速实现更大规模的主流化。

五是产品主流化策略的赢利主要来自后续销售。其赢利模式可以简单分为两个阶段，前一阶段是建立关键产品的用户安装基础，可以看作是对用户安装基础的投资；而后一阶段才是向这一用户安装基础出售后续互补产品以赢利。

产品主流化策略的实施步骤可以概括为两大步骤，首先是使产品得到广泛应用，成为市场主流产品；其次是在锁定顾客的基础上，通过销售与主流产品互补的相关后续产品而赢利。其中，如何使产品成为主流产品是至关重要的，这一步骤是产品主流化实施的核心和关键。概括来说，电子商务企业可以运用如下措施来实现产品主流化。

一、低价渗透

企业产品进入市场的方法在营销学者看来不外乎两种：一种是以较高的价格进入市场，争取获得较高的利润率，称为取脂定价；一种是以较低的价格进入市场，以获得较大的市场份额，称为渗透定价。在产品主流化策略的实施中所运用的价格策略就是渗透定价，即以极低的价格，甚至是免费向市场提供产品的方式来获得市场份额。所以在网络经济中便有了"免费大行其道"的现象，这当然也并不是企业进行公益活动的方式，而是企业实施产品主流化的一种手段。低价之所以有如此的威力，是因为随着技术进步和技术扩散的加速，产品的同质性增强了，顾客对产品的选择不仅依赖产品各自的特色，更重要的是在自己的经验之间做选择。正如英特尔董事长比安德鲁·格鲁夫（Andrew Grove）所说的："我们对自己的业务的看法，不应仅仅是制造和销售个人计算机而已，而是传递资讯和栩栩如生的互动式经验。"正因为经验对产品如此重要，所以以低价促进产品初次采用也是非常关键的。低价为顾客提供了获得消费经验的低成本方式，能促进产品的初次采用，帮助产品迅速流行起来。例如，当初电子邮件如不是向用户免费提供的话，这种通信方式估计目前也不会为人们广泛使用。所以，低价渗透成为产品主流化中最常见的一种手段。

二、率先行动

波特在其著名的《竞争优势》一书中详细论述了产业的率先行动者所具有优势，包括确立开拓者和领导者的声誉、抢占有吸引力的市场位置、设立转换成本、选择最好的销售渠道、确立标准，等等。而产品主流化策略由于本身就是将率先行动作为前提，因此产品主流化也必然为企业带来先行者所享有的一系列竞争优势。在产品主流化实施过程中，率先行动要求互联网企业率先进行技术创新，拥有最先进的技术；率先将产品推入市场；率先建立最大的用户安装基础；率先建立并掌握标准；以及率先从销售互补后续品中获利等。率先行动为企业带来的是更大的市场份额和更多的利润，正所谓"一步先而步步先"。即使对众多同时实施产品主流化策略的企业而言，先发制人所形成的先行者优势也是客观存在的。

三、预期管理

消费者预期对产品主流化的影响也是十分深远的，如同预期对标准形成的影响一样，预期成为标准的技术将最终成为标准，而预期成为主流的产品也将最终成为主流产品。因此，在对消费者预期的影响方面，企业往往也是不遗余力。网络经济学家卡尔·夏皮罗等人更将渗透定价和预期管理作为标准战争中的两大基本策略，指出："不管你在标准战争中采用什么基本战略，你都需要采用两种基本的市场策略：先发制人和预期管理。"

预期管理中最常用的手段是产品预告，也被称为"汽件"，是指在产品推出以前，厂商在市场上竞争性地预先告知新产品即将问世。从而诱导那些正准备购买同类产品的消费者推迟其购买，并使竞争对手的销售受到影响。产品预告往往能十分有效地抑制竞争对手的销售扩张，尤其是在产品快速更新的市场上。因为消费者总希望能买到更高性能、更好质量的产品。微软在将要推出新产品时总会采取产品预告的方式进行预期管理。但必须注意的是，在产品预告中所做的承诺务必兑现，否则将不利于企业。

四、选择性开放

顾客在选择产品时，面对开放的产品和限制兼容的产品，他们都会毫无疑问地选择开放的、兼容的产品，因为顾客本身是拒绝被锁定的。从企业的角度而言，开放技术或标准虽能使企业产品更有市场，但这毕竟会削弱企业竞争力，反而为竞争对手提供了"搭便车"的机会。可见，开放还是控制成了一个两难的选择。尽管如此，就企业实施产品主流化而言，选择性开放却是一个比拒绝兼容更好的选择。因为在任何兼容性决策中，厂商必然面对两个效应：一是由于开放导致竞争者增多而产生的竞争效应；二是由于开放带来用户规模扩大而产生的网络效应。由于产品主流化的实施往往是在竞争者还不是很多的产品引入期，所以此时的竞争效应较弱，增强网络效应成为企业的当务之急。当然，选择性开放的兼容策略意味着不是全部开放标准，或者不是在所有时期保持开放。

五、树立消费领袖

对于消费者的预期协调的分析，发现了消费者博弈的结果是可能产生两种潜在的低效率：过大惰性和过大冲动。在产品主流化实施中，企业更为担忧的是过大惰性这种低效率，即当出现一个更优越的新产品时，消费者纷纷等待别人先做出选择，从而导致滞留在目前的低级产品中。可见，过大惰性对产品实现主流化是一个巨大的障碍，因为消费者选择等待而不是创新性地试用新产品。这时，如能树立消费领袖，便能打破这种僵局，促进产品的主流化进程。消费领袖是这样一种消费群体，他们的消费行为能对其他消费者产生重要的影响，并能产生某种趋于一致的压力，使其他消费者也做出同样的产品选择。正所谓"榜样的力量是无穷的"，通过树立消费领袖，有利于产品的市场引入打破僵局，快速进入主流化进程。消费领袖通常具有特殊的社会地位或社会影响力，用明星充当产品的消费领袖来进行产品推广的例子屡见不鲜，也有让政府充当消费领袖的。

六、品牌经营

在促进产品主流化进程中，借助于品牌力量也是一个强有力的手段。因为从本质上讲，品牌是销售者向购买者承诺长期提供的一组特定的利益、价值、文化和服务。品牌能引导消费者形成对产品合理的预期，产品主流化中的品牌经营可以从五个方面进行：实施多层次的品牌延伸，如将原有品牌名称用于实施主流化的产品线或产品类别。采用品牌主导的多品牌策略，因为单一的品牌往往难以占领50%以上的市场份额，而多品牌就能做到。进行遏制品牌衰退的品牌创新，例如增加品牌的使用机会，发现品牌的新用途等，品牌创新的成功必然会有助于产品的主流化。建立竞合式品牌联盟，联盟方式也将促进产品的流行。开展品牌的虚拟经营，依托品牌实施业务外包，进行特许经营等。虚拟经营将拓展品牌的市场份额，而品牌市场份额的扩大也是产品实现主流化的更高级方式，形成的不仅是主流产品，更是主流品牌。

5.2.3 锁定竞争

我们知道锁定是指由于各种原因，导致从一个系统（可能是一种技术、产品或是标准）转换到另一个系统的转移成本大到使这种转移不经济，从而使得系统达到某个状态之后就很难退出并进行转换。当系统逐渐适应并且强化了这种状态的时候，就会形成一种"选择优势"把系统锁定在这个均衡状态。如果要使系统从这个状态中退出并且转移到新的均衡状态，就必须使系统的转移成本能够小于转移收益。

可见转移成本与锁定之间存在着密切的联系。但是，转移成本并不是产生锁定的直接原因，它实际上是对路径依赖程度和锁定程度的衡量。当产品和技术的标准化还不健全的时候（或者说系统之间不兼容），消费者和企业如果自愿从一个系统转移到另一个系统将会面临诸多障碍，这些障碍造成了巨大的转移成本，而巨大的转移成本必然会阻止市场主体进入另一个系统。转移成本是一个动态的概念，从顾客购买产品开始到进行下一次产品转移为止，转移成本是在不断变化的。转移成本的变化趋势与转移成本的类型密切相关。比如，在信息存储和技术培训方面的转移成本，通常是随着时间的推移而增加；在产品折旧、高级的耐用设备方面的转移成本则往往是随着时间的推移而减少。因此要把转移成本放在整个锁定周期当中来进行考虑，转移成本在不同的时期是不一样的。认清这一点有利于对转移成本进行正确地测量。

这里还涉及一个关键的概念——安装基础。所谓安装基础，简言之就是企业销售给购买者的，能够发挥锁定作用、产生转移成本的产品（或服务）。对于销售商来说，安装基础可以视作它的一项重要"资产"，之所以给资产加引号，是因为这里所谓的资产不是通常意义（即正式的资产负债表）上的为企业所拥有或控制的资源。这些资源通常归购买者所有，并且由购买者控制和使用，但是这些资源除了能够为购买者带来收益之外，还可以为销售商带来可观的预期收益，销售商可以通过对安装基础的系统升级、出售相关的互补产品、垄断关键技术（如产品开发平台）等方法获取高额的收益。可见安装基础并不完全等于企业所销售的产品，虽然从实体上来看指的是同一物体，但理解的角度是不同的。企业对自己产品的消费者采取怎样的策略有赖于企业对安装基础的评价，如果安装基础预计能够为企业带来巨大的收益，则企业应该协助（包括给予必要的优惠和支持）顾客建立安装基础，并且通过该安装基础不断地增加顾客的潜在转移成本，使顾客不能轻易地进行转移。因此对顾客安装基础的评价就显得十分重要，通过预计安装基础，企业可以决定以怎样的形式进行销售、以怎样的形式吸引更多的顾客。在网络经济下，信息技术的高度发达使得经济以网络的形式组织起来，那么对数字产品的生产商来说，拥有大量的安装基础不但意味着众多的用户和潜在的收益流，而且会使网络效应发挥得更充分。

我们知道，转移成本衡量了顾客被其供应商的锁定程度，因此企业在寻求新顾客的时候，需要了解他们转移成本的构成，这样企业就可以针对不同的转移成本制定策略，从而协助顾客顺利实现产品的转移。其实在产品转移的过程中，不但顾客要付出巨大的转移成本，而且销售商在争取顾客的时候也需要付出成本，这两种成本之和就构成了与产品转移相关的私人转移成本。前面讲过总的转移成本包括整个社会为了实现转移而需要付出的代价，可以分为社会转移成本和私人转移成本两类。私人转移成本包括在最初采用的技术中所含的沉没投资、转向用新网络所需要的支出；净网络效应，又可称作社会转移成本，在这种成本里我们需要把市场主体当前正在享有的网络效应与预期从转移中可以获得的潜在网络效应进行对比。

销售者锁定策略的中心，就是要通过提高购买者的转移成本，来实现对购买者的锁定。锁定战略实施的基本步骤如下。

第一，建立安装基础。

品质卓越的产品往往会在短时间内迅速建立起一个顾客安装基础，但是这种自然产生锁定的超群技术并不多见，而在多数情况下，企业需要依靠良好的经营管理来建立和保持一个稳定的安装基础。争夺安装基础的竞争是异常激烈的，在这个过程中企业需要花费大量的投资去争取顾客，不愿意或不能够对顾客做出让步的企业很难在竞争中占取优势。企业应该将建立安装基础的投资成本与来自安装基础的可能收益进行对比，确定对企业最有利的投资规模。企业还要计算出不同顾客的价值，并据此调整所提供的产品。

对不同类型的潜在顾客进行价值评估是建立安装基础的关键一环。因为对锁定的最终分析取决于预期收益的现值，而不仅仅是当期的财务报表。企业可以评估在一定时期内向一名顾客出售产品所获得的利润，并据此推算出其安装基础中顾客的价值。安装基础中锁定顾客的价值由两部分构成，即该顾客的转移成本加上基于产品质量和成本的竞争优势。对安装基础进行量化有助于在争夺新顾客的时候进行产品定价，要把每个已经被锁定的顾客当作一项有价值的资产，这样才能够决定应该投入多少以吸引新的客户。在这种情况下，反映过去交易情况的财务会计报表的作用有限，重要的是把各种类型的顾客放在整个锁定周期之内进行个别分析。

当然，根据从顾客安装基础中获得的利润来指导吸引新顾客的投资策略是不妥当的，因为新旧顾客在诸多方面存在差异。一般而言，最初的用户要比后来用户的支付意愿更强，因为前者往往更需要该产品。因此，从安装基础获得的收益不宜作为评估新顾客的指标，但是却有助于确定对竞争对手的反击力度。

我们知道在完全竞争中，竞争会把价格推向接近边际成本，使超额利润趋向为零这种情况也体现在锁定中。在锁定存在的情况下，如果竞争对手之间相差无几，那么竞争会迫使企业向顾客提供非常优惠的初期条件，因此企业在吸引新顾客时会进行大量投资，这样盈利在整个锁定周期都不会超过一般的投资回报率。在建立安装基础之后所获得的可观的利润只是对建立安装基础的初期投资的正常回报，所以后来获得的利润要放到整个锁定周期进行分析比较，这时我们就会发现锁定并没有改变传统的竞争理论，只是在形式上有所不同而已。在锁定市场中获得超额回报的策略与其他市场没什么本质区别，也是要通过产品差异化提供更好的产品或者利用成本优势获得更高的效率。不过在网络经济下的锁定市场中，为保证能够从安装基础中获得超额利润，企业必须设法增加顾客的转移成本。企业花费了很大投资才吸引到的顾客如果仅面临非常低的转移成本，那么企业指望从他们身上获取超额利润的企图就会失败。因此对顾客的转移成本要有一个准确的估计，从而算出从顾客身上获得的期望收益及相应的初期投资。售后市场的竞争是导致转移成本下降的主要因素，因为企业的竞争对手在为该企业顾客提供服务的同时并没有给他们带来高额的转移成本。特别是在网络数字产品领域，仿效者往往把产品设计得使转移成本最小，这对企业试图建立稳定的安装基础是一个严重的挑战，因为市场份额与锁定之间并不存在某种必然的联系。

第二，如何利用安装基础赚取超额利润。

在企业初步建立了顾客安装基础之后，紧接着就是要培养他们对品牌的忠诚度，确立产品在他们心目中的地位。这需要对企业与顾客的关系做出规划，通过影响顾客的转移成本规模，提供增值的信息服务等方式进一步密切两者的关系。由于互联网的发展和信息技术的进步使得市场定位更加方便、有效并且经济，这导致信息查找、评估和学习使用新产品的转移成本大幅度地下降，因此人为地增加转移成本就显得很有必要。比如网络公司常常采取会员注册制度，并把会员分成不同的等级，然后针对不同的等级给予不同的优惠。这样顾客在更换品牌时所放弃的优惠就构成了一项重要的转移成本。这些人为的忠诚顾客计划可能会把传统的市场转变为锁定市场。

在销售方企业建立了具有转移成本的顾客基础之后，接下来就是要充分利用它所拥有的垄断地位向其所建立的安装基础销售互补产品，此外，企业还可以向其他的销售商出售接入自己安装基础的机会。

首先，销售互补产品。

对安装基础销售互补产品是销售方企业利用安装基础的最主要形式，甚至在有些情况下，企业建立安装基础的主要目的就是销售它的互补产品，因为对于部分产品而言，它们的互补产品往往是企业利润的主要来源。比如，电信企业为了大规模地建立安装基础，竟然不惜成本免费赠送通信设备。其中的原因就在于企业清楚地知道它的利润来源主要在于其互补产品——通信服务的收费，在建立安装基础过程中的花费是能够通过互补产品的销售来予以弥补的。因此许多企业都积极地以各种优惠方式把顾客锁定在某种产品之中，从而通过销售利润很高的互补产品来获取盈利。顾客购买了产品之后就可能被锁定在对该产品的互补（或辅助）产品或服务的购买上。比如，大型耐用设备的维修、软件程序的升级或功能扩展都属于这种情况。所以在锁定市场中竞争的企业都试图去扩大这些锁定互补产品的范围以压倒对手。这种向安装基础销售互补产品的策略经过众多成功案例的证实，被认为是有利可图的，而且也是切实可行的；另一方面，这种策略实际上还增进了卖方与顾客的关系，有助于企业产品品牌的进一步确立。

由于数字产品所特有的成本结构使得产品价格与边际成本的比率很高，因此企业可以通过占领其互补产品的市场达到获利的目的，也就是说不一定要靠来自这些产品本身的垄断价格去获取利润。至于互补产品本身是否会导致锁定并不影响本策略的运用。充分利用安装基础出售互补产品的典型案例就是微软公司，它在销售运行于 Windows 操作系统上的应用软件时就有效地做到了这一点。微软虽然垄断着 Windows 操作系统软件的市场，但是它没有利用这一点从 Windows 操作系统软件的销售中获取垄断溢价，事实上正相反，Windows 操作系统软件的价格一降再降。其中原因就在于微软意识到如果它能够通过操作系统的销售建立一个庞大的顾客基础，那么它就可以利用销售互补产品——应用软件（当然是运行在 Windows 操作系统中的）的手段赚取更大的利润。实践证明，应用软件的销售不但给微软带来丰厚的利润，而且进一步确立了 Windows 操作系统的统治地位。能够成功地提供和销售具有吸引力的互补产品组合的公司将会在锁定市场中占有极大的优势，因为它们可以利用互补产品的优势为其主要产品设计更具竞争力的销售条件。我们可以看到在这种情况下，买卖双方的关系不再是一个零和游戏的博弈。只要互补产品不比独立企业生产的产品差，顾客还是会愿意从销售主要产品的企业那里购买互补产品。一般来说，多数顾客更倾向于一次性购买，因为无论是在购买、安装还是使用上，完整性好的产品往往既经济又方便。在规模经济的作用下，拥有庞大顾客基础的公司就可以提供更便宜的互补产品。销售互补产品的策略加剧了企业在主要产品市场上的竞争，因为谁能够在主要产品市场占据优势，它才可能拥有一个庞大的安装基础，所以这种竞争无形之中增加了拥有安装基础的价值。不过，对一个已经拥有相对稳固安装基础的公司而言，提供互补产品也是大有裨益的，一方面可以使安装基础的价值最大化，进一步确立主要产品的市场地位；另一方面顾客也从互补产品的购买中得到了不同程度的好处。可见，只要运用得当，销售互补产品将会是一个双赢的策略。

其次，出售接入安装基础的机会。

除了销售互补产品的策略之外，企业还可以向他人出售接近自己顾客的机会。这种交叉营销不但进一步发掘了安装基础的价值，而且密切了商业伙伴之间的关系。大部分网络公司都已经开展了此项业务，比如在公司主页上出售广告位置，建立超级链接等等。

5.2.4 标准竞争与战略联盟

标准就是参与游戏规则的一组参数。标准的特性就是"开放"，是一个多方游戏，具有"公平、合理、非歧视性"得特点。全世界有数百个标准设定实体，最大的就是ISO组织，其中网络经济最有影响的有国际电信联盟（ITU）、电气与电子工程师协会（IEEE）。根据制定标准机构的不同，可以分为国际标准和国内标准、官方标准和非官方标准；强制性标准和非强制性标准；书面标准和事实标准（工业标准）。

网络经济中的标准主要包括硬件标准、软件标准和信息内容标准，几乎所有的信息产品都涉及一个和多个标准。硬件标准主要指传输产品标准、组件产品标准、所有的信息基础设施产品标准。软件标准包括接口软件标准、网络软件标准等。信息内容标准是指VCD、DVD、XML、HTML、PDF、音频、视频、波段标准等，其范畴随着互联网产业链构成内容的不断创新而扩展。以Java语言为例，Java语言曾经成为手机通信业的标准。目前，Java已经为所有手机制造商所接受，成为制作手机应用与服务的标准，微软试图控制移动通信标准的计划恐将落空。2003年，大批Java手机涌入市场。它们将采用丰富多彩的应用软件，专门为Java手机设计的服务也将大批推向市场，为用户提供更多的选择。SUN公司首席科技顾问西蒙·菲普斯（Simon Phipps）接受天极网专访时表示，手机制造商一致支持开放系统和统一标准，这个基础是任何人无法改变的。菲普斯代表SUN公司出任开放流动联盟的常务董事，负责协调全球电信公司、手机制造商、软硬件厂商共同制定移动通信标准。全世界大约有200家公司是这个联盟的成员。作为Java科技的发明公司，SUN公司在开放移动联盟扮演举足轻重的作用。菲普斯表示，从手机出现的第一天起，所有厂商都达成共识，那就是要实行统一开放标准。他说："正因为这样，当你从新加坡到世界任何一个地方，只要打开手机，借助于漫游服务，你就能像在自己国家那样通话。这个结果的背后，就是因为所有手机制造商都采用了同样的标准。"Java语言已成为手机通信标准，SUN公司在这个环节上比微软占据了更大优势。2002年以来，微软不断推出新的手机操作系统，如智能手机和口袋计算机，大有后来居上的势头。全球许多生产掌上计算机的公司都采用了它的操作系统。现在，它积极向手机制造商推销智能手机系统。微软的目的就是将它在个人计算机成功的故事在手机业重演。根据预测，微软手机操作系统如果不与手机厂商公认的通信标准接轨的话，它的操作系统就无法占据手机操作系统的市场。可见，在网络经济时代，普及就是优势，"标准"就是优势。

标准竞争对互联网企业的意义是不言而喻的，它是企业能否在激烈的竞争中迅速占领市场并赚取高额利润的重要战略。首先，标准能够扩大企业产品的网络外部性，减少消费者消费过程中的不确定性。标准增进了兼容性和互联性，通过扩大网络对用户产生更大的价值。用户在更大的范围分享信息并且能够共享数据，减少消费者的技术风险，增加消费者的信心。其次，开放性的标准能够减少消费者锁定，增进消费者福利。开放性的标准，使消费者有很多的选择性，"开放源代码"便是一种极端方式。再次，标准改变了互联网企业的竞争方式，价格竞争更为激烈。由于锁定的减少，市场统一化，竞争中心从争夺市场地位转向同一个市场的份额。许多品牌具有相同功能，价格成为决定因素，同时降低了产品差异化的程度，价格竞争更加激烈。最后，标准使互联网企业从系统竞争转向组件竞争，技术领先企业均保持独家扩展功能。不兼容的产品之间，是系统总体性能的竞争，但是在兼容的系统，生产商可以通过出售最好或最便宜的组件获得业绩。在具有普遍接口标准的市场中，专业制造者兴旺发达，在缺乏兼容的市场中，多面手将获胜。但我们应该看到，众多供应商都有独家开发扩展功能的动力——保持向后兼容。拥有独家知识产权的企业往往保留部分权利，同时需要保证网络效应不会由于不兼容而丧失；这样做的目的在于能够利用前期标准平台建立起的网络效应从后期的独家扩展业务上获取超额垄断利润。

标准对互联网经济的诸多参与者来说，利和弊是同时存在的，本书从消费者、互补品的生产者、替代品的生产者、标准技术领先者与原来的市场占有者、创新者几个角度来分析一个行业的标准对市场各方产生的影响。

首先，对于消费者来说，一个产品或行业如果有统一的标准，将能使消费者享受最大的网络效应、组件可以混合使用，被锁定的风险非常小。不利的方面在于：消费者的需求多样性将难以得到满足，即使该标准仍有较大改进的余地，企业也没有动力在短期内去打破它；较差的标准难以改进，重要用户不再重要，有些标准只对特殊的生产者有利。总体来说，标准对消费者利大于弊。

其次，对于互补品的生产者和替代品的生产者来说，标准的形成对互补品的生产者是非常有利的，互补产品的生产者和标准完全互动、互补产品生产者将在行业产业链中具有重要地位。而标准的形成将使替代产品的生产者面临完全不同的环境，对其生存和发展是非常不利的，替代的空间越来越小。

再次，对于市场领先者来说，新标准对现在的市场占有者来说是一个巨大的威胁，市场占有者有四种选择：完全封锁新技术，拒绝接入；推出自己的新一代设备，并且向后兼容；和新标准联手，利用原有的品牌和市场及原来的版权获得收益；若从新标准中很难获得收益，将选择破坏新标准的形成。

最后，对于创新者来说，标准会扩大市场规模，创新者欢迎标准的形成。但是，当标准形成以后，创新者的利益将会发生变化，具有优势的创新者将寻求独家扩展功能，市场进入新一轮的竞争。

在网络经济的标准竞争中，由于竞争广度的扩大化、竞争深度的纵深化、竞争平台的虚拟化、竞争方式的多样化，以及竞争过程的加速化等竞争环境特点的变化，参与竞争的互联网企业纷纷结成各种联盟，从而使竞争组织的联盟化成为网络经济平台上又一显著特点。战略联盟的形成增强了企业抵御市场风险的能力，有助于企业在标准竞争中增加竞争力。尤其当企业处于既不拥有标准，又没有较强大的用户安装基础这一弱势地位时，与其他拥有标准或拥有强大用户安装基础的企业结成联盟，将非常有助于弱势企业在市场站稳脚跟。当然，战略联盟不仅仅是弱势企业寻找市场支柱的重要方式，更多的时候是优势企业之间强强联合的重要选择。

战略联盟虽然产生于网络经济中合作竞争的客观需要，但从战略联盟的建立对互联网企业的贡献而言，它的确为互联网企业带来了成本的节约和效率的提高，因此从这一意义上讲，战略联盟的出现是网络经济和企业竞争高度发达的必然产物。具体而言，战略联盟可能为互联网企业带来的价值包括：

（1）提高资源配置效率。

不同的互联网企业所具有的资源是不同的、异质的，这些资源并不能完全地流动。而战略联盟的建立为企业构造了资源流动的新通道，使企业资源运筹的范围从企业内部拓展到了企业外部的战略联盟，从而使资源得以在更大范围内流动，促进了资源的合理配置，提高了资源的配置效率。

（2）降低交易费用。

首先，联盟组织之间的知识共享有助于提高成员的理性，以减少由于有限理性而产生的交易费用。其次，联盟各方往往会投资于专用性资产，例如，供应链联盟中的生产者将专门为特定的采购者进行设备投资。资产专用性的提高一定程度上锁定了交易双方的关系，并减少了交易费用。再次，正是由于交易关系的相对固定，联盟组织内的企业便减少了交易的不确定性。尤其是在供应链联盟中，频繁发生的交易使交易各方更愿意以联盟的形式来稳定关系，减少交易费用。

（3）分散企业风险。

互联网企业在网络经济市场的经营往往会面临许多可预知和不可预知的市场风险，而战略联盟的出现使企业能够在一定程度上分散这些经营风险。如在企业标准联盟中，支持某项技术标准的企业结成联盟，这其实就是为了防范技术发展的不确定所带来的风险。因为在技术创新加速的当今社会，一旦企业所采用的技术不能与现在和未来的标准相兼容，企业的损失将会是巨大的，不仅需要承担巨额的沉没成本，还需要花费大量的投资重新建立与标准兼容的技术范式。因此，企业之间为规避技术采纳中的风险，往往便会结成标准联盟、技术联盟。由此可见，战略联盟也成了企业规避经营风险的一种制度选择。

（4）增强核心能力。

聚合不同的异质的核心能力是企业战略联盟形成的动机之一，而之所以认为战略联盟能增强企业核心能力也是基于这种认识，即不同的核心能力能在战略联盟中形成协同效应，反过来又能促进企业核心能力的增强。一方面，战略联盟所形成的合作关系使企业能够更加专注于其核心能力，而将它并不擅长或者说做得并不是最好的业务外包出去。另一方面，战略联盟能以"知识联盟"的形式共享技术创新成果，这必然也能增强企业核心能力。

（5）扩大网络正效应。

在网络经济时代，由于网络外部性的存在，企业战略联盟的形成便增加了一个新的动因。为获得更多的用户安装基础和引发正反馈，同行业甚或是不同行业的企业组成了各种形式的战略联盟，以共享扩大了的网络效应。这往往成为企业新产品入市的一种有力手段。例如微软在2001年10月向中国推广它的新产品"WindowXP"时，就与联想、TCL、清华同方、长城这四大国内计算机厂商建立了联盟，让这占据国内家用计算机60%市场份额的四大厂商全面预装Windows XP，不仅轻松确保了Windows XP顺利进入市场，而且使Windows XP有了一个大规模的用户安装基础保证，成为主流操作系统也只是时间问题。可见，以扩大网络外部性而建立的战略联盟主要是为了共享市场和用户，获得来自市场的需方规模经济。

5.3 电子商务企业的垄断

5.3.1 传统经济中的垄断理论

何谓垄断?《孟子·公孙丑》中说,"必求垄断而登之,以左右望而罔市利",意思是说站在市集的高地上操纵贸易。垄断又可以解释为把持和独占,如垄断集团。经济学上讲的垄断,大致可以分为三种类型:一是由生产技术上的规模经济导致的"自然垄断"(natural monopoly),二是由少数厂商的合谋行为导致的"行为垄断"(behavioral monopoly),三是由政府限制竞争的法令或者政策导致的"法定垄断"(statutory monopoly)。

传统经济学理论定义的自然垄断是指如下情况:由于生产技术具有规模经济的特征,平均成本随产量的增加而递减,从而最小有效规模要求只有一个企业生产。20世纪80年代,一些经济学家对自然垄断作了重新定义。新的定义不是建立在规模经济的基础上,而是建立在弱可加性的基础上。在单一产品的情形下,弱可加性意味着由单一企业生产给定产量的总成本小于由多个企业生产时的总成本;在多产品情形下,弱可加性意味着由单个企业生产给定数量的多种产品的总成本小于由多个企业生产该产品组合时的总成本。

在一个经济社会中,自然垄断的行业是很少的,更多的情形是行为垄断,即由数个具有相当市场力量的寡头企业生产该行业的大部分产品。寡头市场的潜在危险是寡头企业通过形成卡特尔组织或者默契合谋,联合操作市场。尽管在一次性博弈中,企业间的卡特尔协议和默契合谋是难以维持的,但在多次的重复博弈中,卡特尔协议和默契合谋是趋向于被维持的。寡头市场的另一种可能是,少数占主导地位的企业通过"价格战"消灭竞争对手,最终实现对市场的垄断。寡头企业也可能通过设置进入障碍阻止潜在竞争者的现实进入。寡头企业的这些反竞争行为是损害效率的。为了维持竞争秩序,政府需要通过立法和行政措施限制寡头企业的反竞争行为。可以说,发达国家的反托拉斯法,如美国的谢尔曼法和克莱顿法,主要是针对寡头企业的反竞争行为而制定的。

法定垄断是由政府的法律和政策造成的垄断。法定垄断可以划分为两类,一类是增强效率的,另一类是损害效率的。增强效率的法定垄断也可以划分为两类,一类是在具有自然垄断性质的行业,为了实现规模经济,政府将经营权特许给某个企业,不允许其他企业进入该行业。由于规模经济的一个主要原因是巨额沉淀成本或固定成本的存在,对进入的限制可以避免重复建设导致的浪费。另一类增强效率的法定垄断是政府为外部经济的内在化而授予企业和个人特定的垄断权,如为保护和调动发明创造的积极性而设置的专利权。损害效率的法定垄断与上述增强效率的法定垄断不同,它是由政府本身的寻租行为导致的。无论是过去还是现在,出于获取垄断利润的目的,政府常常创造一些人为的垄断。例如,产业革命早期,英国政府通过授予特许权的办法增加财政收入。要在增强效率的法定垄断与损害效率的法定垄断之间作出区分常常是困难的。经济学理论认为,垄断对经济效率的影响是消极的。在垄断的条件下,垄断者可以凭借垄断地位阻止其他的竞争者进入。这样他就会:(1)降低技术创新的动力,即使有了新的技术创新的成果,也会被垄断者束之高阁,因为仅凭垄断的市场地位就可以维持其高利润。(2)因为垄断,生产者所生产的产量会比完全竞争条件下少很多。消费者会被要求以比竞争条件下更高的价格去购买商品，消费者的福利被压缩到极限。社会上的有限资源没有得到最优利用。垄断厂商的产量和价格决策可以用图5-1来表示。在此图中，D为市场需求曲线，MR为边际收益线，而MC为边际成本曲线。由于没有竞争压力，厂商根据边际收益等于边际成本的法则决定其产品产量Qm，相应的最优价格为Pm。如果该产品的市场为完全竞争市场，我们知道市场均衡产量为Qc，均衡价格将是Pc。显然，与完全竞争市场相比较，垄断导致了较少的产品产量和更高的价格。在网络经济条件下，这一切还在继续吗？下面将分析网络经济中的垄断及其创新、价格、产量。

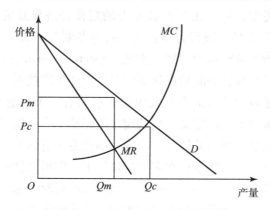

图5-1　垄断厂商的价格和产量决策

5.3.2　电子商务企业垄断形成的原因

从经济学的角度，可以总结出电子商务企业垄断性市场结构的成因。

一、网络外部性、正反馈与需求方规模经济引致的垄断

网络外部性作为网络经济的最基本特征，是指某一信息产品对一用户的价值随着采用相同产品或可兼容性产品用户的增加而增加的现象。它可分为直接外部性和间接外部性。前者是指效用随着用户数目的增加而增加；后者则指效用增加是由于用户数目的增加导致更多互补产品的供给而实现的。网络外部性可看作是网络规模扩大过程中的一种规模经济。这种规模经济产生于市场需求，是一种需求方规模经济。需求方规模经济的存在，导致某一特定网络产品的用户越多，该产品所具有的价值越大，从而吸引更多的用户加入该网络，由此形成网络扩张的正反馈效应。在这种效应作用下，信息产品市场迅速扩大，市场占有份额急剧提高，市场垄断性迅速增强，甚至形成独家垄断性型市场结构，即所谓"赢者通吃"（winner-tack-all），表现为一家公司或一种技术支配或主宰整个市场。

在网络效应较强的市场上，即使不是独家垄断也多为寡占型市场，并且该市场上企业的市场份额和利润水平相差较大。这种寡占型市场结构显然与工业经济条件下的寡占型市场结构存在较大的差别。

工业经济条件下也存在正反馈效应。可以说，几乎每个产业在发展早期的规模经济阶段都可看作是正反馈阶段。通用汽车公司比小的汽车公司更有效率，主要得益于它的规模经济效应，它刺激了通用汽车公司的进一步发展。但这种来自供应方规模经济导致的正反馈效应存在明显的自然限制。当产品生产达到一定产量便进入"边际收益递减"阶段，此时规模不经济将发挥主导作用，并导致负反馈发挥支配作用。因而在工业经济时代，倘若不存在人为作用，任何一家厂商都难以把规模扩大到垄断整个市场的地步，较多的是寡头垄断市场或垄断竞争市场。从总体上看，工业经济条件下起支配作用的是负反馈效应，即强者转弱，弱者转强。这种负反馈除了来源于供给方规模经济的自然限制外，还与工业经济条件下寡占型市场的竞争有关。在这种市场上，行业领导者试图获取更多的市场份额，这种企图势必引起其他企业激烈的反应，这些竞争对手会设法防止生产能力利用的下降，并阻止支配型企业获取市场主宰地位。再者，大企业管理的复杂性，也使企业规模超过一定限度后进一步成长变得越来越困难。在此情况下，规模更小、更灵敏的公司会发现有利可图的市场份额，从而获得成长。这种此消彼长的负反馈效应，使单个公司主宰市场的极端状态难以出现。

二、兼容性与标准竞争导致的市场垄断

技术或产品的兼容性是指一个"系统"中两种组件结合起来工作的能力。当两种产品结合起来共同提供服务而没有成本时，就说它们是兼容的。"系统"产品互补件之间的兼容程度直接影响网络规模（用户基础）的大小，从而影响用户对该网络产品的采用速度和市场地位。如果各种同类技术或产品之间是兼容的，它们将拥有相同的网络价值，谁的成本低，谁的竞争优势将更大，这与厂商之间一般情况下的竞争没有什么差别。但如果各产品之间不兼容，且存在较强的网络外部性，那么如果一种产品或技术采取先动优势策略成为行业标准，那么在正反馈效应的作用下，它就可以从中获得巨大的超额利润和市场控制力，甚至垄断整个市场，而输家则血本无归。但有时也存在这样的情况：两种不兼容的标准互相竞争时，较优等的标准可能退出市场，而较次等的标准却留给了消费者。这种选择较次等标准的行为被称为消费的"过度惰性"，尤其是当新技术试图取代现有技术时，这种"过度惰性"更易发生。消费者过度惰性与标准的转换成本有关。一种操作系统的使用者要更换到另一种新的操作系统上去是有成本的。理性的使用者是否要发生这种转移，取决于对转移的成本—效益的权衡。这里转移的效益主要是新操作系统相对于原操作系统的各种优势；而转移成本则包括学习使用新系统的成本、更换系统的复杂性和不确定风险，在新系统与旧系统不兼容的情况下还有更换硬件设备的成本等。由于转换成本的存在，使消费者宁愿继续使用先前选定的标准，而不选择新的操作系统，尽管它可能是更为先进的技术。因此，消费惰性的存在，有时会使某些技术、产品并不占优势的企业，由于某些偶然因素也可能实现对市场的完全垄断。这与在工业经济条件下，市场垄断地位的取得主要通过企业长期激烈的竞争而实现显然存在较大的差别。

信息产品消费过度惰性导致信息产品市场比其他消费品市场更易形成市场垄断。为获取这种垄断地位，企业之间围绕技术或产品标准的确立展开激烈竞争。谁首先在市场上建立起自己的标准，成为市场所接受的领先技术，谁也就赢得了进一步控制市场的资本和条件。随着信息技术功能的不断增加和完善，价格呈现出周期性下降的趋势，高性能的技术加上低廉的价格，使网络信息产品一旦出现于市场，便会很快占领市场，赢得竞争优势和市场垄断地位，而不必再经历一个漫长的竞争过程。同时，由于标准选择中的锁定效应，使在网络外部性较强的信息产品市场上，消费者对一种产品的网络规模（或用户基础）及其增长的预期，对该产品的市场垄断具有重要的影响。网络外部性使消费者的效用函数相互依赖，这就意味着购买者必须预期他所要购买组件的可能价格、质量和应用前景，以得到尽可能大的网络价

值。在这种情况下，消费者对网络规模的预期决定需求水平，进而对市场垄断的形成产生重要影响。在消费者预期过程中，购买者的临界水平（或称关键数量）是影响市场垄断状况的一个重要变量。在网络外部性较强的市场上，需求水平取决于消费者对网络规模的预期。网络市场趋于大量使用者均衡取决于使用者的数量高于给定的最低值。一旦高于该最低值，需求将通过正反馈机制继续增长，直至达到大规模网络的均衡。该最低值就被称为导致网络建立的购买者临界水平。在网络效应很强的市场中，任何一种技术或产品要在这个产业中生存下去并企图占据垄断地位，都必须形成一定的网络规模。尤其是当一种新的信息产品进入市场时，尽管它与已有产品相比在技术上具有优势，并且确实对消费者产生了一定的吸引力，但是要真正得到他们的认可，使之形成对己有利的预期，还需采取相应的策略。对于后进入市场的企业，可通过催促产业链的形成、进行差异化竞争、不断提升产品质量等，来积极地引导消费者，培育自己的竞争优势，再通过正反馈效应，形成和扩大自己的市场垄断地位。

三、产业或市场进入壁垒形成的市场垄断

现代产业组织理论认为，进入壁垒是导致市场垄断的重要因素。工业产品市场的进入壁垒主要包括规模经济壁垒、产品差异化壁垒和绝对成本壁垒等，它们都可能导致一定的市场垄断。在信息产品市场，信息技术成为主导性技术形式。由于信息技术的应用天然具有不相容性，一种技术一旦在市场上形成一种标准并取得市场垄断地位，其他类型的技术只能被淘汰。这种技术的先入者优势便自然构筑起后来者的市场进入壁垒，由此导致市场垄断。在这种情况下，被哈佛学派称为进入壁垒的因素——规模经济、产品差别和绝对成本等将不再构成市场进入壁垒。另外，信息产品市场的临界规模可看作是构成市场进入壁垒的重要因素。因为在信息产品市场，达不到这一临界规模，厂商将被市场淘汰，要成功进入该市场，必须首先达到这一临界规模。由此，该规模水平便构成新厂商进入该市场的进入壁垒。显然，这种进入壁垒与网络外部性之间存在密切的关系。除此之外，首先进入市场的厂商通过一体化和控制销售渠道等措施，构筑一定的策略性进入壁垒，也将导致对市场的垄断。

信息产品市场的进入壁垒归根结底产生于信息产品的网络外部性，同时也与企业的策略性行为选择直接有关。从网络的外部性和转移成本对消费者产生的"锁定效应"看，市场进入壁垒是消费者设立的——消费者在身不由己的选择中设立的，而不是生产者故意设立的，更不是依靠政府行政力量设立的。一般而言，这种基于网络外部性导致的市场进入壁垒是较高的。正如罗伯利·利坦、卡尔·夏皮罗所指出的："一个利用网络外部效应——这是一种完全合法的手段——而取得支配地位的企业，可以凭借其掌握的已被牢牢锁定于使用现有产品和服务的众多顾客来阻止新竞争者和新技术的挑战。因此，在高科技市场中，新竞争者面临的进入壁垒可能相当高。"（罗伯利·利坦，卡尔·夏皮罗，2003）但这种高进入壁垒也并不是凝固不变的，技术创新本身是一个动态的过程，市场上厂商围绕技术创新的先进性、开发时间和为市场接受的程度等而进行的竞争会持续不断，竞争的结果可能是打破已有的垄断，并形成新的垄断，表现为新的技术标准替代旧的技术标准。因此，信息产品市场上的某种技术垄断并不意味着竞争最后的结局，它往往是引发新一轮更加激烈的竞争的开始。技术创新竞争成为信息产业进入壁垒得以形成及进而被突破的关键性因素。这种技术创新竞争围绕技术的标准化而展开。那些抢先使自身技术和产品成为市场标准的企业，将成为市场

竞争的优势方，并构筑起后来者进入市场的障碍，突破这一障碍是决定新的市场垄断形成的关键所在。从现实信息产品市场的竞争实践看，这种基于技术上的竞争，既可以在短期内形成较高程度的垄断市场结构，也可能在很短的时间内打破垄断，开始新一轮争夺技术标准的竞争。这种围绕技术标准展开的竞争导致信息技术不断得到替代和升级，并使信息产品企业呈现出较高的淘汰率和更替率，这与工业经济条件下很多行业形成"百年老店"，长期垄断市场的状况存在很大的差别。

四、知识产权与专利权保护形成的市场垄断

知识产权是为鼓励知识产品的生产依法授予知识产品生产者的一定程度的垄断权。这种垄断权对促进技术持续创新是十分必要的，即使在工业经济时代也是如此。根据熊彼特的创新理论，垄断企业倘若得不到创新利润，就缺乏创新的动力。这种创新利润可以通过发明专利来加以保障。如果生产厂商预见到无法补偿其发明成本，他开始就不会去从事发明。而且在一个没有专利的世界里，发明活动也严重地偏向可能被保密的发明，正像完全无财产权会使生产偏向预先投资最小化的产品（理查德·A·波斯纳，1997）。可以说，知识产权在本质上是法律赋予的一种合法垄断：知识产权法通过为新的有用的产品、更有效的方法和原创的作品确立有效的产权，为创新及其传播和商业化提供有力的刺激。在网络经济条件下，知识产权保护与网络效应的结合使得企业即使在信息技术快速发展变化的情况下，也能维持一定的市场垄断性。微软之所以能控制操作系统的绝大部分市场，一个重要的原因是得益于本国知识产权的保护。正是在相应的知识产权保护下，微软产品才得以在世界各地销售并获得巨额垄断利润的。在信息产品市场，技术产权的保护对技术或产品标准的确定具有一定的影响。Katz 和 Shapiro（1986）通过一个两期模型得出，市场均衡的结果依赖对技术的产权保护，相对于社会最优而言，过多兼容性和过少兼容性都可能出现。如果技术缺乏专有权保护，本期具有成本优势的技术更可能成为行业标准；如果只有一种技术享有专有权保护，则该技术更可能成为行业标准，即使它在两期中成本都较高；如果两种技术都享有专有权保护，则未来具有成本优势的更可能成为行业标准（Katz，Shapiro，1986）。

5.3.3 垄断性企业的特征

古典经济学家亚当·斯密曾提出著名的垄断弊害论，认为垄断会导致产量减少、资源浪费、效率降低，而且"垄断价格在一切场合都是能够达到的最高价格"。现代经济学中有关垄断损失的研究，也支持了这种观点。诺贝尔经济学奖获得者保罗·A·萨缪尔森认为，"垄断者提供的只是平淡的生活、低劣的质量及不文明的服务"。因此，在传统的经济系统中，我们总是把垄断与限产提价、限制阻碍创新及市场的低效率联系在一起，因此各国政府一直对垄断持否定态度，一旦发现市场中出现垄断的苗头便坚决予以打击，绝不姑息。但网络经济下的垄断行为却出现了很多新的特点，这让网络时代的反垄断工作变得非常复杂。反垄断法在实施过程中稍有不慎就会产生抑制企业创新积极性的效果。因为，网络型企业生存空间是靠永不停止的技术创新来开展的，而创新的原动力就是争取对垄断利润这个巨大蛋糕的瓜分权。除此之外，获取垄断地位的企业也是利用垄断利润补偿先期投入研发活动中的沉淀成本，例如微软的研发费用就占到了其总收入的近三分之一，并且这个比例还在上升，因此如果禁止一切创新者对其所掌握的技术和产品享有垄断权，将会抑制企业家们的创新积极性，阻碍技术进步。因此，反垄断执法部门在执行反垄断法、打击垄断的过程中要更加谨慎，具体分析各种实际情况，合理预测其执法行为所可能导致的不利结果，把反垄断法所产生的负面效应降到最低。

具体而言，垄断在电子商务经济中呈现出的特征体现在以下几个方面：

第一，垄断形式的反规律性。

与传统的产业不同，以高固定成本，低边际成本为特点的网络产业，其扩大再生产的成本几乎为零，因此网络企业在取得垄断地位以后基本不会像传统企业那样通过限产提价的方式来获取高额垄断利润，反而会降低价格，提高产量。因为对于网络企业来讲，利用技术优势以最快的速度获取尽可能多的用户基础远比获取短期的高额利润要重要得多，况且在边际成本递减的情况下，只有通过不断增加产量，才能降低单位产品的价格，从而使其产品更具竞争力。从"限产提价"到"增产降价"的转变改变了传统的对垄断的负面看法，使我们对垄断有了更深的认识。

第二，垄断企业不一定抑制技术创新。

在传统市场中，当市场还处于自由竞争阶段，企业的规模往往与研发投入成正比，而当企业达到一定规模而在该行业获取了一个长期、稳定的市场份额时，其研发投入往往会呈现出一种递减的趋势，换句话说，当企业取得垄断地位之后，其技术创新的热情就会下降。而创新是发展的原动力，因而垄断对经济的伤害是不言而喻的。但是，在技术创新主导一切的网络经济中，垄断地位不再是铁饭碗，在激烈的技术竞争中稍有不慎就会被其他竞争者赶超而丢掉饭碗甚至被彻底排挤出市场，因而在网络经济企业取得垄断地位之后，往往不会降低在技术研发领域的投入，反而会增加创新投入，并不断推出新的产品，以保持其在相关领域的技术优势，以巩固其垄断地位。例如微软在1985年推出的第一款Windows视窗操作系统Windows 1.03以后，其独有的界面操作模式为微软赢得了大量的用户，也使微软坐上了操作系统软件市场的头把交椅，但在此后的十几年里，微软并没有停下创新的脚步，相继推出了Windows 95、Windows 98、Windows Me、Windows2000、Windows XP、Windows Vista，直到最近刚刚发布的Windows 10，并且产品的更新周期也越来越短。又如Intel公司的芯片以前是每隔18个月更新一次，现在则是每9个月就更新一次。实际上，与其说垄断者在与其他人竞争，还不如说他在做"自我斗争"，不断用自己的新产品去挑战市场上旧产品，尤其是在垄断程度较高的网络市场上更是如此。另一方面，网络产品在开发前期需要大量的资金投入，因此沉没成本巨大，但是新产品在面世之后却容易受到各种"山寨"产品的冲击，如果研发者没有对新产品和新技术的垄断经营权，那么其高额的研发成本将很难收回，这不但损害了研发者的利益，也损伤了整个市场的创新积极性，不利于网络经济的良性发展。因此，在网络市场中，垄断的存在一方面刺激了研发、创新的活动，另一方面也保证了高额的研发成本可以通过"独占"的方式得到补偿，从另一个角度讲，它对创新起到了一种保护作用。因此，反垄断执法部门在认定垄断行为时，不得不考虑垄断的这些"新效果"，这又增加了反垄断工作的复杂性和挑战性。

第三，垄断结构的脆弱性与暂时性。

传统观点认为自由竞争是市场活力的源泉，垄断和竞争是相互对立的，垄断市场是没有效率的。尽管竞争是保证市场经济运行的核心力量，但是几乎每个经营者都对竞争具有一种先天性的排斥感,他们都是在适者生存、优胜劣汰的市场竞争规律所施加的外部压力下很不情愿地被卷入市场竞争之中。因此,经营者为获取市场垄断地位,会利用任何可能的机会限制或者排除市场竞争,以取得市场垄断地位。因此,垄断既是附着于竞争之上的魔咒,又是竞争的结果,哪里有竞争,哪里就有垄断。在网络经济中,垄断的出现也是基于上述原因,但与其他领域相比,网络经济的参与者受到更多的竞争压力,因而网络垄断一般具有暂时性。根据熊彼特的观点,任何一种垄断地位都不是可以高枕无忧的,在公共事业领域以外,一个独家卖主的地位,一般只能在他行动得不像一个垄断者时,才能够争取到并在几十年内保持住。也就是说,垄断与竞争并非截然对立的。恰恰相反,垄断者仍然面临着来自各个方面不同程度的竞争威胁。保罗·克鲁格曼认为:"垄断本身在科技领域是无罪的。相反,至少得存在主导未来市场的希望,企业才具有发展的推动力。高科技的竞争本来是也必然是一场接一场'赢者通吃'的游戏。'通吃'只是暂时的垄断,一旦别的好东西降临,它就会消失。"随着网络时代的到来,在网络统一兼容标准作用的推动下,以控制网络系统标准为基础的技术型垄断成为垄断的主导形态。摩尔定律告诉我们,互联网技术的创新速度极快,通过技术创新所取得的技术优势可能很快消失,因而垄断者依靠核心技术所获得的垄断地位也会稍纵即逝。因此,网络经济下,经营者依靠技术创新所获取的垄断地位同样可能因为在技术创新竞争中的失利而消失,因而是不稳定的、暂时的。因此,垄断者为了保证其垄断利益就不能停止技术创新的脚步,以保证不被其他竞争者赶超。

由于电子商务经济具有门槛低、开放程度高的特点,竞争者可以自由进出市场,竞争机制的作用在这种环境中可以得到充分发挥。因此只要技术创新的速度够快,就很有可能先于其他企业掌握网络标准,从而取得行业垄断地位,攫取高额垄断利润;而高额的垄断利润又吸引着更多的竞争者参与到标准争夺战中,因为只要创新出来的新标准有技术优势,能够得到消费者的认可,就能够迅速淘汰现有的技术标准和产品,重新占领整个市场。因此垄断的形成反而促使市场竞争更加激烈。在竞争和垄断被双双强化的态势下,这一矛盾共同体竟然创造出一种特殊的市场结构——竞争性垄断,它既不是完全垄断,也相异于完全竞争,是垄断与竞争共生、共融、矛盾的统一体。

综上所述,在网络经济时代,垄断性的市场结构往往是电子商务企业赢利的必经路径,垄断性的市场结构也没有体现出传统经济下垄断的种种弊端,应该区别对待。

5.4 市场结构呈现出的新特点

5.4.1 垄断和竞争统一于创新

首先,在电子商务经济中垄断和竞争的程度都比在传统经济中强化了,垄断是竞争过程中必然出现的现象,贯穿整个竞争过程,在生产过程中垄断和竞争统一于创新。因为传统产业的竞争是在二维平面上进行的,网络经济中企业之间的竞争是在多维空间上进行的。前者垄断和企业的大规模、标准化生产相连,相应的市场需求是统一的、稳定的,产品的开发周期和生命周期都很长,市场份额稳定。在市场份额上你多我少,争夺激烈,市场份额一向是反垄断法针对的焦点。20世纪初以福特生产流水线为代表的大规模生产模式把创新的任务从企业家和工人的手中分离出去，专门由"象牙塔"里的科学家来承担，导致创新和生产的分离，而垄断厂商对创新更是不感兴趣。网络经济中虽然也有市场份额的竞争，但市场份额是不稳定的，厂商面临的是多元化的细分市场，产品的开发周期和生命周期都很短，所以从基础研究到应用研究再到开发研究可以在同一个人或者同一代人手中完成，这就不难理解为什么网络时代出现那么多"知识资本家"。"知识资本家"的出现，使生产过程的创新日益重要，创新从"象牙塔"的实验室回到了生产车间。为了取得垄断地位就必须创新，为了保持垄断地位更要不断创新，所以1999年美国总统经济报告中反复强调反垄断不能阻碍创新。对于像航天工业这样最具有创新性的行业，反垄断更要谨慎，1997年联邦贸易委员会批准波音和麦道的合并，就是基于对创新的分析，"因为分析显示，麦道的技术已经落后，对波音和海外的竞争者已经不存在竞争压力，因此波音公司获得的不是减少竞争和通过一个技术先进的企业使麦道的资产合在一起更好地使用"。也就是说，在竞争对手失去竞争力的时候并掉它，并不降低竞争程度，也不属于强强合并，对麦道公司而言，合并可以使技术创新。由于网络经济中"供给创造需求"规律的作用，厂商可以通过开发一种新产品、开辟一个新市场来树立垄断势力，避免和竞争对手针锋相对，某一维度上的垄断迫使对手在别的维度上创新。信息产品生产厂商尤其在产品的差异性上竭尽全力，20世纪30年代美国经济学家张伯伦强调的产品的差异性是垄断的原因之一，今天得到了印证，而产品的差异性体现了同类产品在质量、品种档次、款式、设计、包装等方面的创新竞争，例如同一软件产品可以有10个方面的差别，微软的垄断是建立在对产品的不断技术创新基础上的。传统经济中的垄断是对产品市场的垄断，企业规模大是前提。网络经济中的垄断是对产品的技术标准的垄断，企业规模大是消费者货币投票的结果，要维持这种结果，必须在竞争中不断创新。创新竞争中，即使是一个垄断者，创新仍然可以发生。垄断者的竞争对手就是它自己，尤其在某些竞争激烈、知识和技术含量高、R&D资金大的行业，例如医药行业，垄断者也是精力旺盛的创新者。而且成功的创新竞争倾向于把市场份额和定价权力集中到成功的创新者手中，所以垄断和竞争统一于创新。而且网络经济中的"合作性竞争"，导致了跨越国界的企业战略联盟、虚拟企业的形成，这是垄断的新形式，目的是更好地竞争。所以垄断和竞争是统一的。

其次，在市场上垄断和价格竞争相统一（在生产过程中和创新竞争统一）。"竞争的定价要求企业对自己产品的价格有某种控制"，它要求企业的产品有自身的特殊性，以便和其他产品相区别，实际上要求市场上任何一个企业都或多或少地拥有垄断力量。所以垄断和市场价格竞争是统一的。

再次，从大企业和中小企业之间关系趋向合作可以看到垄断和竞争的统一。工业时代的观念是大企业拥有垄断地位，中小企业多意味着竞争强度大，大企业把中小企业吃掉，以扩大规模，树立垄断地位，以此类推，发展下去中小企业都不存在了，都是大企业的天下了，但中小企业始终存在并发展着。中小企业发展快的重要的原因之一，是大企业和中小企业之间由对抗性竞争（水平竞争）转为合作性竞争，中小企业的生存环境有了大的改善。中小企业之间的竞争也表现为合作性竞争，意大利北部的中小企业之间，硅谷的创新型中小企业之间都是相互合作的，所以中小企业数量的增多并不代表竞争强度加大。

5.4.2 市场结构呈现出"新寡头垄断"格局

市场的运行是由需求和供给双方共同推动、相互作用而形成的,现有和潜在的各个参与方在市场中所处的地位及对市场运行的影响程度决定了市场结构。具体来说,市场结构是指产业中厂商之间及厂商与消费者之间关系的特征和形式,其中心内容是竞争和垄断的关系。理论上,市场结构的基本类型包括完全竞争、完全垄断、寡头垄断及垄断竞争。完全竞争是经济学构想的一种理想的市场竞争状态,完全垄断是只有一个卖方的市场,也即某种商品的生产和销售完全由一家厂商所控制,没有直接的替代品与之竞争。完全垄断和完全竞争是市场结构的两个极端,而介于这两者之间的,更具有现实意义的是寡头垄断和垄断竞争,前者更多地保留了完全垄断的特征,而后者则具有更多的竞争性。在衡量一个产业的市场结构时,市场集中度指标是使用最广泛的一类计量指标,它主要包括绝对市场集中度、相对市场集中度、赫芬达尔指数等。但是,对于网络产业而言,仅仅使用这些指标对其市场结构进行解读是远远不够的,更需要了解在网络效应的作用下,市场结构呈现出的新特点及其背后的经济动因。

对许多网络产业而言,高固定成本、低边际成本的特殊成本结构及直接/间接网络效应的共同作用,引发了需求方规模经济与供给方规模经济,临界容量的门槛和正反馈作用机制使网络产业的市场结构极易产生偏向。理论上,随着时间的推进,这些因素的共同作用有可能会导致"赢家通吃、输家出局"的独家垄断。但是,由于网络经济是一种新的经济形态,仍处于不断演进的动态发展过程中,技术进步和持续的创新使永久的垄断成为不可能。此外,政府对于独家垄断导致的效率损失有所担忧,因而不断采取各种反垄断政策延缓这种"垄断化"趋势的蔓延。因此,在现实中,我们往往观察到网络产业一方面呈现出一些寡头垄断的结构特征,但另一方面又与传统的寡头垄断市场结构存在一些差异。传统意义上,寡头垄断的市场上有少数企业,它们之间互相依赖,企业的价格或产量的任何变动都会影响其竞争对手的利润,并且每家企业都会意识到自己的行为变化可能引起竞争对手的反应。垄断寡头需要根据对手的决策制定自己的决策,竞争与合作并存。在众多网络产业中,由于网络效应的作用机制,确实存在厂商之间的市场份额与利润悬殊的现象,市场上的主导者往往只有几个,他们之间的战略性行为比比皆是。但是,由于消费者的异质性偏好,因此尽管强弱悬殊,一些市场份额很小的厂商仍然存在,因而市场上整体的厂商数量并不一定很少。针对这种特征,我们称之为"新寡头垄断"市场格局。在具有较强网络效应的产业中,存在明显的市场份额和利润分布不均的情况。主导厂商的市场份额远远高于其他中小厂商,拥有庞大的用户网络,它们所生产的产品有更多的互补产品选择空间,给消费者带来更大的效用。相反,那些市场份额微不足道的厂商拥有的用户网络很小,互补品的品种有限,可供选择的范围小,能给消费者带来的效用也较小。

5.4.3 市场主导地位不等于不正当竞争

网络经济环境下,自由进入并不一定导致完全竞争。在网络效应显著的市场中,如果已经有多家厂商存在,则新厂商的进入并不会对市场结构产生显著的影响。尽管消除进入壁垒可以促进竞争,但它并不会显著影响市场结构。因此,政府试图通过消除进入壁垒进而改变市场结构的努力往往是徒劳的。在网络产业的不兼容均衡中，即使自由进入市场的条件成立，也会出现不对称的市场份额和利润分布。自由进入的条件虽然允许数量众多的厂商进入市场，但并不能消除主导厂商的高额利润，原因在于厂商的主导地位和高度集中的市场结构并非一定来源于串通合谋、设立进入壁垒、威胁等不正当竞争行为，而往往是网络经济下市场均衡的自然特征。那么，是否存在改进均衡的可能性呢？回答是肯定的，那就是转换为兼容条件下的均衡，这样就能够实现更高的消费者剩余和总剩余。然而，反垄断的法律和政策并不一定能促成这个目标的实现，因为厂商对其独立研发设计的产品或系统，通常都会寻求知识产权的法律保护，造成产品不兼容的状况出现。

在网络效应的作用下，市场结构容易产生偏向，出现数量较少的行业领头羊，占据了绝大部分的市场份额，大厂商与小厂商的实力悬殊，强弱差异大。但是，如果将市场主导地位与不正当竞争手段画上等号是十分不科学的。网络效应会造成"强者越强，弱者越弱"，少数大厂商"独占鳌头""一枝独秀"成为网络产业的常见现象，而非偶然例外。因此，市场主导地位的取得并非必然基于不正当竞争手段的使用，需要具体问题具体分析。网络效应引发的市场结构新特点，也给政府反垄断的公共政策提出了新的挑战，这一点在"微软垄断案"中得到了突出体现。微软的 Windows 操作系统软件和 IE 浏览器在全球市场取得了主导地位，关于微软是否采用了不正当竞争手段的问题引起了学者的极大争议。例如，美国的经济学者和政府智囊团对微软持有截然不同的态度。以麻省理工学院的 Franklin Fisher 教授为代表的经济学家认为，微软确实使用了不正当竞争手段获取并维持自己在浏览器软件市场的垄断地位，因此应重罚微软；以纽约大学的 Nicholas Economides 教授为代表的经济学家则认为，微软的垄断地位并非来源于不正当竞争手段的使用，因此不应责罚微软。同时，美国、欧盟、韩国等国家对微软案的不同判罚也体现了各国政府和司法机关对于网络经济下垄断与不正当竞争问题的不同理解。对于政府而言，如果不加区分地对所有市场份额巨大的主导厂商采取"一刀切"的管制方法，必将事倍功半、适得其反。

5.4.4 "垄断"形式多元化

网络产业的市场结构呈现出"垄断化"的趋势，大厂商往往拥有巨大的市场份额和庞大的用户基础，"垄断"的形式也趋于多元化。例如，一个垄断厂商既可能是一个独立垄断者（Independent monopoly），也可能是一个联合垄断者（Joint monopoly）。所谓独立垄断者，它与传统意义上的垄断类似，指的就是厂商在某一个产品市场上拥有绝对的主导地位和市场势力。与之相对的联合垄断者，指的则是一个厂商在主产品和若干个互补产品市场上都占据主导地位，主产品和互补品的结合可以形成一个系统产品。以微软为例，它不仅以 Windows 产品在操作系统市场上独领风骚，还凭借 Internet Explorer 在网络浏览器市场上占领主导地位，形成在操作系统市场和浏览器软件市场的联合垄断。从表面看来，联合垄断类似于厂商的相关多元化策略，都是厂商通过一定的方式，将触角延伸到关联产业及产品，以实现利润最大化。但是，两者之间至少存在着两点差异。首先，二者涉及的产品不同。相关多元化涉及的是关联度较高的相关产业；而联合垄断的产品一定是互补品，并能共同形成一个系统。以海尔为例，它以生产冰箱起家，然后进行相关多元化，将生产延伸到洗衣机、手机等电子电器产品，这就是典型的相关多元化，而不是联合垄断，因为这些电子电器产品之间并不存在互补性，也无法构成一个系统产品。第二，二者的经济动因存在一定的差异。厂商采取传统的"相关多元化"策略，一般是为了实现范围经济，即一个企业同时生产多种产品的总成本小于多个企业分别生产这些产品的成本之和；而联合垄断则是通过间接网络效应的作用，实现消费者效用和支付意愿的增加，从而达到扩大用户群、巩固垄断地位的目的。我们已经知道，网络效应可以分为直接网络效应和间接网络效应。直接网络效应直接来自消费者需求函数的相互作用，间接网络效应则间接受到与产品相关的互补产品数量和质量的影响，产品的效用取决于互补产品的品种多少、质量好坏和价格高低。为了达到巩固自身垄断地位的目的，厂商就需要给消费者提供质量稳定、种类齐全、价格合理的互补产品，因此它们往往会运用不同方法，实现联合垄断。

随着技术进步和新产品的不断出现，不同厂商的市场地位始终处于动态变化的过程中。市场主导者的市场势力并非坚不可摧，而是时刻面临着潜在竞争者和创新者的威胁。网络产业垄断者与传统垄断者的一个很大的区别就在于，如果不进行不断的技术创新，垄断者很难长期垄断市场。在新的动态竞争环境中，大企业的高市场份额往往是不稳定的，技术标准的改变和技术范式的转换，往往会导致企业市场地位发生变化，这使在位厂商常常面临巨大的竞争压力，并促使其不断进行技术创新。

本章案例

观点交锋：电商行业是否已形成寡头格局？

电商行业是否形成了寡头格局，政府、企业、专家观点不一。

"我觉得目前互联网已形成寡头格局，但这必将是暂时的。"广州沃弗信息科技有限公司总经理陈延说，"我常常在想，你要是开个实体店，在路上好歹能被人看到，在互联网上找都找不到。销量越好，搜索的加权就越高，而小电商没有资源，刚创业又不参加平台上各种活动，被人搜都搜不到。这些都可以说是平台的潜规则。但也没有办法，平台毕竟是主要渠道。"

聚美优品 CEO 陈欧认为，在寡头时代，如果你是别人的子集，会很难受，更可怕的是资本注入，就会带来恶性竞争。大打价格战，看上去老百姓短期受益，最后却会遭殃，因为整个行业受到冲击，并没有得到良性发展。

近来，淘宝与工商总局之间关于网上售假的交锋引发舆论广泛关注。工商总局相关人士表示，工商总局此前多次和淘宝网沟通，但效果并不理想。"市场占有率决定了话语权，容易造成店大欺客现象。监管部门一定要深入研究，防控系统性风险。"

一些较为乐观的受访者表示，电商领域形成今天的寡头格局，是近几年高速发展、市场竞争的结果，也是由互联网经济的特性决定的。互联网的特点是底层中心化，比如一个用户不可能同时用八个聊天软件。从全球互联网行业来看，高度的市场竞争会形成巨头的不断更迭，相比其他不少领域而言，互联网仍然是比较公平的。

不过一些刚刚度过起步期的创业型电商网站坦言，他们感受到了电商寡头格局下的另一种压力。母婴类垂直电商网站"蜜芽宝贝"上个月宣布完成了 C 轮 6 000 万美元融资。创始人、CEO 刘楠说,"蜜芽"在初创期就收到了来自大型 B2C 网购平台的提议,"要不然就让我投资你,要不然我就打你"。

对于电商领域的创业者来说,互联网巨头之间割裂的格局对他们的影响比用户更为深远。"草根网商创业难""小卖家生存难"近几年呼声渐起。尽管巨头们说,生意从来就没有好做过,但想要在万亿元规模的网购市场里分一杯羹,经过阿里系、腾讯系等巨头的几番交战之后,网店流量入口一步步收紧,集中在平台手里。"并不会形成寡头格局。"《创业家》董事长牛文文认为,资本和技术是逐利的、流动的。只有行政垄断会形成真正的垄断,但在电商行业,行政垄断并不存在。资本喜欢逐利,而寡头的增长相对慢,所以资本会去寻找别的势力,培育新的创新力量。

在电商产业格局下,市场份额集中到一定程度,大平台对于资源的把控能力有目共睹。在美国,电商平台强大的市场份额甚至让供货商式微。亚马逊和美国图书出版商之间去年爆发了一场拉锯战。为了让出版商对电子书保持低价,亚马逊通过减少纸质书库存、减少折扣倾斜等手段对出版商施压,引发媒体广泛关注。业界流传的一个说法是,中国市场足够大,选准了领域,垂直电商就是行业寡头。

盘古智库理事长易鹏认为,互联网的魅力是不断跨界,在这种游戏规则下,政府要营造更加公平、开放的市场环境,鼓励大小电商都能进行更多的增量创新。

"对于中国互联网,我最担心的不是来自市场的寡头垄断,而是非市场因素。竞争者不断涌入,就会形成巨大的创新效应。"真格基金创始人徐小平说。

本章小结

互联网时代的市场结构理论同传统经济学有本质性的区别,以往那种反垄断的方法已经不再适用于互联网企业。本章介绍了互联网企业竞争与垄断呈现出的新特征,指出了互联网经济下垄断性市场结构形成的必然性,为学生了解电子商务经济下市场结构的新特点提供了新的理论基础,使学生能运用本章知识分析当前垄断性互联网企业的热点问题。

本章习题

1. 简述网络企业的竞争中所体现的新形式。
2. 简述互联网企业垄断形成的原因。
3. 简述网络经济下垄断呈现出的新特征。
4. 试分析电子商务经济下市场结构中垄断与竞争的关系。
5. 如何运用本章知识看待腾讯在即时通信工具行业的垄断地位?

第6章

互联网金融的崛起与发展

学习目标

互联网金融是信息技术特别是互联网技术飞速发展的产物，是适应电子商务发展需要而产生的网络时代的金融运行模式。通过这一章的学习，能够了解到互联网金融的特征和对传统银行的冲击，体会到网络支付工具与电子货币在电子商务发展中的重要作用。

教学要求

1. 掌握互联网金融的内涵，掌握互联网金融的特点。
2. 掌握电子货币的定义和职能。
3. 熟悉国外互联网金融发展经验
4. 了解我国互联网金融的未来发展方向。

导入案例

众银行欢迎 Apple Pay 进入中国市场

【环球网 2016 年 2 月 18 日报道】2016 年 2 月 18 日，Apple Pay 在中国正式上线，中国消费者可通过苹果手机、苹果手表等智能终端体验全新的支付方式。对于 Apple Pay 进入中国市场，各银行表现得异常热情，纷纷在官网、手机客户端和微信公众号上大规模宣传。

2014 年，苹果在推出 iPhone 6 和 6 Plus 时，一道推出了 Apple Pay 服务，Apple Pay 相继在美国、英国、澳大利亚和加拿大上线，中国是全球第五个、亚洲第一个上线该服务的国家。

2015 年 12 月，银联高调宣布和苹果公司合作。"我们非常高兴为消费者带来包括 Apple Pay 在内的一系列基于银联云闪付的创新支付选择。"中国银联执行副总裁柴洪峰当时说。

现在，国内移动支付市场是支付宝、微信支付的天下，银联在国内移动支付市场的地位越来越弱。阿里以保障买卖安全为由推出支付宝，微信借助于微信红包和其庞大的用户群把微信支付做得风生水起，绝大多数用户都将手中的钱放在了这两个第三方支付平台上。

传统的银行支付体系包含商家、收单方、卡组织、发卡行和用户五部分。支付宝和微信推广的扫码支付，都绕过了卡组织，第三方支付一方面连接商户，另一方面与银行直接相连。此种三方模式下，作为卡组织的银联，在这场扫码支付游戏中提前出局，无法赚取相关费用。相比传统的 POS 机刷卡业务，银行也没拿到"好处"：传统支付业务中可以充当收单方和发卡行的银行，在扫码支付里变成了提供支付通道的角色。

而 Apple Pay 不仅不伤及银联和银行利益，甚至更加巩固了银联和银行的利益。

与支付宝、微信支付不同，用户不能向 Apple Pay 里充值，所以 Apple Pay 不会涉及自有资金的管理和清算。Apple Pay 模式延续了银行卡收单的四方模式，卡组织银联负责转接清算，发卡机构、收单机构和商户各司其职。这种没有主导方，各方共同投入、共同做大的方式，更受传统金融机构的青睐。

苹果 Apple Pay 副总裁 Jennifer Bailey 在接受路透社采访时表示，苹果的策略并不是与银行和中国银联进行竞争。"考虑到中国银联的影响力，中国银联和我们的 Apple Pay 解决方案都具有巨大的优势。"Jennifer Bailey 说。

互联网金融的兴起，是金融业务和互联网技术长期融合、发展到特定阶段的产物，同时也显示出传统金融机构应对新兴经济反应不够迅速、开展金融创新的不足。电子化的时代需要电子化的经济模式，互联网金融在未来经济发展中任重道远。

6.1 互联网金融的内涵

6.1.1 互联网金融的概念

互联网金融的产生既有技术方面的客观条件，也有内在的经济驱动因素。从目前世界各国互联网金融发展的情况看，互联网金融已呈现出多种商业形式。如：①网络银行；②网络借贷；③众筹融资；④第三方支付；⑤网上证券；⑥网上保险；⑦供应链金融；⑧金融搜索；⑨网络金融超市；⑩互联网理财；其余还有虚拟货币、虚拟信用卡等。对互联网金融的监管是当前各国遇到的一个新的挑战，我国金融监管也面临着同样的问题。

互联网金融是电子金融（e-finance）的范畴，是指借助于互联网、移动网络、云计算、大数据等技术手段在国际互联网实现的金融活动，包括互联网金融机构、互联网金融交易、互联网金融市场和互联网金融监管等方面。它不同于传统的以物理形态存在的金融活动，它是存在于电子空间中的金融活动，其存在形态是虚拟化的，运行方式是网络化的。互联网金融是信息技术，特别是互联网技术飞速发展的产物，是适应电子商务发展需要而产生的网络时代的金融运行模式。这种新兴产业对传统银行的冲击是势在必行的。

2013 年 2 月底，一则平安、腾讯和阿里巴巴将合资成立众安保险公司的消息彻底点燃了一个陌生的概念：互联网金融。目前，对互联网金融的定义尚未达成共识。一种声音认为，互联网金融特指互联网企业介入金融行业所开展的那些业务，将其作为"传统金融的对立面"。这种看法有些狭隘，有失偏颇，作为信息革命时代的最重要成就之一，从 20 世纪

90年代开始，互联网技术就为银行业金融机构所运用，而且一直被作为业务发展转型的重要保障和着眼点。实际上，招商银行早在1999年就推出了网上银行业务。现在民生银行和招商银行的电子银行交易替代率超过90%。因此，互联网金融是运用互联网技术、移动通信技术提供金融服务的一种新型金融形式的提法，既包括电商等互联网企业利用电子商务、社交网络、移动支付、大数据、云计算、搜索引擎等为代表的互联网技术、移动通信技术开展金融业务，也包括传统金融机构利用互联网技术、移动通信技术开展金融业务。这种定义更能凸显互联网技术对金融业的巨大促进作用，也更接近互联网技术本身作为一项信息科学技术的本质。这样，人们日常津津乐道的BAT，更应该从百度、阿里和腾讯等互联网企业利用互联网技术从事部分金融业务的角度去理解。同时，我们还要认识到，互联网企业从事金融业务还不能完全脱离商业银行，需要得到商业银行基础服务的支持。如第三方支付企业需要使用银行的客户信息来进行客户身份认证，也需要通过银行来进行资金划拨和清算。因此，互联网金融与传统金融两者的发展并行不悖，并相互支持、相互补充。

互联网时代不仅带来了全新的商业渠道革命，也带来了全新的服务理念，"不是客户来找你，而是你去找客户"。如余额宝产品把服务送到客户手边，客户只要轻点鼠标，后续服务都由余额宝来完成。互联网金融作为一种新型金融形式很好地补充了传统金融模式的不足，对服务实体经济有积极的促进意义。一是满足了实体经济网络化、信息化发展趋势下的新需求。面对如此庞大的互联网使用群体，互联网金融满足了这部分新兴群体的新需求。二是提升了金融服务效率，增加了基础金融服务覆盖。互联网金融的生长点普遍集中在"小微"层面，往往具有"海量交易笔数、小微单笔金额"的特征，这恰恰是传统金融行业难以覆盖，或者提供的金融产品和服务不够丰富的客户群体。三是增强了金融业务竞争和创新活力，改善了金融服务质量。互联网金融以其强大的金融创新能力，作为新的金融服务提供者，将在很大程度上促进金融机构提高竞争和创新活力，显著改善金融服务质量。

6.1.2 互联网金融与传统金融业的关系

互联网金融与传统银行业之间存在相互促进、相互补充又相互竞争的关系。从正面积极的因素来看：

一是互联网金融的兴起打破了传统银行服务时间和空间限制的局限性。有报告显示，我国电子银行发展已进入成熟期，多数银行的电子银行替代率已在80%左右，能熟练使用网银的人群已从年轻人扩展至中老年人。

二是互联网金融大幅降低业务成本，改善传统银行内部运营效率。有测算显示，通过营业网点进行交易的单笔成本为3.06元，而ATM的单笔交易成本为0.83元，网上银行的单笔交易成本仅为0.49元，互联网金融具有显著的业务成本优势。

三是互联网技术有助于提升传统银行的风险管理和经营管理水平。大数据和云计算等信息集散处理，对提升银行业服务和风险管理水平至关重要。特别是互联网金融能统计出客户的全方位信息，通过集合这些海量非结构化数据，可以分析和挖掘客户的交易和消费习惯，并预测客户行为，有效进行客户细分，极大提高银行在业务营销和风险控制方面的针对性和有效性。

当然，互联网企业开展的互联网金融业务也对传统银行业务提出了挑战：

一是互联网金融业务作为金融业务的一种新型提供渠道,对商业银行传统代销类中间业务产生冲击。目前已获牌照的第三方支付机构有250多家,交易规模约12.9万亿元,同比增长54.2%,分流了银行的部分传统结算业务;再如在资管产品销售领域,随着"三马卖保险"、微信及基金网店等众多互联网金融平台的出现,银行作为基金公司、保险公司的分销商角色面临竞争。

二是互联网金融的兴起成为金融脱媒的重要推手。其一,从资金来源看,余额宝、百度百发等资管类互联网金融业务对银行存款和理财类产品产生较大分流作用。目前,银行活期存款利率仅为0.35%,而余额宝、百发等互联网金融资管产品的年化收益率基本在4%~6%,流动性也比较好。近期,余额宝余额已逾1 000亿元,客户超过3 000万。其二,从资金运用看,阿里小贷、百度小贷等利用自身的网络交易信息和大数据挖掘技术,直接介入信贷市场;一些纯P2P网贷平台作为资金供需双方的信息中介,降低了借贷双方的信息搜寻成本和信息不对称风险,分流了部分传统贷款业务。

6.1.3 互联网金融对电子商务的促进意义

电子商务在发展的过程中,电子商务平台不断地推出新的金融服务类产品。电商金融是指互联网虚拟货币、互联网信贷以及供应链融资等一些通过P2P网络或者电子商务平台操作的许多金融操作模式,包括以银行等传统金融机构为主体采用电商技术开展业务以及电子商务平台涉足金融业两方面。同时,我们也应当从一个更大的视野来看电子商务与金融两大体系相融合的过程,体会互联网下的电子商务平台运营商向金融业务领域深入方面的意义。

电商小贷,即电子商务平台针对中小企业推出的信用贷款服务,主要表现形式有供应链融资等。其中传统意义上的供应链融资包括国际、国内、省内、市内四种融资模式,以供应链上相互联系的核心企业与上下游企业为融资对象,依据供应链中企业之间的相互关系、交易地位以及供应链特点等采用不同的融资方案,依据货权、资金控制权解决融资对象金融融资问题。互联网电子商务平台运营商代银行提出新型的基于电子商务的供应链融资服务能够有效解决传统供应链融资的确定融资对象、实现替代银行以及信息通畅等问题,能够有效地解决融资流程中固有的因为信息问题产生的融资、担保难的问题。在具体的电商参与的供应链融资过程中,这种融资服务能促进整个供应链突破融资瓶颈,有效解决供应链融资成本高的问题,降低供应链融资门槛,帮助中小企业发展,并最终帮助供应链融资整体中核心企业与配套企业提高市场竞争力。发展电商供应链融资,鼓励电商供应链融资,对于解决社会闲散资金闲置问题、拓宽中小企业融资途径等都有重要意义。

第三方支付作为电子商务金融化的一种模式,有效地连接银行与消费者,为电子商务平台提供资金支撑,提供电商平台具备支付的资格。首先,它有效提高了电子商务运行的安全性。第三方支付平台具有雄厚的资金作为支撑,因而能建立完善的安全支付平台。其次,由于采用第三方支付平台的清算模式,就最大限度地避免了拒付和欺诈行为的发生,创造出良好的、使买卖双方彼此信任的交易环境。第三方清算保证模式采用了在网站与银行之间进行二次结算的方式,使得支付平台不再单纯地作为连接各银行支付网关的通道,而是作为中立的第三方机构,能够保留商户和消费者的有效交易信息,为维护双方的合法权益提供有力的保障。再次,第三方支付平台作为独立的一方,与各大电子商务网站以及银行建立合作关系。用户在与第三方支付平台合作的电子商务网站上进行支付活动时,第三方支付平台为用户提供一个统一的支付界面,因此用户无论拥有哪个银行的户头,都可以通过这个界面进行支付,不需要在各个网上银行的界面中来回操作,极大地方便了用户的操作。最后,第三方支付服务系统有助于打破银行卡壁垒,为商家提供更多的增值服务,消除人们对网络购物和交易的顾虑,让越来越多的人相信和使用网络的交易功能,推动电子商务的快速发展。

P2P 网络借贷是一种新型的金融业务模式,是电子商务与互联网金融相结合的又一种代表形式。在实际操作过程中,借贷双方的信息资料都能通过网络平台查询,具体借贷过程中双方签订的合同、办理的手续等都是通过互联网平台的操作实现。P2P 网贷是随着互联网技术发展而产生的,作为电子商务金融化的一种,其具有的高效、透明、快速、门槛低等特点,使其能够迅速适应当今经济需要,成为未来的发展趋势。

经济的发展是以科技为基础的,在全球化日益加剧的今天,互联网金融产业的兴起也是迎合了世界经济发展的趋势。从现阶段的发展来看,其发展现状仍然存在着许多问题,但是互联网金融产业仍会是未来一个高增长、高增加值的产业,由其发展所带来的经济效益不可估量。

6.1.4 互联网金融的模式创新

我国当前互联网金融模式创新逐渐显露多元化的趋势,在以大数据、云计算、社交网络、通信技术等为依托的背景之下,这种多元化趋势势必增强。除上述讨论的三种主要模式之外,互联网金融还出现了诸如互联网金融门户和大数据金融、信息化金融机构、众筹模式等金融创新模式。

第一,互联网金融门户。在国际互联网金融门户快速发展的影响下,国内互联网金融门户也借鉴其经验在近两年内迅速崛起。运用互联网平台进行金融产品的搜索、比价及推荐、交易、销售等服务的平台即为互联网金融门户。比如融360网站,是我国第一家互联网金融门户搜索引擎,主要为企业和个人提供融资贷款产品垂直搜索比价,在其开业不到两年的时间里,就为大量的小微企业和个人用户提供了融资贷款查询排名,以及将其推荐到银行业金融机构获得融资贷款。

第二,大数据金融模式。目前以阿里巴巴、苏宁易购、京东集团为代表的所有的金融服务模式都可以称为大数据金融模式,是主要通过大数据、云计算挖掘潜在有价值的客户,定位其需求并满足客户需求的一种模式创新。可以说,大数据是继土地、资本、人力之后的一种新型资源要素,我们可以期盼大数据交易及类似的市场出现,从而实现各类市场主体资源共享。大数据金融模式将会解决以下三个方面的问题:可提供充足的流动性,从而解决企业资产与负债结构流动性不相匹配的问题;可解决在成本方面传统金融机构存在的运营交易成本过高的问题;可解决客户不足的问题,拓展为数几千万的小微企业市场,前景广阔。

第三,信息化金融机构。传统金融机构通过互联网及相关技术开展各种金融业务,将会节省物理网点和各种资源的投入成本,提高运行效率,创造更多价值,提高其核心竞争力。而这种模式依托信息化金融机构的出现,传统金融机构通过互联网改变原来的金融服务模式,采用信息化技术,对传统运营流程进行改造或重构,实现经营、管理全面电子化、网络化,现在有线上银行、线上保险、线上证券和线上理财等多种创新模式出现。

第四，众筹模式。目前是比较新的一种模式，在我国的发展不是很快，其中以点名时间网站等为代表，还不具有普遍性，这种模式是指个人把自己心中的创意或梦想，以视频、图片、文字等形式在网站上发布，设定目标达成所需金额及时限，而对该项目感兴趣的人可以承诺捐献或投资一定数量的资金助其实现。虽然目前这种模式在我国受到有关法律法规的限制，但这种模式将可以实现一些特定人群的创意或创业梦想，未来值得展望。

以上是我国现有的四种模式，可以展望在未来会有更多的新型模式出现，或者是基于以上四种模式的融合，最终我国互联网金融模式的创新会跟上国际发展步伐。

6.2 互联网金融的特点

6.2.1 互联网金融的普惠性

互联网金融通过互联网、移动互联网、大数据等技术，降低了交易成本和信息不对称程度，让那些无法享受传统金融体系服务的人群获取金融服务，从而提高了金融的普惠程度。

普惠金融是小额信贷和微型金融发展到一定阶段并顺应时代背景的产物，目的是将先前各种零散的微型金融机构整合为一个有机的系统，并将这个系统融入金融业整体发展战略之中。普惠金融在继承和发扬小额信贷与微型金融扶贫优势的基础上，更致力于建立一个完整的金融体系，使这些贫困人口不再被边缘化，并能让被正规金融机构排除之外的低收入者也能获得金融服务。因此普惠金融具有以下特点：首先，家庭和企业可以获得金融服务，并且是在合理及可接受的价格范围内，其中金融服务包括储蓄、信贷、租赁代理、保险、养老金、兑付等。其次，健全的金融机构应在接受市场监督尤其审计监督前提下，遵循内部管理制度和行业业绩标准。再次，金融机构的可持续性发展能够为市场和客户提供长期的金融服务。最后，金融领域的竞争更能为客户提供有效率和广泛的金融服务选择。由此可见，普惠金融体系是为全社会尤其是为贫困和低收入者提供金融服务的一种新体系。

在普惠金融体系中，客户即需求方有权利用合理价格获得所需的金融服务，金融机构即供给方，有义务在遵守市场监督的原则下创新、开发和提供更广泛的金融服务选择，而政府方则需要通过金融法律法规和金融监管结构等金融基础设施的完善来建立一个可持续的金融体系。同时，普惠金融体系特别关注那些不能被商业性银行机构服务覆盖的低收入和贫困人群，并强调这个体系只有把这部分特定目标客户的金融服务解决了，才算得上是一个健全和完善的金融体系。从而普惠金融体系不仅要巩固目前已经运行良好的金融机构，还要将市场中各个零散的小型金融机构整合成一个有机的系统，让其融入国家金融发展整体战略中去，在促进国民经济发展和社会进步中发挥更大的作用。

普惠金融是指能有效、全方位地为社会所有阶层和群体提供服务的金融体系。由于小微企业、部分个人客户等大众客户群体信用记录很少，缺乏有效的抵押品，加上交易金额小，难以实现规模经济，运营成本较高，传统金融机构无法有效满足这部分客户的金融需求，从而导致金融排斥。在互联网金融下，交易双方通过互联网搜集信息，降低了信息不对称和交易成本，拓展了金融服务边界。

6.2.2 互联网金融的多样性

根据金融互联网子系统和互联网企业金融子系统不同的结构和功能,互联网金融形成了各具特色的业务模式。金融互联网子系统是互联网金融的基础子系统,具有实力雄厚、基础设施完善、风险控制机制健全等优势,业务模式包括以下几个方面:一是金融机构应用互联网技术,将传统金融产品放到网上销售,比如电子银行、电子保险、电子证券等;二是电商模式,银行、券商等金融机构自己直接搭建电子商务平台,进入电商领域,比如建设银行的"善融商务"、交通银行的"交博汇"、招商银行的"非常e购"等;三是和网络公司合作,在对方的平台上销售产品,比如方正证券在天猫商城开设旗舰店。

在中国互联网金融发展虽然时间不长,但已形成多种互联网金融的商业模式:如:①网络支付,包括第三方支付、移动支付、支付创新,如二维码等;②网络理财,如余额宝、理财通、百度钱包、工商银行天天益等;③网络借贷P2P,如拍拍贷、宜信、翼龙贷、中国平安陆金所"稳盈-安e贷"等,非P2P网络小额借贷,如"阿里小贷"、招商银行"小企业e家"等;④网络众筹,如点名时间、天使汇、VC、PE新航标等;⑤网络银行,如工商银行、农业银行、建设银行、中国银行、交通银行、民生银行、中信银行、平安银行、华夏银行、招商银行、浦发银行、浙商银行的网上银行等;⑥网络证券,如上交所、深交所、国泰君安证券、银河证券、方正证券、国金证券等的程序化交易、算法交易等;⑦网络保险,如中保信、中国平安、中国人寿、中国人保财险、新华人寿、众安在线、电商保险等;⑧虚拟信用卡,如网络信用卡,中信银行牵手阿里,腾讯,大数据时代下信用体系创新应用等;⑨网络金融信息社区服务,如东方财富、大智慧、融360、雪球、中金在线、和讯网等;⑩网络货币的业务模式。实际上远不止如此,还有金融信息搜索、供应链金融、高频交易等互联网金融模式。应该说,新的商业模式是层出不穷的。

6.2.3 互联网金融的创新性

互联网金融是在大数据、云计算、搜索引擎等技术进步背景下,金融体系不断创新、不断突破的过程,是金融创新性活动。从发展历程看,信息技术进步促使互联网金融兴起,成为一种新的金融模式。最初是为了满足电子商务平台的支付需求,互联网企业提供了与各家银行支付结算系统的接口,起到信用担保和技术保障作用。随着电子商务的蓬勃发展,尤其随着海量用户数据的积累,加上云计算和搜索引擎的突破和应用,充满创新精神的互联网企业已经不满足只做第三方网络支付平台,而是凭借数据信息积累和挖掘的优势,直接向转账汇款、小额信贷、现金管理、资产管理、供应链金融、基金和保险代销等传统金融领域渗透和扩张。互联网企业依靠对信息价值的挖掘,特别是大数据对于非结构化信息的处理,识别用户的行为和潜在需求,向"金融服务提供者"进入,从而驱动产生新的金融模式。

从支付清算功能来看,互联网金融的创新至少体现在两个方面。一是随着互联网技术的普及,支付终端从最初的银行柜台分散到每个网络用户的计算机和手机上,这一创新降低了支付成本,刺激了实体经济交易的增加。二是推动了身份认证的数字化进程。互联网技术使得企业和消费者的行为状态通过计算机或者手机被记录和储存在云端,并通过对行为的分析实现网络身份识别。

从资源配置角度看，互联网金融具有强大的信息处理能力，可以降低融资成本，提高资源配置效率。一是社交网络能够生成和传播信息。二是搜索引擎能够对信息排序、检索和管理，提高信息搜集效率。三是大数据、云计算等技术具备高速处理海量信息的能力。在这三个优势下，互联网金融能够快速获取供求双方的信息，降低交易成本，提高资源配置效率。

从风险管理的角度看，互联网时代的大数据积累和数据挖掘工具，可以通过互联网平台交易体系获取交易双方的信息，将交易主体的资金流动置于有效的监控下，降低信息处理和加工成本，提高资产定价的对称性、风险及信用违约管理的可靠性。

互联网金融以客户为中心的性质决定了它的创新性特征。金融市场日新月异，客户的需求也千变万化，互联网金融唯有将客户的需求当成自己的业务发展的动力，才能冲破传统银行设置的壁垒，在金融市场上赢得应有的阵地。为了满足客户的需求，扩大金融市场份额，增强金融竞争实力，互联网金融必须进行业务创新。这种创新在金融的各个领域都在发生，比如在信贷业务领域，网络银行利用互联网上搜索引擎（Search Engine）软件为客户提供适合其个人需要的消费信贷、房屋抵押信贷、信用卡信贷、汽车消费信贷服务；在支付业务项域，新出现的电子账单呈递支付业务（Electornic Bill Presentment & Payment，EBPP）通过整合信息系统来管理各式账单（保险单据、账单、抵押单据、信用卡单据等）。在资本市场上，电子通信网络（Electronic Communication Networks，ECNS）为市场参与提供了一个可通过计算机网络直接交换信息和进行金融交易的平台，有了ECNS，买方和卖方可以通过计算机相互通信来寻找交易的对象，从而有效地消除了经纪人和交易商等传统的金融中介，大大降低了交易费用。通过互联网金融股票、期货、黄金交易、中小企业融资、民间借贷和个人投资渠道等信息，能快速匹配各种程序化交易的方式，能随时随地地交易，极大地提高资本市场资源配置效率。互联网的开放性和虚拟性大大降低了各种金融服务产品和整个金融产业的进入门槛，这就使得一些非银行金融机构凭借其在技术和资金上的优势从事传统银行的业务。纵观全球，混业经营的模式是大势所趋。这种模式具有协同效应、风险分散和业务多元化的特点。总之，互联网金融业务的综合化发展趋势逐渐加强，互联网金融服务进一步被延伸。

6.2.4 互联网金融的时空性

互联网金融突破了传统银行业务在时间上的限制，实行7×24小时全天候运营使金融业务更加贴近客户，更加方便顾客。从运营成本来看，虚拟化的互联网金融在为客户提供更高效的服务的同时，由于无须承担固定的物理经营场所、分支机构或营业点，因而减少了设施维护、员工等费用开支，运营成本大大降低，具有显著的经济性。此外随着云信息、大数据技术的应用，信息的收集、加工和传播日益迅速，金融市场的信息披露趋于充分和透明。金融供需信息几乎完全对称，并可以实现供需双方直接交流沟通。金融市场供求方之间的联系趋于紧密，可以绕过中介机构来直接进行交易，非中介化的趋势明显。客户和银行之间及银行内部的沟通更加方便快捷。由此可以更容易满足客户咨询、购买及交易多种金融产品的需求，有利于金融服务创新，向客户提供多种类、个性化的服务。这种金融机构与客户的网上交互式联络交流方式不仅缩短了市场信息的获取和反馈时间，而且有助于金融业实现以市场和客户为导向的发展战略，也有助于金融创新的不断深入发展。与传统金融相比，借助于互联网或移动网络，互联网金融的整个交易过程几乎全部在网上完成，金融交易的虚拟化使金融业务失去了时间和地域的限制，交易对象变得难以明确，交易过程更加不透明。此外，移动互联网的发展、互联网应用逐步社交化和大数据的广泛应用，将给金融行业带来新的机遇，并将使金融行业逐步"移动化""金融社交化"，产生新的具有移动互联网特点的新的金融模式。这种移动金融模式将具有成本低廉、随身、便捷的特点，能够使人们不受时间和地点的限制享受金融服务，可以在更大范围内实现规模经济。因此，网络技术的应用使得互联网金融信息和业务处理的方式更加先进，系统化和自动化程度大大提高，突破了时间和空间的限制，而且能为客户提供更丰富多样、自主灵活、方便快捷的金融服务，具有很高的效率。互联网金融的方便、快捷、超时空等优异特点极大提高了金融运行的效率。通过互联网金融，用户可以享受到方便、快捷、高效和可靠的全方位服务。

6.3 网络支付与电子货币

6.3.1 网络支付工具的产生与发展

在原始社会的后期，商品生产开始萌芽，这时候人类开始相互交易劳动产品，这些用于交换的劳动产品就是商品。此时人们是通过物物交换———一种物品或劳务交换另一种物品或劳务———来得到他们需要的东西。例如1只绵羊和2把斧子相交换，用公式表示：1只绵羊=2把斧子。这时候的交换带有偶然的、个别的性质。

随着社会生产力的发展，人类出现了第一次社会大分工，即农业和畜牧业的分离。分工使社会生产力获得进一步发展，剩余产品多了，这样交换范围扩大了，交换已经不是偶然的行为，而是经常的行为，从而一种商品的价值已经不是偶然地表现在另一种商品上，而是经常地表现在一系列商品上，由此，我们可以看到支付工具的雏形了。由此可见，支付工具是商品交换和贸易发展到一定阶段的必然产物。1473年世界上第一家银行在意大利的威尼斯问世，这是支付系统结构演变过程中的一个里程碑。随着经济的发展，支付工具也经历了以下几个阶段。

第一个阶段：实物支付阶段。

从实物交换到货币交换的转变是支付技术发生的第一次重要变革，一切商品的价值都集中地、统一地表现在一种贵金属商品，如黄金白银上。贵金属黄金或白银充当了一般等价物——货币，并具有支付工具的职能，这是实物货币（commodity money）阶段。马克思指出："金银天然不是货币，但货币天然是金银。"以金银作为货币，几乎是所有国家共同的历史。之所以如此，是因为它们具有以下特点：①币值稳定，便于携带；②价值大，易于分割；③不受场景、季节的影响，易于贮藏；④具有统一的价值衡量标准。

第二个阶段：信用支付阶段。

众所周知，支付工具是历史的产物，其形式的变化和发展始终与商品经济和信用制度的发展联系在一起。纸币（paper-note）的出现是支付技术发生的第二次重大变革。纸币是在信用没有充分发展的条件下，由国家印制、强行发行并代替金属货币使用的价值符号。从由贵金属做后盾的纸币，发展到与贵金属无关的纸币，意味着货币形式发展到了一个新的阶段，即信用货币阶段。

第三个阶段：电子支付阶段。

支付系统正在进行着一场变革，电子支付系统正逐渐取代传统支付系统，支付工具和支付手段也在发生变革。一种以电子数据形式存储在计算机中，并能通过计算机网络而使用的资金，被人们形象地称为"电子货币"。电子钱包、网络货币的出现不仅从支付方式上进行了变革，而且从货币本质上对现代金融理论以及中央银行的货币政策提出了挑战。

支付制度演化、信息技术进步和电子商务发展是影响和促进电子货币快速发展的三个主要因素。概括来说，支付制度的演化是孕育电子货币产生的制度基础；信息技术的发展是促进电子货币发展的技术前提；卡基支付工具等各类电子支付工具的创新和广泛使用是提高电子货币社会接受程度的关键；电子商务的蓬勃发展则是促使电子货币进一步发展的主要因素。

（1）支付制度的演化与电子货币产生。

电子货币作为货币形式的最新发展，它的出现与支付制度的演化密切相关。20世纪与电子货币产生相关的支付制度演化过程大致如下。

资金调拨电子系统（Electronic Fund Transfer System，EFTS）发展演化为电子货币运行的重要载体。资金调拨电子系统是电子货币产生的重要基础。20世纪70年代以来，伴随着电子计算机和高级电信技术的发展，为提高现金支付和票据支付的处理速度，降低银行处理现金支付和票据支付的成本，银行开始利用电子计算机和电信技术将"现金流动""票据流动"转换为计算机中的"数据流动"，原本以现金或票据为载体的货币资金开始在银行计算机网络系统中，以人类肉眼看不见的方式进行转账和划拨，银行间现金、票据的实物传递被电子数据信息传输取代。

目前，银行间的资金调拨电子系统已被世界各国广泛应用，成为近40年来全世界支付制度演化的最大成果。例如，国际结算中普遍使用的国际银行电信系统（SWIFTS）、美国的清算银行间支付系统（CHIPS），以及中国人民银行的现代化支付系统（CNAPS）等，都是利用电子数据信息办理资金划拨与清算的电子支付系统。在这些通过计算机和电信技术进行货币资金调拨的资金调拨电子系统中，电子数据信息成为银行间普遍接受的现金、票据等实物货币的"替代品"和账务处理的依据。银行间电子支付系统的发展使货币以电子数据信息的形式展现在世人眼前。

（2）卡基支付工具的发展演化。

如果说资金调拨电子系统的发展在银行内部孕育了电子货币，那么真正催生电子货币的则是以银行卡为代表的卡基支付工具的创新。随着高级电信技术及资金调拨电子系统的迅速发展，银行卡作为20世纪最重要的支付工具创新登上了历史舞台。1952年，美国富兰克林国民银行发行了世界上最早的银行信用卡。在银行卡支付体系中，银行卡上的磁条或芯片记载了持卡人的银行账户的相关信息，持卡人可利用POS、ATM等专用机具和专用通信网络，向发卡银行或银行卡资金清算中介组织（如VISA、MASTER、中国银联）传递办理支付或提取现金的电子数据信息，发卡银行在收到电子数据信息后，进行电子数据信息处理，并通过专用网络向POS、ATM等专用机具发出交易成功或拒绝交易的信息。在银行卡支付体系中，货币以电子数据信息的形式在持卡人、商户和发卡银行之间流动。与资金调拨电子系统孕育的电子货币相比，银行卡支付体系使电子货币真正地应用于持卡人与商户之间的购销支付，电子货币从银行内部的支付手段和记账依据发展成为社会经济活动的支付手段。同时，银行卡的广泛应用也大大提高了电子货币的应用领域和社会接受程度，如表6-1所示。

表6-1 银行卡的分类

分类方式	类型	特　点
使用范围	国际卡	可在全球多个国家和地区使用，如VISA和Master卡等
	地方卡	只局限在某个地区内使用，如仅在中国境内使用的我国各商业银行发行的银行卡
授信额度	普通卡	授信额度较低，如我国大多为1万元人民币以下
	金卡	允许透支额度较高，如我国在1万~5万元
持卡对象	个人卡	持有者为有稳定收入来源的社会各界人士，卡中金额属于个人款项
	公司卡	持有者为各企业事业单位或部门中的指定人员，卡中金额属于公司资金
合作单位	联名卡	与企事业单位合作，可消费打折的营利性质的银行卡
	认同卡	与公益单位合作的非营利性质的银行卡，一般属于宣传性质和公益性质
	基本卡	不与任何机构合作，如中国银行的长城卡
结算方式	贷记卡	允许持卡人"先消费，后付款"，提供短期消费信贷，到期按有关规定清偿的银行卡
	借记卡	持卡人在卡中先有存款，具有取款、消费、储蓄等功能，但不可透支的银行卡
信息载体	磁卡	卡中磁条内存有客户业务所必需的相关数据信息，使用时需要专门的读卡设备
	芯片卡	集成电路卡，卡片中嵌有芯片，专门存储相关业务数据信息，由于芯片具有数据处理功能，该卡既可联机使用，也可脱机使用

除银行卡外，其他卡基支付工具的发展也进一步拓展了电子货币的应用领域。例如VISA集团所发行的智能卡，可记载转入的金额，并在每次刷卡时扣除消费金额，是一种储值卡式的电子货币。又如我国在很多城市公共交通系统中所发行的公共交通IC卡。这些多用途储值卡的发展使得电子货币不断向社会经济生活的各个角落扩张。资金调拨电子系统和银行信用卡等卡基支付工具的发展实现了无现金、无凭证的支付，货币才真正以非实物的形态——电子数据信息出现并应用于社会经济活动中。

（3）电子货币与电子商务的发展密切相关。

随着20世纪90年代计算机网络技术的迅猛发展，电子商务蓬勃发展起来。就交易流程来看，电子商务分为电子交易和电子支付两大部分，如果没有配套的电子支付，就没有真正意义上的电子商务。因此，能否有效地实现电子支付成为电子商务成败的关键。

正是由于电子商务对配套电子支付的强烈需求和网络技术的发展普及，自20世纪90年代以来，金融业纷纷投入以电子支付为"核心"的网络金融服务业务，网上消费、网上银行、个人理财、网上投资、网上炒股等金融服务层出不穷。这些网上金融服务的发展进一步丰富和发展电子货币种类和形式。时至今日，电子货币已经从最初的资金电子调拨系统、银行卡支付系统，发展到互联网上的电子支票系统和数字现金系统。

综上所述，通过考察在信息技术不断进步的条件下发生的支付制度演化和电子商务发展过程，我们可以清楚地看到电子货币起源与发展的基本历程：首先，银行间资金调拨电子系统的发展，使货币由现金、票据形式转化为电子数据信息形式，电子数据信息作为一种新的货币形式首先运用于银行间的资金划拨与清算。其次，银行卡等卡基支付工具的迅速发展，使电子货币的社会接受程度不断提高，电子货币以卡基支付工具的形式被广泛应用于社会经济生活中。再次，电子商务对电子支付的需求，促进了基于网络和软件的电子货币的发展；信息技术的进步促进了电子货币支付手段的不断丰富。

6.3.2 电子货币的定义与作用

到目前为止，世界各国对电子货币的定义多种多样，尚没有一个权威性的公认定义，以下介绍几种具有代表性的定义。

1998年，巴塞尔银行监管委员会（BCBS）将电子货币界定为在零售支付机制中，通过销售终端、不同的电子设备以及公开网络（如 Internet）上执行支付的"储值"和预付支付机制。所谓"储值"产品，是指保存在物理介质硬件或卡介质中可以用来支付的价值，这种物理介质可以是智能卡、多功能信用卡、"电子钱包"等。所储价值使用后，可以通过电子设备进行追加。而"预付支付机制"，是指存在于特定软件或网络中的一组可以传输并可用于支付的电子数据，通常称为"数字现金"，也有人称其为"代币"（Token），是由一组组的二进制数据（位流）和数字签名组成，可以直接在网络上使用。巴塞尔委员会的定义包含了电子货币中的在线交易和离线交易，是较为准确、完整的电子货币概念。

2000年，欧盟《电子货币指令》将电子货币定义为持有人拥有的一种货币价值请求权，它存储在电子工具上，收取的资金不少于已发行的货币价值，并被发行商之外的其他企业接受为支付方式。这是世界上关于电子货币的第一个法定定义。

此外，如美联储、美国联邦存款保险委员会、欧洲货币组织等对电子货币也各有定义，但基本上可分为狭义和广义两种。狭义的电子货币包括智能卡类电子货币、互联网类电子货币、混合型电子货币这三种形式。而广义的电子货币除以上三种形式外，还包括金融电子数据交换工具，传统零售业务支付，如网上信用卡、电子支票等其他电子金融形式。

本书通过比较以上定义后认为，电子货币是指利用计算机网络，包括专用网络和国际互联网来完成交易的具有支付结算功能的货币的总称。这与巴塞尔银行监管委员会的定义类似。巴塞尔委员会所界定的电子货币主要包括两种：一种是基于卡的电子货币产品，主要是指各种多功能或单功能的储值卡。另一种电子货币是基于网络或软件的产品，主要存储在计算机系统中，可以通过网络完成支付的电子数据。

由于国内外对于电子货币名称的使用缺乏一致性，其种类的划分也各不相同，在此仅介绍几种主要的划分方法。

（1）按电子货币的载体进行分类。

国际清算银行在2002年11月发布的 *Survey on electronic money developments* 报告中，根据载体的不同，将电子货币分为两大类：以卡片为基础的电子货币和以互联网为基础或以软件为基础的电子货币。

（2）按电子货币的支付方式进行分类。

根据国际清算银行关于电子货币的定义，电子货币是在零售支付系统中使用的一种电子化支付方式。因此，可以根据具体的支付形式的不同，将电子货币分为四个不同的类型：储值卡型电子货币、信用卡应用型电子货币、存款利用型电子货币和现金模拟型电子货币。

（3）按电子货币的流通形态进行分类。

对于储值卡型或现金模拟型电子货币来说，其储存于 IC 卡或计算机中的电子货币的金额等信息，需经过公用网络进行传递。根据这些信息传递的流通形态不同，可将其分为开环型电子货币和闭环型电子货币两类。所谓开环型电子货币，是指电子货币的金额等信息在个人和企业间可以辗转不断地流通下去，信息的流通路径不构成闭合回路。这类似于通常所用的现金，在不考虑磨损回收的情况下，可以不断地转手使用下去。所谓闭环型电子货币，则是指金额等信息只能用于一次支付，使用之后就必须返回到发行主体，其流通过程构成了一个"发行主体——顾客——商店——发行主体"的闭合回路。

电子货币作为一种新兴的支付工具，对经济发展、消费理财乃至政府宏观调控都具有积极的作用。

第一，有利于提高货币的使用效率，加速货币流通，促进商品经济的繁荣。

电子货币发展的起因之一，就是逐步替代传统的现钞货币，以电子途径存储、表述和使用资金。电子货币的使用简化了传统货币使用过程中的印刷、存储、保安、更新等环节。因此可以大大提高货币的使用效率，减少传统货币在途和处理的时间，加快货币流通速度，从而加快商品流通，促进商品周转和经济的繁荣。特别是电子货币的发展和推行，能够大大降低资金运作的成本，为社会节约更多的财富。

第二，通过消费信贷功能来刺激消费，有利于经济增长。

电子货币的产生和发展，为蓬勃发展的消费信贷提供了有力的工具。特别是信用卡的逐步普及、信用监管评估系统的完善，使得不同阶层的人士能够开始享用符合他们经济水准的消费信贷服务，从而能够在通货紧缩的大环境下，起到刺激市场消费、改善过度通货紧缩、促进经济增长的作用。

第三，有利于社会理财。

电子货币的发展使得社会大众能够通过更加简捷的方式、更加灵活的途径实现自身的理财管理。在这样的情形下，他们能够特别明确地管理自己的资金，便于他们在储蓄、投资、消费等方面进行准确、及时、完整、全面的评估和衡量，对培育社会大众科学的理财观念、安全的投资方法、健康的消费意识都有积极意义。

第四，有利于加强宏观调控。

电子货币的发展使得货币的运用数量、方向、领域等基本状况，能够有比较精确的数字记载。这对于国家货币政策和经济政策的调整有很重要的现实意义。对传统货币体系而言，现钞和手工账目使得很多宏观经济数据的获得费时费力，等到有一个比较准确的数字的时候，往往已经过去一个相当长的时间。但是经济的宏观管理也是争分夺秒的，在商品流通相当迅速的时代，宏观调控也不是以年为单位得到基本数据的。具体到某个领域、某个方面，越早、越精确地了解资金的运作状况，就可以越早发现问题、解决问题。电子货币以精确、快速而著称,有关决策机构,能够更及时、精确地获得需要的第一手资料,作为进行宏观经济调控的重要依据。

第五,有利于培植新的产业,加快电子化发展。

电子货币体系的发展是伴随着计算机技术、通信技术的进步而进步的。它本身就是金融和其他高技术行业的结合体。电子货币的发展,同时也可以推动相关支持产业的进步和发展,甚至培育出很多新兴产业,促进国民经济的发展。在我们的电子货币发展初期,没有多少信用卡、没有多少自动提款机,也没有多少相关的专业人才。但是在这个行业刚刚起步的几年时间里,国内生产信用卡、提款机或其他相关配套设备的合资、独资、内资企业如雨后春笋蓬勃发展,有关的人才也源源涌出。相信随着电子货币的发展,必将带动诸多新兴产业走上蓬勃发展之路。

同时,电子货币的应用对银行业的传统经营模式提出了挑战。

第一,电子货币改变了银行业的服务方式。

传统货币向以现代化电脑技术和通信手段为基础、以信用卡为载体的电子货币转化,带动了银行业务也迅速从传统的手工操作转变为高科技的电子作业。它表现为服务手段更加方便、快捷,服务功能日趋多元化,服务方式更贴近客户的需要,服务范围更加广泛,服务效率不断提高。

第二,改变了银行业务结构。

在传统的银行体制下,存、贷业务是银行的主题业务,业务结构相对比较单一。而电子货币的发展使其自身的服务功能不断增强,应用领域日益广泛,推动传统业务与新兴业务融合发展,有效地将客户的潜在需求转化为现实的服务,为市场经济的发展提供全方位的服务。在电子货币条件下,银行的存贷业务所占比重不断缩小,各种中间业务、代客理财等非资本性经营业务所占比重不断扩大,各种新业务将成为现代商业银行的重要效益增长点。

第三,改变了银行的经营战略。

发达国家的经验表明以计算机为主的信息革命正促使传统的金融业发生着深刻的变化。这不仅来自银行内部的技术创新和对传统经营模式改革的需求,还来自科技公司与厂商由外及里变革市场的冲击。金融电子化已成为新时期各银行和众多公司及厂商关注的热点,也是商业银行之间、众多高科技公司和厂商之间竞争的主战场,在这个市场上银行面临的已不仅是同业间的竞争,而是各种高科技公司与厂商正在跨越传统金融业务的限制,丢弃商业银行砖墙式的固定网点和大量人工操作的沉重负担,携带着信息和高科技的优势,从网络的空间上跨越行业界限、跨越国界,向传统商业银行发起的全面挑战。在这种形势面前,尽快转变传统的思想观念,充分利用信息和科技手段把握住金融电子化发展的机遇,把客户的需求和市场竞争的挑战变成动力,努力拓展现代商业银行建设的深度和广度,把银行的业务柜台推向商户、推向网际网络、推向人们生活的各个角落。这是现代商业银行明智的战略选择,否则,再死抱着靠点多面广、靠存款立行、"微笑服务"等经营观念不放,迟早会被信息革命的浪潮所淘汰。

6.3.3 电子货币的职能

与传统纸币相比,电子货币具有它独特的性质。下面从四个方面进行分析。

(1) 发行主体多元化。

通货由中央银行或特定机构垄断发行，中央银行承担其发行的成本与收益。而电子货币的发行主体既可以是中央银行，也可以是一般的商业银行或专门成立的发行公司，并且从电子货币的发行量来看，商业银行和发行公司占了绝大部分。

(2) 风险程度不一。

传统通货是以中央银行和国家信誉为担保的法币，是标准产品，由各个货币当局设计、管理和更换，被强制接受和广泛使用。而目前的电子货币大部分是由不同的机构自行开发设计的，带有个性特征的产品，其信用主要依赖各个发行者自身的信誉和资产，风险并不一致。

(3) 流通和使用范围广泛。

对于实体货币，无论何人何时均可持有，而且一般只可在本国（或本地区）内使用。而电子货币则是在现有的银行、支票和纸币之外，通过网络流通的货币，它的流通打破了地域限制，并且是否选择某一机构发行的电子货币由消费者和商家自行决定。

(4) 防伪技术不同。

传统货币的防伪主要依赖物理设置，而电子货币的防伪则主要通过加密算法或者认证系统来实现。一般通货的防伪主要通过在现钞上加入纤维线和金属线、水印和凹凸纹等方法实现。电子货币由于其使用方式与现金不同，主要是依靠互联网进行金额的转账支付，因此通常是通过数据加密或依靠具体的认证系统来进行防伪。

尽管电子货币与贵金属货币和纸币相比，定义、性质和发行机制都截然不同，但是货币形式从贵金属到纸币符号，再到各种类型的电子货币，其货币的职能都是不变的。

(1) 电子货币的价值尺度职能。

黄金以其本身内在的商品价值作为价值尺度，纸币以其政府印制并标明价值的纸质证书符号发挥价值尺度功能，电子货币则是以建立在现行通货或存款账户基础上的更抽象的观念货币来发挥价值尺度职能。电子货币具有计量商品价值的价格确认职能，这一点完全符合马克思对货币职能的论述，即"货币在其价值尺度功能上，本来也只是作为观念的或想象的货币"。

(2) 电子货币的流通手段职能。

货币发挥流通手段职能只是转瞬即逝的事情，这决定了货币可以用本身完全没有价值的货币符号来替代。电子货币的流通手段职能有着自己的特点。首先，电子货币是自身完全没有价值的货币符号。其次，电子货币是无形的，买卖双方完成交易仅表现为"卡"上电子数字的增减变化。再次，在任何时候、任何地方，只要网络或设备可以覆盖，交易双方即可完成交易。最后，电子货币的使用也可以具备隐匿性，以及具有超越时空的处理和便携功能。

(3) 电子货币的支付手段职能。

电子货币比黄金、纸币更具支付中介的优势，能将商业信用和银行信用有效地组合在一起，通过信用进行交易，形成可相互抵销的债权债务关系。这是支付工具进步的表现。

(4) 电子货币的贮藏手段职能。

货币的贮藏手段职能与其自然属性密不可分，黄金作为贮藏职能具有不可超越的优势，它均匀、可分、可流通，具有被历史和文化接受的特点，兼具实物要素和货币要素，贮藏可由持有者独立完成，但大量贮藏需要支付费用。纸币是国家通过法律契约规定的形式发行、代表国家信誉的一种债务符号，是国家对持有者的负债，贮藏可由持有者独立完成，但依赖国家信用，费用较黄金低廉。电子货币则是通货或存款账户的代表，贮藏也可由持有者独立完成，也依赖发行主体的信用，它费用最低，使用也更加便利。

（5）电子货币的世界货币职能。

电子货币一诞生，即在国际交易中发挥着流通手段和支付手段职能，初步形成了通行世界的货币系统。它打破了以往任何一种货币在国际流动的障碍，超越了时空限制，成倍地提高了货币媒介交易的速度和效率，极大地降低了交易成本，促进了资本流动全球化和金融市场一体化的进程。在国际贸易和金融交易中选择结算便利、安全、被广泛接受的结算工具是各国选择何种货币作为主要储备货币和主要清算手段的首要考虑因素，因此，电子货币将对国际清算和货币储备构成直接影响。此外，黄金非货币化、国际货币多元化等因素对电子货币的世界货币职能的实现都起着有力的推动作用。

电子货币与电子商务之间有着十分密切的关系，在电子商务中，网上银行、在线电子支付和数据加密、电子签名等方面都发挥着重要的、不可缺少的作用。其中，作为支付工具的电子货币应用的深度和广度直接影响到电子商务的发展。通过电子商务的流程可以看到，电子商务不仅包括商品流、信息流、物流，同时也涵盖了资金流的范畴。在支付过程中，不可避免地需要通过网络进行货币支付或资金流转，利用电子货币可以安全、灵活地把货币以匿名的形式存储在自己的硬盘上，并在支付过程中使用它，将消费者和商家（买卖双方）与银行联系在一起。消费者可以在有关银行开立账户，在需要使用电子货币的时候，可以安装相应的软件或预存现金，但消费者与商家洽谈好以后，签订订货合同就可以使用相应的电子货币支付所购买商品的费用。其中认证机构保证了交易过程的安全。电子货币的应用和发展使网络上现货、现金交易成为可能，促进了企业营销结构、营销方式、结算方式的创新；而方便、快捷、轻松的购物方式，也将极大地刺激消费，扩大需求，给零售商带来了无限商机；同时，由于实施开放式的网络经营，大大加剧了市场竞争，促使企业为市场提供优质价廉的商品、优质高效的服务。

在电子商务中，使用电子货币进行支付与传统的货币支付方式相比有许多的优势。首先，在同样的空间内，电子货币可以存储的面值是无限的；而传统货币面值是有限的。其次，电子货币受时空的限制比较小，能够通过通信系统在短时间内进行远距离传递。再次，电子货币可以采用计算机进行管理，弥补了传统货币管理成本高的缺憾。最后，电子货币的匿名性比传统货币要强，避免了面对面的交易。另外，作者还认为，电子货币与传统的货币相比，具有信息承载量比较大的优点。通过在交易过程中使用电子货币，商家、厂家以及消费者都能够从中得到比传统交易方式更多的信息。例如，商家可以在网络上迅速、及时地统计热销产品的销售量，可以通过用户注册信息准确地看出参加浏览或购买的用户资料，甚至可以通过电话、电子邮件的形式进行后续的市场调查，以便提供更加便利的服务。同时消费者也可以获得快捷的反馈信息以及完善的售后服务。

但是，就目前而言，作为支付工具的电子货币应用于电子商务仍然存在一些缺陷。比如，安全问题，网络基础设施建设不完善，电子商务的发展还不很成熟，系统可靠性、安全性以及数字认证技术等问题,这些问题的存在都将会对电子货币的发展产生极大的影响。

6.4 国内外互联网金融的发展趋势

6.4.1 国外互联网金融发展的历程

互联网与金融的结合早已开始,早在1996年,美国电子股票信息公司开始利用互联网为客户提供股票交易服务,越来越多的银行开通了网上银行业务,互联网金融业开始走入百姓家庭。最近,随着物联网、大数据、移动互联网等信息技术创新发展,互联网正在改变着传统金融存贷、支付等核心业务,开创了互联网与金融融合发展的新格局,互联网金融产业链正在形成。

一、网络借贷

P2P(Peer – to – Peer Lending)网络借贷,也称点对点信贷,或个人对个人的信贷,来源于P2P小额借贷。P2P小额借贷由2006年诺贝尔和平奖得主尤努斯教授首创,是一种将非常小的额度的资金聚集起来,借贷给有资金需求的人群的一种商业模型,其作用主要体现在满足个人资金需求、发展个人信用体系和提高社会闲散资金利用率三个方面。随着互联网技术的快速发展和普及,P2P小额借贷逐渐由单一的线下模式转变为线下线上并行,随之产生了P2P网络借贷平台,该平台主要是出借人通过第三方平台在收取一定利息的前提下,向借款人提供小额借贷的金融模式。

Prosper是美国第一家P2P信贷公司,于2006年在加州旧金山市成立。该公司规定,凡具有美国合法公民身份、社会保障号、个人税号、银行账号、个人信用评分超过520分的注册客户,均可以从事Prosper平台内的借贷交易。Prosper开创的商业模式被其他P2P公司效仿,即在网上公布借款人的借款需求和信息,在网上获取贷款信息并构建贷款组合,建立贷款的二级交易平台等。目前Prosper会员超过200万人,累计贷款金额约6.9亿美元,借款需求在2 000~3.5万美元。

Lending Club于2007年成立于美国,目前已促成贷款累计29.8亿美元,累计支付利息2.67亿美元。Lending Club公司对符合要求的贷款申请,根据贷款者的FICO信用评分、贷款金额、过去6个月借款次数、信用记录长度、账户数量、循环信用证使用率和贷款期限等因素进行内部信用评级,评级分为A到G共7个等级,每个等级又分为5档,不同信用等级对应不同的贷款利率,范围从6%~25%。

Lending Club把每份贷款称为一个票据,在网上公布贷款金额、待认购金额、期限、评级、利率、用途及借款者就业、收入、信用历史等信息,供贷款人选择。对于单个票据,投资者的最小认购金额是25美元,因而一名有2万美元的贷款人最多可投资800个票据,从而实现风险的充分分散。Lending Club为贷款人(投资者)提供了构建贷款组合的工具,当投资者说明自己的收益目标、投资金额和拟认购贷款金额后,Lending Club会据此为投资者推荐一个贷款组合。Lending Club还为投资者提供了贷款交易的平台,在贷款存续期间,Lending Club负责向借款人收取贷款本息,转交给贷款人,并处理可能的延付或违约情况。Lending Club借款者整体上属于中上收入阶层。

二、众筹融资

全球第一家众筹网站——Kickstarter 成立于 2009 年 4 月,致力于支持和激励创新性、创造性和创意性的活动。通过网络平台面对公众募集小额资金,让有创造力的人有可能获得他们所需要的资金。到 2012 年 9 月,美国的 Kickstarter 总共成功推出了 73 065 个项目,它抽取成功项目总集资额的 5% 作为佣金,资助的项目众多,共融得 3.77 亿美元的投资。2012 年 4 月 5 日,美国总统奥巴马签署了 JOBS 法案,即《创业企业融资法案》(*Jumpstart Our Business Startups Act*),旨在通过放宽金融监管来鼓励美国小微企业融资,扶植企业成长并创造就业机会。国外围绕 JOBS 法案对众筹融资的法律问题进行了深入研究。JOBS 法案旨在使小型企业在满足美国证券法规要求的同时,更容易吸引投资者并获得投资,解决美国当前面临的失业问题。该法案放开了众筹股权融资,而且在保护投资者利益方面做出了详细的规定。

一是适当放开众筹股权融资。该法案明确了满足以下条件的众筹融资平台不必到 SEC 注册就可以进行股权融资:由 SEC 注册的经纪人充当中介;筹资者每年通过网络平台募集不超过 100 万美元的资金;前 12 个月内收入不足 10 万美元的投资人所投金额不得超过 2 000 美元或其年收入的 5%。前 12 个月内收入超过 10 万美元的投资人可以用其收入的 10% 用于此类投资,但上限为 10 万美元。

二是保护投资者利益。该法案对筹资者和提供服务的融资平台提出了相应要求,以保护投资者利益。对于筹资者,明确了四点要求,即其在 SEC 完成备案,并向投资人及中介机构披露规定的信息;不允许采用做广告来促进发行;对筹资者如何补偿促销者作出限制;筹资者必须向 SEC 和投资者提交关于企业运行和财务情况的年度报告。同时该法案从业务准入、行业自律、资金转移、风险揭示、预防诈骗、消费者保护等方面对融资平台进行约束。

三、第三方支付

美国将第三方支付业务纳入货币转移业务监管。美国对第三方支付实行的是功能性监管,监管侧重于交易的过程而不是从事第三方网络支付的机构。

一是立法层面。美国没有专门针对第三方网络支付业务的法律法规,仅使用现有法规或增补法律条文予以约束。第三方支付被视为一种货币转移业务,其本质仍是传统支付服务的延伸,无须获得银行业务许可证。

二是监管机制层面。美国采用州和联邦分管的监管体制,联邦存款保险公司(FDIC)负责监管第三方支付机构,但其明确规定各州相关监管部门可以在不违背本州上位法的基础上,对第三方网络支付平台的相关事项做出切合本州实际的规定。

三是沉淀资金管理层面。美国法律明确将第三方支付平台上的沉淀资金定义为负债。FDIC 规定第三方支付平台必须将沉淀资金存放于 FDIC,在商业银行开立的无息账户中,沉淀资金产生的利息用于支付保险费。FDIC 通过提供存款延伸保险实现对沉淀资金的监管。

美国对第三方支付实行功能监管,将第三方支付视为货币转移业务,把从事第三方支付的机构界定为非银行金融机构。监管机构涉及财政部通货监理署、美联储、联邦存款保险公司等多个部门,其监管的重点是交易过程而非从事第三方支付的机构。欧盟对第三方支付实行机构监管,倾向于对第三方支付机构做出明确界定,并主要通过对电子货币的监管来实现，第三方支付机构只有获得银行或电子货币机构营业执照的情况下才能从事相关业务。

近年来，欧美等发达国家对第三方支付的监管指导思想逐步从"自律的放任自由"向"强制的监督管理"转变，先后制定了一系列有关电子支付、非银行金融机构和金融服务的法律法规，形成了与本国第三方支付发展相适应的监管模式。欧盟将第三方支付机构纳入金融类企业监管，对第三方支付的监管为机构监管，对第三方支付机构给予明确的界定。

欧盟与美国模式在监管目标和手段上均具有较高的一致性。首先在监管目标上，强调促进和维护第三方支付手段和支付体系的高效和安全，保护消费者利益及防范反洗钱风险。其次在监管手段上，对第三方支付机构设定了业务许可制度。在初始审批的基础上，实施过程监管和动态监管，确保第三方支付机构维持良好的经营和财务状况。

6.4.2 国外互联网金融的发展趋势

尽管曾有互联网金融将取代传统金融的观点，但从世界范围看，互联网金融的机构数量、资金规模及业务交易量等在全球金融体系中的比重非常小，并不足以撼动传统金融机构的主导地位。但它的快速发展确已产生了多方面的影响和应用趋势。

一、互联网金融推动传统金融机构进行业务变革

互联网金融的出现使网上交易、网上支付、移动支付等成为消费者普遍接受的方式，金融服务的可获性、及时性和便利性成为消费者的主要选择，这在某种程度上改变了传统的柜台消费、经理接洽的消费模式。据统计，2009年美国各主要金融机构中18岁及以上的消费者最喜欢使用的银行服务方式中，网上银行的比重高达25%。2008年，韩国各金融机构注册的网上银行客户达到4 800万户，与韩国总人口相当。为应对新的变化，传统金融机构不仅将传统金融业务迁移到网上进行，而且通过对不同渠道、产品和服务之间的组合匹配，创造了许多新的金融产品和业务形态。以美国第五大银行富国银行为例，该行通过互联网向客户提供资产业务、外币兑换、股票经纪、信托业务、电子采购等服务，业务领域不仅包括银行，还涉及证券、信托，把自身打造成为客户全方位服务的网上金融超市。

二、互联网金融改变了金融业的竞争模式

金融业是一个资金密集型和技术密集型的行业，准入门槛高，且发展面临的资金成本约束较多，容易出现大型机构自然垄断的情况。互联网金融的投入相对固定，业务量的扩大不会引起交易总成本的明显上升。据统计，传统金融机构的经营成本占经营收入的60%左右，而通过电子渠道进行网上经营，成本仅占经营收入的15%~20%。在商业银行运营中这种成本优势更加明显，以国内某商业银行为例，据其内部测算，某年上半年由互联网进行的金融交易量相当于4.5万名柜员的工作量，即可节约4.5万名人力成本。互联网金融在运营成本方面的优势，使得金融业的准入门槛得以显著降低，并为中小机构的发展提供了新的路径，同时也为金融业注入了新的活力。

三、互联网金融弥补了传统金融业服务的不足

长期以来，由于金融机构天然具有的资本逐利性，导致金融服务资源主要向大企业、大客户集中，中小企业、弱势群体难以从中获得有效支持。互联网金融的出现，大幅降低了中小企业融资、民间金融所面临的信息不对称程度和交易成本，在一定程度上弥补了传统金融业在此方面的不足。以美国知名网络信贷平台 Kiva 为例，它主要通过与多个国家的小额贷款机构合作，向个人发放小额贷款。截至 2012 年年中，Kiva 共促成了 46 万笔贷款，总金额 3.4 亿美元，平均每笔贷款金额 397 美元，惠及 80 万放贷人和 83 万借款人。这种涉及大量个体的小额直接金融交易过去在传统金融体系中是很难实现的，因此互联网金融的出现进一步丰富和完善了金融服务体系。

6.4.3 我国互联网金融的发展趋势

我国自从 20 世纪 70 年代开始了金融电子化的进程，这为互联网金融的开展打下了良好的基础，通过近 30 年的发展，已经初步形成了互联网金融所需要的基本技术及运营框架。目前，企业网上银行功能非常丰富，还有质押贷款业务，等等。网络银行最近几年，主要是以工商银行和招商银行为首取得了非常大的成绩，在国际上获得了很多奖项。

金融伴随着科技的发展形式日新月异，从网银到第三方支付，从国际电汇到电子商务、手机支付、网购保险、网上小额贷款……互联网与金融服务的融合日益加深，互联网金融大概可以分为三个层次：替换、优化和创新。替换是指对传统金融业务流程中某环节的直接替换；优化是再造金融业流程本身，即简化、优化或重构。创新则是创造新的金融业务流程。由此，我们可以得出结论：移动化、电商化、自金融将成为我国互联网金融的主要发展方向。

"移动化"主要指移动支付的快速发展。据互联网研究机构艾瑞咨询统计，2012 年中国第三方支付市场整体交易规模达 12.9 万亿元，同比增长 54.2%，其中第三方移动支付市场交易规模达 1 511.4 亿元。这使得银行服务逐渐从前台走向后台。

"电商化"是指电商企业基于交易信息和信用评估为小微企业提供的信贷服务。其中最典型的就是阿里巴巴金融，为阿里巴巴、淘宝、天猫等电子商务平台的小微企业提供可持续性的小额贷款，金融从数千元到数十万元不等。

而"自金融"模式则是通过互联网的用户聚合和高速传播的特点，为用户提供直接的投融资服务，资金的需求方和供给方都是个人，取代了原有的机构渠道来进行融资和贷款。宜信、拍拍贷、人人贷等小额网络贷款平台是提供此类服务的代表性平台，如表 6-2 所示。

经济的发展是以科技为基础的，在全球化日益加剧的今天，互联网金融产业的兴起也是迎合了世界经济发展的趋势。从现阶段的发展来看，其发展现状仍然存在着许多问题，但是互联网金融产业仍会是未来一个高增长、高增加值的产业，由其发展所带来的经济效益不可估量。电子化的时代需要电子化的经济模式，互联网金融在未来经济发展中的责任重大。

我国互联网金融发展起步相对较晚，且我国的互联网金融产品和服务大多是将传统业务简单地"搬"上网，更多地把网络看成是一种销售方式或渠道，忽视了网络金融产品及服务的创新潜力。在技术方面，信息技术的发展如果难以适应金融业网络化需求的迅速膨胀，客户有时会因为技术方案和客户终端的不兼容，或选择了不适应金融市场变化的技术方案而承担经济损失。此外，在互联网金融迅速发展的同时，立法监管的步伐有点滞后，目前只有《网上证券委托暂行管理办法》《证券公司网上委托业务核准程序》等几部法规，并且涉及的仅是网上证券业务的一小部分，难以保证客户的合法权益。比如 2013 年 6 月，余额宝因有关业务未向监管部门备案被证监会予以核查。再比如，百度推出的"百发"的提前披露也掀起了轩然大波。又如在融资类业务方面，P2P 机构都一肩挑着筹资、资金中介和担保职能，有些 P2P 平台还坚持不提供担保、不承担信用风险，但由于缺乏对其资金来源的监控，又没有对 P2P 机构放货行为的资本约束，风险是不言而喻的。因此为了让互联网金融健康、安全、有序发展我们要找到适应其发展的对策。互联网金融是传统金融行业与互联网技术结合的新兴行业。互联网金融与传统金融行业的根本区别在于其采用的媒介不同，互联网开放、平等、协作、分享的特性赋予了互联网金融强透明度、高参与度、更好的协作性、更低的中间成本及操作便捷等一系列传统金融行业不能比拟的优势。

表 6-2 所示为我国互联网金融的主要模式分类。

表 6-2　我国互联网金融主要模式分类

金融功能		主要模式
投融资	直接投融资	众筹模式：人人投、招财宝
		P2P 借贷：人人贷、陆金所
	间接投融资	网络银行：微众银行
		非贷款类放贷：阿里小贷、京东白条
		传统银行的网上贷款服务
金融服务	工具	网络证券：E-Trade、富途牛牛
		网络保险：众安财险
		网络理财：招财宝、91金融超市
	渠道	第三方支付：支付宝、财付通
		数字货币：比特币、莱特币
		风险定价：大数据征信
		其他：传统银行网上转账、查询

（根据《中国互联金融发展报告》、中国产业信息网整理）

随着全球互联网经济的迅速发展，互联网与金融行业的接触已经延续了很长时间。网络银行、网上支付等与互联网相关的金融服务已经发展得相当成熟。尤其是第三方支付模式，以阿里巴巴的支付宝和腾讯的财付通为代表都非常成功。阿里巴巴更是率先与天弘基金公司合作在其第三方支付平台支付宝上推出了余额宝业务，其实质就是货币基金。在余额宝推出后不久，累计申购就超过了 1 300 亿元人民币，一举成为中国最大公募基金和货币基金。财付通总经理赖智明在接受媒体采访时透露，即将联手基金公司和银行推出类似余额宝的产品，也引起了社会各界广泛的关注。至此，我们已经看到了互联网金融的魅力和号召力是多么强大了。2013 年 3 月，阿里巴巴的马云、中国平安的马明哲、腾讯的马化腾联手设立的众安在线财产保险公司取得保监会的批文，进入正式筹建期。阿里巴巴又高调收购了其合作伙伴天弘基金，正式进军基金行业。互联网企业正在试图将触角伸向传统金融行业的各个领域，这必将引起金融行业发生翻天覆地的变革。

现阶段，国内的 P2P 信贷市场还处于发展初期，至少在概念上还需要消费者进一步深度认知。而国内 P2P 信贷公司大部分属于营利性质，市场的各方参与主体都在快速地走向成熟，正因如此，监管机构在制定相关规则之时，必须以消费者和经营主体作为顾问，不仅要立足于化解金融风险与保障交易安全，更要兼顾与传统金融行业的适配性与关联性，做到在功能上更加细化，在结构上更加合理，在操作上更加灵活，这正是互联网精神应用在金融领域的必备要素。

互联网金融需要保护生长的土壤，一方面是保护投资者的利益，一方面是扶植小微企业的成长。随着中国金融互联网交易规则的不断健全，市场仍会有相当可观的拓展空间，互联网金融正处在黄金发展时期。如果说保护消费者利益是国际 P2P 信贷市场的普遍价值，那么，适应本土化发展则是其内在本质。产业的全球化不代表消费理念的全球化，互联网的无边界格局不代表商业模式的无边界格局。延伸互联网金融触角，创建市场主体的共赢局面，符合各方的共同利益。设计互联网金融规则，其目的在于建设互联网金融的统一战线，是促进产业融合与集约发展的历史命题，这一前所未有的机遇正把握在每个参与者手中。

本章案例

移动支付市场的竞合

《2014 中国互联网金融发展报告》显示，2013 年我国手机支付用户规模达 1.25 亿，同比增长 126%，手机支付、网络银行、金融证券等相关各类移动应用累计下载量超过 4 亿次，移动支付进入了爆发期。

移动支付爆发式增长，其影响意义绝不仅仅局限于金融行业和电商行业，而是对所有服务业都会产生影响。因为，当消费者不再习惯使用现金和信用卡，而是更愿意用手机支付账单时，不论你开的是餐馆还是书店，也不论你卖的是飞机票还是地铁票，都需要为消费者提供可以进行移动支付交易的平台。而能够为移动支付者提供更多便捷甚至优惠的企业，将在行业竞争中占得先机。

目前，移动支付交易领域呈现"三足鼎立"的态势。先是各类互联网企业利用各自平台开发移动支付，并有进军金融业之势，而银行、保险等传统金融机构纷纷上马手机客户端，利用已有的金融实力和体制内的政策优势，后来居上。与此同时，电信运营商也不甘落后，利用自身技术优势和既有的产业链也参与进来。

飞速发展的移动支付市场背后却是种种安全隐忧。在第三方支付平台上沉淀的不只是消费者积少成多、集腋成裘的大笔资金，还有海量的客户个人信息。不过，就当下的相关法律法规而言，对这些资金和个人信息的监管，依旧存在诸多盲区，而移动支付所依赖的信用体系也尚未建立起来。

目前，我国虽然已经有了一定的移动支付的监管措施，不过在已出台的监管措施中，多数是针对电子支付或支付服务整体的，对开办移动支付业务的监管仍不健全。并且，由于移动支付产业链上涉及信息、金融等诸多管理部门，在制定措施和执行监管时如何兼顾平衡就成了待解问题。例如，当央行出台对移动支付的限制性措施时，就有舆论认为此举不利于民营经济的发展，有对国资银行"护短"之嫌。

安全性是客户对支付方式的重要选择依据，而移动支付的安全性尚待时间检验。这也导致了移动支付虽然使用者众多,但是总金额量并不高的现状。

事实上,对于包括互联网企业在内的移动支付相关企业而言,移动支付带来的好处绝不仅仅是巨额的资金沉淀,以及资金沉淀可带来的利息和投资收入,还有通过移动支付过程可以掌握海量的客户信息和支付数据。在大数据时代,这些准确详尽的客户信息和支付数据对于企业而言弥足珍贵,许多产品都可依此来分析市场。不过,如何保护这些客户信息的安全性,目前仍是一片法律空白。

移动支付作为一种新兴的支付模式,其便捷性和安全性本身就已经成了一把双刃剑。但是,绝不能为了提高便捷性而牺牲安全性,因为金融交易是建立在安全这一前提之下的,移动支付亦然。

本章小结

通过本章学习应熟悉互联网金融的内涵,如互联网金融的概念、互联网金融与传统金融业的关系、互联网金融的意义及互联网金融的模式创新。要理解互联网金融的特点,包括互联网金融的普惠性、多样性、创新性和时空性。了解我国互联网金融发展现状,如我国互联网金融的发展趋势、用户基础和技术基础。熟悉国外互联网金融发展趋势、历程、特征和监管问题。

本章习题

1. 简述互联网金融的概念与模式。
2. 试分析互联网金融的特点。
3. 试述电子货币的定义与特征。
4. 如何借鉴国外互联网金融发展经验?
5. 试评价我国互联网金融的市场竞争效率。

第 7 章

电子商务与资本市场

学习目标

电子商务与资本市场的关系是一个多面性的问题：一方面，风险投资活动为电子商务企业的蓬勃发展提供了源源不断的资金支持；另一方面，电子商务平台为中小企业融资形式的创新做出了重要贡献。本章从以上两个方面入手介绍了电子商务与资本市场的联系，并对我国当前网络融资的热点问题提供了一定的分析思路。

教学要求

1. 掌握风险投资的定义、流程和退出机制。
2. 掌握网络融资的主要模式。
3. 熟悉电子商务第三方平台的运作流程。
4. 了解我国风险投资发展的制约因素。
5. 了解我国当前 P2P 发展的热点问题。

导入案例

京东商城亏损 10 亿与 VC 的矛盾由来已久？

（资料来源：2010 年 12 月 30 日　金羊网）

京东商城 CEO 刘强东不久前对外透露，京东商城目前已完成总数超过 5 亿美元的 C 轮融资，该轮融资由六家投资人联合投资，其中包括作为战略投资人的沃尔玛。不过，沃尔玛发言人随后在接受媒体记者采访时表示，公司未曾发出任何相关公告，对于传言或推测不予置评。而据接近京东的消息人士透露，京东此轮融资其实并未最终敲定，京东与各投资方目前还只是在沟通过程中，不仅未签署任何协议，连融资条件也尚未达成共识。

进一步的消息显示，沃尔玛此番投资京东商城的条件和最终意图是想以占据绝对控股权的方式并购京东，而非简单的战略注资。据称，京东方面在双方尚未签署任何协议的情况下就提前对外透露融资消息之举,已招致沃尔玛方面强烈不满。在资本方的压力下,刘强东又不得不在 12 月 27 号通过微博澄清"目前有关京东融资的报道都是传言"。

投行界分析人士称,京东之所以选择在其与当当网等陷入图书价格战、数码价格战的关键时刻提前公布 C 轮融资到位的信息,主要意图有三:一、稳定上游供应商的信心,为自己在供应链合作伙伴那里争取更多的筹码;二、为下一轮融资谈判争取更多筹码;三、在竞争对手当当网已完成 IPO 融资的情形下,为股东、员工打气,提升士气。

据公开资料显示,京东此前共进行过三轮融资:2007 年 4 月,京东商城获今日资本 1 000 万美元投资;2008 年 12 月获今日资本、雄牛资本及亚洲著名投资银行家梁伯韬的私人公司投资,总投资金额 2 100 万美元;2010 年 1 月 27 日,京东商城获得老虎基金第三轮投资,首期 7 500 万美元到账。2010 年 12 月 3 日,京东商城第三轮融资中的第二期金额为 7 500 万美元的资金到账。

在前后三年内已连续进行三轮融资的情形下,京东为何还要冒着股权进一步稀释的风险,引进更多的投资?消息人士称,其中一个重要原因是京东前面三轮的 1.81 亿美元融资大多数已经烧光。"京东的平均毛利率在 5% 左右,亏损额可占到销售额的 10%,以京东今年销售额 100 亿元推算,光是在今年,京东的亏损额就可达 10 亿元,而按照京东去年销售额 40 亿元计算,去年的亏损额度也不会低于 4 亿元。两年的亏损额超过 2 亿美元。"

此外也有消息称,京东目前已经在占用供应商的货款维持运营,资金已经出现压力。实际上,京东与 VC 的矛盾在其 C1 轮融资中已经露出端倪。据荷兰霸菱的投行界分析人士透露,京东在与老虎基金的 C1 轮融资中,其实有不少对赌协议。"第一期确实是 7 500 万美金,但不是一次性给,里面包括很多业绩以及市场份额,包括要在明年实现规模盈利,甚至牵扯政府关系和支持的一些条款,一旦达不到要求不仅后续的资金会打折,VC 占有的股份也要增加。据说 C1 轮融资如果完全按照条款进行,老虎基金要占 30%~40% 的股份。"京东管理层在股权上将被稀释更大的比例。

按照荷兰霸菱分析人士的分析不难推断,如果京东再进行大额融资,京东的股权将被进一步稀释,如此京东管理层必将进一步受制于资本的意志,丧失对公司的控制权,而股权的不断稀释,也将损害老股东或者员工的利益。

在新近发表的一篇微博中,京东商城 CEO 刘强东将京东和投资人的关系形象地比喻为"一夜情"关系:"只是一夜情常有两种结局:一是两情相悦,分手了还让对方常常思念;二是反目成仇,被对方搞得身败名裂!我只是努力避免第二种结局而已!"话里话外,表露出对资本的强烈不满。同时刘强东在 12 月 25 日发布了一条微博,第二天很快又删除了,原文如下:"刚看到陈晓的'离职'感言,记得几个月前我就告诉一个管培生:陈晓必败!因为他把赌注放在投资人身上,一定是被基金当枪使了!这次控制权之争再次证明已经被无数次证明的真理:和投资人只能一夜情,千万别指望结婚!值得很多经理人反思。"从这些真情流露,可以看出刘强东已经意识到资本是把双刃剑,使得不好,首先伤到的会是自己。

分析人士认为,在自身造血功能付诸阙如的情况下,京东商城"融资——扩张——再融资"的发展模式将给其未来发展带来极高风险:因为高速扩张的同时伴随着巨额亏损,上轮的融资已经基本亏掉,因此,京东必须进行第三轮更大额度的融资;而继续融资的话,管理团队的控制权和话语权势必被削弱,进而逐渐受制于资本。对于京东商城来说,过度依赖于资本的负效应已经逐渐显现。

近 20 年来，世界经济的发展经历了许多深刻的变化，其中最显著的一点是，随着技术创新和金融创新活动日趋活跃，新的产业和企业不断涌现，产品的升级换代加速，经济生活中的竞争因素和风险因素日益扩大。与此相对应，作为经济社会重要组成部分的资本市场也处于快速发展变化之中。科学技术成果的商业化和市场化带来了对资本市场创新的需求，而资本市场的创新又为科学技术成果的商业化和市场化创造了条件，刺激了创新活动。在这一章中，我们首先分析了电子商务企业的主要融资方式，接着介绍了几种基于电子商务平台的电商信贷模式，并结合我国电子商务发展的实际情况分析了我国的资本市场体系和投融资机制。

7.1 电子商务企业的主要融资方式

7.1.1 电子商务企业资金需求的特征

网络经济的支撑产业群是信息技术产业，网络经济与传统产业融合形成的许多新的商业模式也是以信息技术为依托的。因此，电子商务企业的融资需求带有鲜明的信息技术和信息技术产业萌生、发展和成熟过程的特点。

一、融资介入的时间早，在技术开发阶段已需要大量资金支持

在工业经济中，大量的资金需求一般是在新技术和新产品已研制出来，需要进行大规模生产阶段，即产业化的阶段。而在电子商务经济中，由于技术创新贯穿企业诞生、成长和发展始终，而且技术创新需要的各种资源较多，所以，在技术开发成功以前或在企业成立之前，已需要融资活动介入。

二、信息技术产业的高风险、高收益和高成长性导致投资的高风险、高收益

信息产业发展的高风险、高收益和高成长性有以下三个原因：首先，技术创新速度迅猛，方向众多，技术创新是产业发展的灵魂。旧的工业经济是由规模经济驱动的，网络经济是由创新驱动的。网络经济发展的核心就是不断的快速技术创新。而且人类的科学进步和技术创新活动呈现出越来越快的发展趋势，19 世纪以来，人类科学技术的重大发明和创新甚至比以前所有时代的科学技术成果的数量都多，而且意义更重大和深远。作为最先进的经济形态——网络经济基础的信息产业和信息技术发展速度更是登峰造极。第一台计算机是 20 世纪 40 年代才发明的，到了七八十年代开始普遍使用。而第一代网络也不过是 60 年代才开始构想，到目前才 40 多年，已给人类的社会生活和经济生活带来了翻天覆地的变化。IT 界的"光纤定律"说明计算机芯片的功能每 9 个月翻一番，而价格以减半数下降，事实上，快速的性能提高和成本下降都来源于快速的技术创新。网络经济中，技术发展方向众多，难以确定。比如，从技术创新的目的来讲，就可分为提高产品质量、降低产品成本或者更加易学易用等多个方向，每个大方向又有众多具体的技术选择。每个厂家在众多技术中进行选择的正确与否不仅取决于对市场和用户偏好的了解、科学技术本身的发展规律等许多因素，甚至取决于战争、某项国家政策等偶然的因素。其次，现代的技术创新不是单纯的科研活动，其成败也不单是由技术水平和科研能力决定的，技术创新已成为一个综合的动态过程，包含了从科技发明到产品开发和市场实现的全过程。从需求的角度来看，它涉及市场的认同及是否符合或引导了新的技术标准；从供给的角度来看，它需要高质量的人力资源、巨额的资金投入和匹配的制造业水平；更为重要的是，技术创新的成败还取决于技术创新的机制和制度环境。只有适当的机制和制度安排才能集中大量的资源、有效地配置这些资源，并最大限度地分散技术创新的风险。因此，技术创新能力的高低是由创新资源的多寡、研发制造能力、营销能力、控制技术标准的能力和创新机制等一系列因素构成的。这些因素缺一不可，其中一个环节薄弱，高投入和高收益就变成了高投入和高损失，这些还不包括单纯的技术风险。最后，供给方规模经济和需求方规模经济的双重作用导致高风险、高收益和高成长性。人们常说高新技术产业具有高风险、高收益的特点，其原因在于供给方最适生产规模很大，可达市场份额的很高比例，甚至高于市场份额，因此形成供给方的寡头垄断甚至垄断。信息产业中这种产业特点被放大了数倍，其原因在于该行业具有供给方规模经济和需求方规模经济的双重作用。高风险、高收益不仅来自传统的生产环节的规模效应，也来自消费环节的规模效应。

如图7-1所示，我们先撇开单纯的技术风险，假定某项技术创新已经获得了成功，如果它在一定时间内未能占据足够的市场份额，在供给方和需求方规模效应驱使下，其市场份额将会大面积萎缩，在极短时间内企业就会陷于困境，正反馈的效用放大了高新技术创新的市场风险。反之，如果它在一定时间内已经占据了足够的市场份额，在双重规模效应驱使下，其市场份额将会大幅拉升，在极短时间内就会占领大半个市场，甚至全部市场，回报相当可观，这里正反馈效用放大的是成功技术创新的收益。所以，高风险和高收益实质上是同一种经济技术规律发生作用的正反两个方面。由于信息技术产业中产品的最适生产规模能够覆盖全部市场，而且存在正反馈效应，使得IT产业中绝大部分的商家和产品都是竞争的输家，只有极少部分甚至是一个商家和一种产品能成为这场"战争"的赢家（就IT产业的一定领域而言）。国外多项实证研究都表明：高新技术行业的企业成活率要比其他行业低得

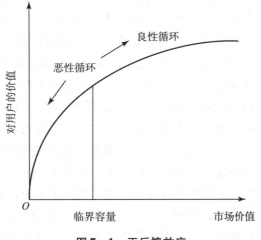

图7-1 正反馈效应

多，风险巨大。但赢家最终可能会在市场上，甚至全球市场上达到非常高的垄断程度，攫取巨额的垄断利润。试问世界上有哪些企业、哪种产品能像微软和它的"视窗"一样在全球市场上取得完全垄断地位，因此，在微软的股票投资中获得上百倍的收益并不令人惊奇。

与高风险和高收益相伴的是高成长性。对信息技术产品和服务的需求一旦越过图7-1中的临界位置就会呈指数上升，成本又快速下降，高成长性当然不言自明。据统计，获得美国政府向新企业创新研究项目资助的高科技企业，在1985年至1995年10年间的销售收入和雇员人数分别增长151%和83%，这两个数据远远高于非高科技行业。

三、融资市场上存在高度的信息不完全和信息不对称

信息技术产业作为高新技术产业，技术更新和淘汰的速度极快，专业性非常强，一般非专业人士很难了解和评估某一特定项目的风险和潜在收益，因此拥有新技术新产品的资金需求方在信息拥有方面占绝对优势，而资金供给者在获取信息、理解信息和利用信息方面的成本很高，信息极不充分，双方的信息极不对称，这造成融资前易发生逆向选择，融资后又容易引起道德风险。因此整个融资活动及相应的风险资本市场的组织和制度安排，必须能有效地控制信息不完全和信息不对称所导致的逆向选择和道德风险问题，降低融资过程的交易成本。

四、中小型企业比大型企业具有更强的技术创新能力

据调查表明，雇员少于500人的企业平均每100万人有322项创新，而大企业平均每100万人只有225项创新。信息产业是以技术创新的速度为灵魂的产业，在这个产业内小企业的形成不断加速，中小企业的比例不断增长是自然的趋势。新生创新型小企业的不断出现要求有适应其特点的资本形式与之配套：一方面，由于创新型企业的投资回收周期比一般企业长，因而增加了对长期资本的需求，降低了投资的流动性。另一方面，由于创新型中小企业既无良好的财务状况和信誉，也无足够的固定资产做抵押，有的只是极为诱人的盈利前景和对等的风险，现有的融资形式很难与其吻合，需要发展新的筹融资形式。

让我们来分析一下现行的金融体系为什么不能适应信息产业等高新技术产业的融资需求。对于银行来说，甚至进入成熟期的高新技术企业相对于传统产业的企业风险也更高，因为对技术创新的需求贯穿企业发展的始终，而且缺乏必要的有形的担保品（因为这类企业的核心资产是高新技术或者好的方案等无形资产），一旦投资失败，银行将承受巨额资本亏损。同时，即使创业企业获得巨大的成功，银行也只能收取固定的微薄的利息，风险和收益严重不对称。实际上，银行业稳健经营的根本原则与高新技术产业高风险高收益的特点是背道而驰的。而且对于高新技术企业来说，贷款的债务性和短期性会很快恶化企业的财务状况，阻碍其长期发展，故以银行为核心的间接融资方式难以满足高新技术企业的资金需求。

目前世界各地的证券市场发展已较为成熟，都有一整套完整的市场运行机制、法律法规和监管原则。这些是为了满足传统产业内规模较大、经营业绩良好的企业筹集资金的需要而建立的，并在200多年的实践中历经考验反复完善并固定下来的，既能有效地降低绩优企业筹资成本，又能有力地保护投资者的利益。在目前传统产业仍居经济中主导地位的情况下，这套筹融资体制仍是行之有效的。但这套体制并不适合电子商务类新兴产业：按照传统证券市场的信用评估方法，这些新兴公司靠自己的信誉不能够独立在金融市场上筹集所需的大量

资金，没有发行债券和股票的资格。若希望高新技术企业从传统证券市场筹措资金，势必要修改许多相关的法制和法规，这样将会扰乱传统产业资金筹措，加大了传统证券市场的波动，影响整个经济的稳定发展。

7.1.2 风险投资的定义与特征

风险资本市场是资本市场培育高新技术产业的一种创新的制度安排，它是为了适应高新技术产业发展特点，在技术创新和金融创新相互作用过程中重复形成的一种创新资本市场形态。风险资本市场的组成和范围明确，其运行遵循其本身的特殊规律，它在运作机制和治理结构上的独创性使其成为适应网络经济甚至知识经济的现代金融体系的极为重要的组成部分。风险资本市场是适应高新技术创业企业的筹融资特点而逐渐自发形成的对现行金融体系的有益补充。它无论从服务对象、资金的来源、资金的管理方式和整套制度设计方面都与传统的资本市场不同。风险资本市场主要服务中小型的新兴高科技企业，通过投资者较高的素质和参与管理的深度来降低信息不完全和信息不对称的程度，并利用一整套合理严密的制度设计在将投资风险分散化、社会化的同时，提高投资的成功率和收益率。

风险投资的英文是 Venture Capital（VC），也有学者将其译为创业风险资本，科学技术部曾定义，风险投资（又称创业投资）是指向主要属于科技型的高成长性创业企业提供股权资本，并为其提供经营管理和咨询服务，以期在被投资企业发展成熟后，通过股权转让获取中长期资本增值收益的投资行为。

一般来讲，如图7-2所示，资本市场分为间接资本市场和直接资本市场，间接资本市场主要指银行的借贷市场；直接资本市场又分为风险资本市场和一般资本市场。一般资本市场是成熟的大中型企业筹集长期资本的市场，它包括通常意义上的证券市场。银行和证券市场是传统工业经济最重要的融资场所。风险资本市场则是处于发育成长期的新兴高新技术企业进行直接融资的场所。从市场的开放程度和所参与企业的发展阶段来划分，风险资本市场又包含了三个子市场：非正式的私人风险投资市场，风险投资（Venture Capital）和专门为

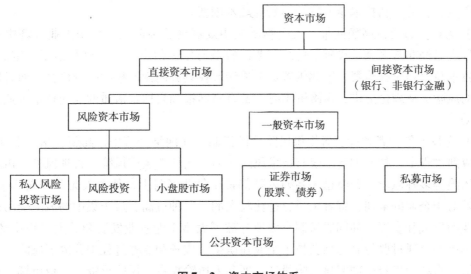

图7-2 资本市场体系

中小高成长性企业设立的证券市场（又称二板市场、小盘股市场、创业板等）。因此，风险资本市场是一个与一般资本市场相对应的概念，是资本市场中一个具有较大风险的子市场。非正式的私人风险投资市场是一个没有中介的私人股份融资场所，它是富裕的家庭和个人直接向企业进行股份投资的场所，投资者自行负责投资项目的选择、投资过程的管理、投资后的监控直到获取投资收益。

私人风险投资是高新技术企业创业初期的主要融资方式。风险资本是风险资本市场体系中最重要的一环。它在私人风险投资市场和二板市场之间起着承上启下的作用，是高新技术企业成长壮大过程中最重要的资本支持，也就是我们常说的风险投资。美国全美风险投资协会对风险资本的定义是：风险投资是由专业金融投资者投入新兴、发展迅速、有潜在竞争力的企业的一种股权资本。风险资本是一种有组织、有中介的资本形式，风险资本家是投资者和高新技术企业之间的中介。它从投资者手中获取资本，再以股份投资的方式投到具有高成长性的新兴中小企业中；风险资本家不仅负责项目的筛选、合同的签订和企业的监管，还直接确定投资退出的时间和方式。风险资本是高新技术企业成长壮大过程中最重要的长期资本，一般会陪伴着新兴的高新技术企业上市或被购并，即获取超额的投资回报后退出，这也是风险投资的根本目的。

专门为中小高成长性企业设立的证券市场——二板市场使高新技术企业走向公共资本市场，成为公众公司，为企业的进一步扩张提供了更为广阔的融资渠道，也为私人风险投资和风险资本增加一条收益良好的退出渠道，是风险资本市场的重要组成部分。风险资本市场有别于一般资本市场最大的特点在于这一市场中存在比一般资本市场更高的风险。这种风险来源于资本介入的时间早、市场中的信息不完全和信息不对称程度高及发行股份的高新技术企业的不确定性，这些是由新兴高技术企业本身的特点所决定的。

总的来说，风险资本市场应当实现的功能主要有以下四个方面：

（1）为高新技术企业提供融资渠道。高新技术企业由于筹融资的独特性使得现行的间接资本市场和一般直接资本市场不能为其提供充足的资金，而风险资本市场可为其提供较为充分的资金，支持高新技术企业持续不断的技术创新。

（2）为投资者提供高额回报。人类物质文明发展到目前阶段，传统工业经济中利润平均化的程度已经非常之高，投资于传统产业的收益有限。但由于社会已积累了一定的财富，资金闲置本身就是一种浪费，因此闲置资金迫切寻找具有高额回报的投资机会，而且能够承担一定的风险。从理论上讲，风险资本有向具有高回报和高增长潜质的高新技术企业进行投资的冲动。

（3）为技术创新者和投资者提供风险分散机制。在网络经济中，高新技术企业在创立、成长和成熟过程中，技术创新不仅有技术风险，而且还伴有生产风险、管理风险、市场风险和退出风险等多种风险。若将这一系列风险都置于创业者身上，他个人无疑是无法承担的，这些风险对于企业的早期投资者来说也是比较大的。这种过高、过于集中的风险会阻碍高新技术产业的形成和发展。如同股份制有效地分散了大型工业企业发展和壮大过程中的风险，风险资本市场也通过股份制为高新技术企业在萌生、成长和成熟过程中分散了风险。尤其是在风险资本市场中投资呈现明显的阶段性，即私人风险投资、风险投资、二板市场，风险投资中又分为多个注资阶段，有效地将风险一步步分散到技术创新者、私人风险投资者、风险投资基金、机构投资者和公众中。当然随着风险的分散,投资的收益也在逐步下降。

(4) 为高新技术企业提供企业管理、资本运作及市场开拓方面的经验和技能。由于高新技术企业成功与否,只部分取决于技术开发本身的成功与否,更多地取决于企业的组织管理、生产控制、市场开拓及资本的再筹集、运作及退出方面的成功与否。而这些都是高技术专业人才难以控制的。而风险资本市场除了为企业提供资金,还为企业提供这些方面的帮助。一般风险资本家在为企业注资之前,要对其进行严格的筛选,考察其潜在价值和市场潜力。注资之后,风险资本家又会参与企业关键环节的管理,为高新技术企业带来管理资源、业务资源和社会资源,从而大大提高高新技术企业创业的成功率。据统计,有风险投资支持的高新技术企业的失败率为20%~30%,而没有风险投资支持的高新技术企业的失败率为80%~90%,前者要低得多。

风险投资是一个复杂的系统工程,在其运作过程中主要涉及三方参与主体:投资者(风险投资供给主体)、风险投资人(风险投资运作主体)与创业企业(风险投资需求主体)。风险投资系统由五个关键的子系统构成:风险投资供给系统、风险投资组织系统、风险投资决策系统、风险投资需求系统和风险投资退出系统,如图7-3所示。

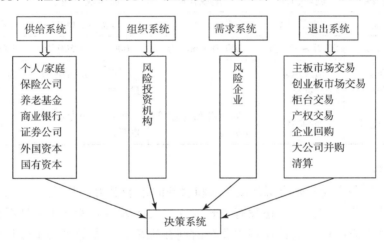

图7-3 风险投资的系统构成图

风险投资的基本特征如下:

(1) 权益投资:风险投资是一种权益资本,以通过上市或出售达到退资并取得高额回报的目的。

(2) 无担保、有高风险的投资:风险投资主要用于支持刚刚起步或尚未起步的高技术企业或高技术产品,这些企业一方面没有固定资产或资金作为贷款的抵押和担保,因此无法从传统融资渠道获取资金,只能开辟新的渠道;另一方面,技术、管理、市场、政策等风险都非常大。

(3) 流动性较小的中长期投资:在风险企业初创时就投入资金,一般需经3~8年才能通过退资取得收益,并不断地对企业进行增资,流动性较小。

(4) 高专业化和程序化的组合投资:要求创业资本管理者具有很高的专业水准,在项目选择上要求高度专业化和程序化,精心组织、安排和挑选,尽可能地锁定投资风险。

(5) 投资人积极参与的投资：风险投资公司在向风险企业注入资金的同时，为降低投资风险，必然介入该企业的经营管理，提供咨询，参与重大问题的决策，帮助该企业取得成功。

(6) 超额回报的财务性投资：是以追求超额利润回报为主要目的，投资人把它作为一种实现超额回报的手段，因此风险投资具有较强的财务性投资属性。

(7) 对剩余索取权进行配置的资本：风险资本人以权益的方式向创业企业投入资本，要求企业向自己让渡相应数量的所有权或剩余索取权，风险资本人能够享有增长带来的收益。

高新技术企业的生命周期一般可分为五个阶段：研发期、创业期、早期成长期、加速成长期和成熟期。各个阶段有不同的资金来源、企业特征和组织结构。表 7-1 描述了高新技术企业的生命周期及其特征和资金来源。

表 7-1 高新技术企业的生命周期

（资料来源：OECD/GD，1996） 美元

阶 段	研发期	创业初期	早期成长期	加速成长期	成熟期
销售收入	无	200 万以下	200 万～1 000 万	200 万～1 000 万	200 万～1 000 万
资本总额	10 万以下	50 万～250 万	200 万～600 万	600 万～1 500 万	3 000 万左右
主要资金来源	创业者及亲朋	私人风险资本	风险投资	风险投资和机构投资者	证券市场公众资金和机构投资者
管理者	创业者	创业者	创业者和专业管理机构	创业者和专业管理机构	专业管理机构

(1) 研发期。

企业在这一阶段主要是确定所开发产品和服务的市场潜力，并且进行研制和开发工作。这个时期一般为 1 年左右，企业还没有正式成立，发起人主要考察市场情况和从事科研工作，通常与一两个志同道合的伙伴利用业余时间在家里、车库等简易工作场所进行研发工作。这一阶段的投资需求较小，几万美元以内，资金来源一般是发起人、合伙者和亲朋好友等，有极少的私人风险资本注入。

(2) 创业初期。

这一阶段主要任务是开发出产品和服务的样本并向市场展示，同时要建立正式的企业。这一阶段要全力争取一笔私人风险资本和第一笔业务成交。由于要招收人员，生产产品和市场推销，企业对资本的需求显著增加。这一阶段一般为 1～3 年，企业的销售收入一般在 200 万美元以下，资本总额为 50 万～250 万美元。创业阶段的主要资金来源是私人风险投资者，风险资本也开始进入企业。

(3) 早期成长期。

企业的产品已经开始定型，市场正在逐步扩大，企业在扩大厂房、增加设备和招收人员方面投资巨大，同时还要着手下一代产品的研制与开发，企业的盈利远远低于资金投入，对外部资金需求量很大。此时，企业的销售收入一般为 200 万～1 000 万美元，资本总额为 200 万～600 万美元，时间为 2～3 年。这一阶段的资金来源主要是私人风险投资、风险资本

和商业银行贷款，风险投资逐渐成为其中的主要部分。

（4）加速成长期。

企业的产品已广为市场接受，企业的收入和利润开始加速增长，企业的现金流可以满足企业的大部分需要。但由于产品需求已越过临界点，因此，市场呈指数扩张，新的商业机会和大额定单蜂拥而至，企业仍然需要大量外部资源以实现其高速成长。

这一阶段为2~3年，销售收入一般为200万~1 000万美元，资本总额为600万~1 500万美元。资金来源是风险投资、商业银行贷款和保险公司等长期机构投资者。

（5）成熟期。

这个阶段也是风险资本退出的时期。成功的高新技术企业可以在风险资本市场体系的二板市场上市，成为公众公司，通过公共资本市场上的资本运作筹集资金扩大规模。企业也可能由于产品有特色、有市场，而被规模更大、实力更强的公司出资收购和兼并，在控股公司的支持下，企业将得到资金、管理资源和技术人才方面的支持和更好的发展。当然还有其他的一些风险资本退出方式，但无论如何，大部分风险资本都会在这个时期退出企业。

研究开发期和创业初期统称种子期。这个阶段的风险主要是技术开发风险。资金一般依靠自有资金、私人借贷和私人风险投资，当然私人风险投资是最主要的部分。这部分资金量虽小，但由于企业初创时股价低廉，因此获得的股份数量较多，投资变现退出时等量资金获得的收益也是最高的。当然这是由于它承担的风险最大。这一阶段企业的管理者一般是创业者自己，即企业家和技术创新者，风险投资者一般只监控企业的财务状况和资金运用状况，不干涉企业的运营。

早期成长期和加速成长期又统称企业的成长期。资本需求量大，而且渐次增加，资金来源主要是风险投资和长期机构投资。随着企业一步步发展壮大，盈利前景已日益明朗，股份开始增值，等量资金换取的股份也越来越少。此时企业的管理者不仅是创始人，也包括外聘的职业经理人或者专业管理机构，风险投资家也有权参与企业的许多重大事项的决策。

因此，我们一般将高新技术企业的生命周期分为种子期、成长期和成熟期，分别对应于风险资本市场体系的私人风险资本、风险投资和二板市场。

7.1.3 风险资本的运作过程

风险资本的投资活动一般分为五个连续的步骤：

第一步是交易发起（Deal Origination），即风险资本家获知潜在的投资机会。第二步是投资机会筛选（Screening），即风险资本家在众多的潜在投资机会中初选出小部分进行进一步分析。第三步是评价（Evaluation），即对选定项目的潜在风险与收益进行评估。如果评价的结果可以接受，风险资本家与企业家一道进入第四步——交易设计（Deal Structure）。交易设计包括确定投资的数量、形式和价格等。一旦交易完成，风险资本家要与企业家签订最后的合同，并进入第五步——投资后管理（Post-investment Activities）。最后一步的内容包括设立控制机制以保护投资、为企业提供管理咨询、募集追加资本、将企业带入资本市场运作以顺利实现必要的兼并收购和发行上市。

风险资本的投资模式是在高度的信息不对称和信息不完全的环境中形成的。它在理论上涉及多方面的问题，在实践中有多种变种。为简便起见，本书仅从实际应用的角度分析最基本的投资模式。

一、交易发起

在交易发起阶段，风险资本家面对的是一个内容十分宽泛的投资机会选择范围，通常遇到的问题是潜在投资机会因规模太小而可见度低。在这种情况下，风险资本家与企业之间的中介扮演了十分重要的角色，它向风险资本家和需要投资的企业提供信息服务。

风险资本的投资机会获取方式主要有三种：第一种是企业家主动提出投资申请，并提供相应的商业计划，大约1/4的投资机会是通过这种方式获取的。第二种方式是推介，即通过其他风险资本家、银行或投资中介者（机构）推荐介绍。在风险资本家获取的投资机会中，有大约50%是通过推介获取的。在推介方式中，有一种被称为辛迪加的方式越来越普遍。在这种方式下，一位风险资本家作为某个企业的主要投资人，由他向其他风险资本家推介，让其他风险资本家参与进来，进行联合投资。辛迪加的优势是能够联合多个风险资本家进行投资，使个体风险资本家的投资集合更多样化，降低了投资风险。同时，由于投资管理的责任大部分由牵头的风险资本家承担，使其他风险资本家免去了大量烦琐的管理事务。投资机会获取的第三种方式是由风险资本家主动搜寻潜在的投资机会。风险资本家经常会主动寻找那些处于创业阶段或急需扩张资金的企业。他们主要通过非正式的业内网络，参加贸易洽谈会、展览会、科技专业学术会等方式及时掌握科技、商业动态，并寻找潜在的投资机会。当风险资本家要选择自己投资的科技领域或为所投资的企业选择管理人员时，通常采用上述积极主动的搜寻方式。在这种情况下，风险资本家部分地充当了企业家的角色。

二、机会筛选

一个独立的合伙制基金一般有6～10位专业人员，他们要从大量的投资机会中选择一部分进行深入研究，其中只有极小部分被认为是有投资价值的项目被选中进入下一步评价。由于可供筛选的项目太多，而基金的人力又有限，基金一般选择与自己熟悉的技术、产品和市场相关的项目。机会筛选过程中一般要考虑以下四个方面的问题：

（一）投资规模与投资政策

投资规模的选择是一个规模效益与风险分散的平衡问题。如果单项投资的规模过小，整个基金的管理成本就会上升，出现规模不经济的问题。但如果规模太大，单项投资的成败决定整个基金的收益，则基金的风险太高。风险资本家要从上述两方面的平衡中确定合适的投资规模。由于他们的风险偏好和基金规模不同，所确定的合理规模也有差异。另外，为了克服上述两方面的矛盾，越来越多的风险资本家采用辛迪加式的投资政策，多家风险资本联合对规模较大的项目进行投资。

（二）技术与市场

多数风险资本在进行机会筛选时，会把技术与市场作为选择标准之一。从某种意义上说，风险资本投资的不是一个企业，而是一种技术或市场的未来。因此，他们必须对项目所涉及的技术和市场有深入的了解。由于他们不可能了解所有的技术，因而在项目筛选时只能考虑自己熟知的领域内的技术。风险资本家一般倾向于新兴技术而非成熟的技术。

（三）地理位置

对地理位置的考量主要是从方便管理出发。投资一旦发生，风险资本家就要和企业家保持经常性的接触。从时间和费用两方面考虑,风险资本家希望选择离自己较近的项目,一般倾向于选择位于主要城市附近的项目。然而,随着通信技术的发展,对地理位置方面的考虑正趋于淡化。

(四)投资阶段

风险企业对风险资本的需求发生在企业生命周期的不同阶段。对不同发育阶段的企业进行投资选择,体现了风险资本家不同的风险偏好和对收益与风险的平衡。一般来说,企业早期投资的风险较大,但收益较高;反之,后期投资的风险较小,但收益也小。风险资本家必须依据个人的风险偏好在收益与风险中做出平衡。根据美国风险资本业 1988 年的统计(Bygrave,1992),种子投资和创业投资占整个风险资本总投资额的 12.5%,而扩张性投资和后期投资占 67.5%。这表明多数风险资本的投资发生在企业具有一定规模以后,但这并不说明这两类投资在项目数量上的差异,因为种子投资和创业投资所需的资本额一般较小。

三、机会评价

传统的公司财务理论认为,投资者寻求的回报应与该项投资的非分散性风险(Non-diversifiable Risk)有关。根据资产定价模型(CAPM),投资所获取的报酬应与无风险的长期利率成正相关,同时也随股票市场预期报酬率与长期利率之差同方向变化。因此,标准的投资评价方法是根据现金流现值和分红现值作为基础。但是,这种方法显然不适用于对风险资本的投资评估。对一个处于发育早期、充满不确定性的企业进行未来现金流的预测是不现实的;同时,这种企业几乎没有现金分红,投资者的报酬体现在退出时的股份增值中。由于风险资本投资的是未来的增长机会,期权理论为风险投资项目的评价提供了一个极好的理论工具。风险投资的多阶段特征使投资者拥有现在投资或稍后投资的选择权利。当第一次投资发生后,投资者没有义务做后续投资,但有权利在获取进一步的信息后进行后续再投资。由于后续投资是一种权利而非义务,投资者在企业未来的价值增值中拥有一个有价期权。用期权定价方法评价风险资本的投资已有大量的理论研究和少量的实际应用。但是,绝大多数风险资本家是依据对企业商业计划的主观评估来做出投资决策的。主观评估的过程一般包括三个步骤:因素评价、收益风险评估和投资决策。

因素评价中有收益因素和风险因素的评价,收益因素主要是市场前景和产品新意,前者是最重要的。风险因素主要是管理能力和环境适应能力,其中管理能力是最重要的。通过对各个因素的分析,风险资本家获得该项投资的预期收益和预期风险,然后依据自己的风险偏好,在对比分析各个项目的这两项指标后做出投资决策。

四、交易设计

风险资本家做出投资决策后,必须和企业家一道设计出一个双方都可以接受的投资合同。从风险资本家的角度看,设计投资合同有三个方面的用途:①合同设定了交易价格,即风险资本家的风险投资可以换取的股份数量;②合同设定了对风险投资的保护性契约,它可以限制资本消耗和管理人员工资,也可以规定在什么样的情况下风险资本家可以接管董事会,强制改变企业的管理,通过发行股票、收购兼并、股份回购等方法变现投资,保护性条款还可以限制企业从其他途径筹集资金,避免股份摊薄;③通过一种被称为赚出(Eran-out)的机制设计,合同可以将企业家所取得的股份与企业目标的实现挂起钩来,激励企业家努力工作。

五、投资后管理

交易设计完成并签订合同后,风险资本家的角色从投资者扩张到合作者,他们通过在董事会中的席位影响企业的决策,通过在产品市场、原料市场和资本市场上的优势帮助企业发展。风险资本家之间对企业正常管理活动的参与程度差别较大,总的说来,大多数风险资本家不倾向于过多涉及企业日常管理。但在出现财务危机或管理危机时,风险资本家会进行干涉,直至更换企业管理队伍。风险资本家参与企业管理的程度受多种因素的影响,其中最主要的因素包括企业高级主管的经验与技能、企业所处的发育阶段、企业所采用技术的创新程度,以及企业高级主管与风险资本家在企业发展目标上的一致性。美国的资料表明(Sahlman,1989),风险资本家将大约一半的工作时间用于所投资企业的投资后管理。平均每人负责9个企业,每个企业每年平均耗费110个小时。风险资本家在投资后管理中做得最多的两项工作是帮助企业筹集资金和提高管理能力。前者是风险资本家运用自己在资本市场上的联系和技能为企业的进一步发展筹集资金;后者是通过在市场上寻找和吸收高素质的经理人员,及时更换不称职的企业主管来实现的。由于多数风险资本家都认为管理是决定投资成败的关键因素,因而提高企业的管理能力成为他们在投资后管理中最重要的工作。在美国的一项对风险资本家的调查中发现,平均每个风险资本家在其职业生涯中解雇过3个企业高级主管。

从西方发达国家来看,私人股权市场最主要的退出方式包括 IPO 和第三方出售(被并购)两种方式,再资本化(如回购等)、直接清算、在二级市场减持(如对 PIPE 投资等)也经常成为退出的重要方式。2009 年开通的中国创业板,为中国的股权投资基金、风险投资基金和私募股权投资基金提供了重要的退出渠道。

(一)IPO

一些实证研究表明,IPO 是影响股权投资基金业发展最强的驱动因素。企业实现 IPO 后,包括股权投资基金在内的原始股东股权在符合一定的禁售期(锁定期)后即在二级市场流通,从而可以帮助早期进入企业的股权投资基金等投资者通过迅速出售变现即实现退出,对私人股权的投资者产生了很强的激励。

(二)向第三方出售

相对于 IPO,向第三方出售股权是一种操作简单、费用相对较低且适合各类规模和发展阶段企业的退出方式。尤其是在股票市场低迷、IPO 退出通道受到限制时,股权转让是一种主要使用的退出方式。

(三)回购(赎回)

在企业发展到一定阶段,拥有相对充足的现金流时,有可能会采取向股东回购股份的方式帮助投资者退出。股份回购是指公司按一定的程序购回已经发行在外并流通的本公司股份的行为,通过大规模买回本公司发行在外的股份将改变企业的资本机构。

风险资本的退出渠道尽管有多种,其中最理想的退出渠道是企业股票发行上市。根据美国对42项风险投资的调查(Bygrave 和 Tinmons,1992):30%的风险投资是通过企业股票发行上市退出,23%通过兼并收购,6%通过企业股份回购,9%通过股份转卖,6%是亏损清偿,26%是因亏损而注销股份。在上述不同方式的退出中,风险投资的回报差别很大,其中，通过企业股票发行退出的投资回报达到1.95倍，兼并收购的投资回报达到0.4倍，企业回购股份的回报达到0.37倍，股份转卖的回报达到0.4倍，而亏损清偿的回报是-0.34倍，因亏损而注销股份的回报是-0.37倍。因此，股票发行上市被称为风险资本的黄金收获方式。在风险资本投资的上市企业中出现了许多超级明星，例如，苹果计算机的投资回报达到25倍、Lotus达到63倍、Compag达到38倍。

在绝大多数风险资本家看来，退出策略是风险资本运作中最重要的部分。从投资到收获，风险资本陪伴着企业走过最具风险的5年左右时间后，风险资本家要全力以赴将培育出来的企业推向市场，这不仅是因为企业上市为其带来巨额回报，也是因为企业上市是风险资本家成功的标志，可为风险资本拓展其融资渠道奠定良好基础。实证研究的结果表明：风险基金培育的上市企业越多，流入该风险基金的资金越多，风险基金的融资成本越小。

风险资本所培育的企业在上市之初一般具有经营历史短、资产规模小的特点，加之它们是在一些新的领域内发展，因而失败的风险较大。同时，风险资本家为了尽快建立自己的市场信誉，具有过早地把企业推向市场的倾向，这也使得证券市场所承受的风险大增。基于上述原因，世界各主要国家和地区在近年都相继设立了专门为新兴企业上市筹资服务的小盘股市场，或称二板市场。这些市场一般是主板市场之外的专业市场，其主要特点是在上市条件方面对企业经营历史和经营规模的要求较低，注重企业的经营活跃性和发展潜力，因而也可以称之为新兴企业的成长板市场。它是在企业经过风险资本的培育后进入公共资本市场的第一步。风险资本家在此收获其投资，企业经过成长板市场的培育后，再进入成熟的主板市场。当今世界上很多高科技大公司，都经历了这样一条发展道路。

在世界各国的高新技术企业市场中，首推美国的纳斯达克市场（Nasdaq）最为成功。它培育了像微软（Microsoft）、英特尔（Intel）、戴尔（Dell）、Sun、Genentech等一大批高科技企业。在美国所有高科技上市公司中，96%的因特网公司、92%的计算机软件公司、82%的计算机制造公司和81%的电子通信和生物技术公司在纳斯达克上市。在纽约证券交易所的大公司中，也有相当部分是经过纳斯达克市场培育出来的。

随着高新技术产业的不断发展，纳斯达克市场作为高新技术企业的成长摇篮在国际证券市场上的地位日益显著。在近5年上市的纳斯达克公司中，科技类公司占37%、电子通信类公司占14%、医疗类公司占13%、生物制药类公司占12%，而金融业和机械制造业则分别仅占10%和3%。在1990—1997年的8年时间内，纳斯达克市场为美国高科技产业筹集了近750亿美元，这个数字是美国私人风险资本业总资本的2倍多。纳斯达克市场之所以成为世界上最成功的高科技市场，除了美国高科技产业的迅速发展外，它在上市标准、上市费用、交易制度、市场服务等方面适应高新技术企业的特点，营造良好的市场条件，是其成功的重要原因。纳斯达克培育了大批高新技术企业，这些企业反过来又促进了纳斯达克市场的繁荣和发展。在1975—1995年的20年间，纳斯达克从一个交易量为纽约证券交易所的30%、交易额为后者17%的小市场奋起直追，成为交易额接近纽约证交所且交易量超过后者的主要市场。在纳斯达克上市的高新技术企业的表现，为投资者带来了丰厚的利润，形成了一个十分有益的高投资文化。

欧洲曾经普遍存在着一种观点：由于没有一个像美国纳斯达克那样的股票市场，欧洲高成长性的小型企业很难通过股票发行上市获得发展所需的资金，只能通过借债，其结果是不健康的高负债率严重制约了高成长性小型企业的发展。欧洲议会和经济委员会非常支持上述观点。欧洲经济委员会在1995年的宣言中表示：传统的欧洲股票市场偏重于为大公司服务而忽略了小公司。由于缺乏为小企业服务的股票市场，越来越多的欧洲公司到美国股票市场，尤其是纳斯达克市场上市，这种状况不利于金融服务业的发展。更为严重的是，上市困难使风险资本不易退出，影响了风险资本行业的发展，阻碍了新生企业的发育和成长。鉴于新生中小企业在经济发展和社会就业中的重要地位，欧洲委员会鼓励采取一切必要措施建立和完善为中小企业服务的欧洲股票市场。在欧洲委员会的直接或间接支持下，从1995年开始，欧洲相继成立了多个服务新生高成长性企业的股票市场，其中较具规模的有Nouveau Marche和Euro–NM市场、AIM市场和Easdaq市场，它们在保证欧洲高新技术产业发展、为风险资本提供退出渠道上起到了十分积极的作用。

亚洲一些国家和地区也设立了多个服务新兴高成长性企业的小盘股市场。除了较早设立的日本Jasdaq市场外，还有中国台湾地区的场外证券市场、新加坡证券交易及自动报价系统市场（SESDAQ）、马来西亚证券交易及自动报价场外证券市场（Mesdaq）、吉隆坡证券交易所二板市场（KLSE）等。我国香港特别行政区也设立了创业板市场。

各国（地区）建立小盘股市场的初衷都是扶持新生中小企业，改善高新技术企业的融资环境。但是，风险资本市场是一个市场体系，它的繁荣及有效性是该体系内各组成部分相互协调长期发展的结果。

美国纳斯达克市场的成功，不仅是因为本身的机制适应高新技术企业的需求，更重要的是美国经济中存在着大量创新型的高成长性企业，而这些企业是美国政府、科技企业家、私人风险投资者和风险资本家等相互配合长期培育的。因此，作为风险资本市场体系组成部分的小盘股市场要获得成功，除了自身的机制外，还取决于风险资本市场中高新技术企业私人风险投资市场和风险资本的发育状况。世界各国（地区）的小盘股市场有很多成功的经验，但也有不少失败的教训。

7.2 基于第三方电子商务平台的电商信贷

7.2.1 第三方平台与网络融资的定义

第三方电子商务平台，也叫作第三方电子商务企业，是按照特定的服务和交易规范，与服务、产品的需求者和提供者相独立，凭借网络服务的平台，为买方和卖方提供中介服务。第三方电子商务平台服务内容可以包括但是不仅限于"供求信息发布和搜索、确立交易、资金支付以及物流"等；平台的主要目标是确保买卖双方的公平性和合法性，在供求双方之间搭建起一个有效的信息交流的平台，营造一个良好的商业信用环境；平台服务的主要对象是广大中小企业，不限制企业形式，可以是高科技企业、零售业、工业，中小企业所需要的服务或产品都能够凭借第三方电子商务平台来实现交易。

第三方电子商务平台能够充分地挖掘网络、技术和受众的优势特点，与我国的各大商业银行错位展开竞争，可以降低中小企业的交易成本、扩大市场的占有份额、获得商业竞争的机会、共同分享数据信息以及增强中小企业的竞争力。

第三方电子商务平台具有以下特点：

（1）独立性、高效性。第三方电子商务平台作为提供中介服务的交易平台，既独立于买家，也独立于卖家，正是由于其自身的中立立场，使其得到了众多参与者的信任，能够将更多的卖方供应信息和买方需求信息集成，撮合买方和卖方之间进行交易，这有助于节省买卖双方的大量时间和费用，从而更好地利用第三方电子商务平台去实现交易的规模效益。

（2）依托网络、集成性。第三方电子商务平台是在依托虚拟网络的基础上，集成买卖双方的信用信息和交易信息，使数据信息实现共享，从而增强交易信息的透明度，提高双方交易的成功率。

（3）服务专业化、规范化。买方可以通过第三方的电子商务交易平台搜索自己所需要的服务、产品，众多的卖方可以在价格上、质量上、交货时间和私人定制等方面进行竞争，第三方电子商务平台可以撮合买方和卖方之间的交易，管理订单，安排支付，规范和监督交易过程，为买方和卖方提供更加安全和便捷的服务，保证买卖双方交易的公平公正。近年来，中国电子商务发展迅速，据中国电子商务研究中心统计，到2013年年底，我国电子商务市场的交易规模达到10.2万亿，同比增长了29.9%，其中，B2B电子商务市场交易额达8.2万亿元，同比增长31.2%。

网络融资是指以网络作为媒介所开展的企业与银行或者第三方机构之间的融资活动，资金的需求方可以在网上填写贷款申请表和企业信息等相关资料，然后凭借第三方平台或者直接去向银行等金融机构提出贷款申请而获得贷款的一种全新的数字化融资方式。当前，网络融资不仅仅是指企业和银行之间通过网络进行相互借贷的服务，伴随着近几年各种新型融资产品的产生，银行已经不再是绝对的借款人，民间影子银行、私募基金、各种小额贷款公司等实体经济也都可以作为放贷人来进行交易。可见，只要是通过网络平台进行的融资活动，都属于网络融资。

和传统的贷款程序相比，网络融资不再有地域限制，极大地精简了授信的过程和获得贷款的流程，在很大程度上缩短了贷款期限，提高了申请贷款的效率，缓解了中小企业融资难的问题。据电子商务研究中心统计，网络融资从2007年以来呈现逐年增长态势，2007年为2 000万元，2008年为14亿元，2009年为40亿元，2010年为140亿元。

7.2.2 网络融资的主要模式

网络融资作为互联网金融的主要组成部门，主要包括P2P贷款、众筹融资、电商小贷三种。

一、P2P贷款

在我国P2P贷款又称为"人人贷"，也就是点对点信贷，指的是有闲置资金的个人通过提供中介服务的网络平台，将资金直接贷给有借款需求的其他个人。

2007年6月，我国首家P2P网贷平台拍拍贷在上海成立。之后几年，网贷平台在我国的发展并不迅速，很少有投资者涉足。一直到2010年，网贷平台才被许多投资者看重，陆陆续续出现了一些尝试者。到2011年，网贷平台在我国得到了迅速发展，一大批的网贷平台纷纷上线。到2012年，我国的网贷平台数量已经达到了2 000多家，各种网络融资平台在我国如雨后春笋般成立。据不完全的统计，国内网贷平台2012年全年的交易额已经超过了百亿。2013年，网贷平台在我国更是取得了蓬勃的发展。目前我国比较著名的P2P网贷平台有宜信、人人贷、红岭创投、惠人贷、陆金所、翼龙贷等。P2P贷款的模式主要分为四种：传统模式、债权转让模式、担保模式和平台模式。

传统模式是指P2P平台作为贷款的网络对接平台，通过提供技术支持实现筹资人和投资人的线上撮合，其本质是个人放款。P2P平台只是起到纯中介作用，平台仅仅利用已有的行业经验和积累的数据对借贷双方进行安全考核，一旦出现违约，责任由借贷双方自负。传统模式有利于积累交易数据，树立品牌，并且对借贷双方无地域限制，但是其要求有非常坚实的用户基础，否则难以实现盈利。典型案例如拍拍贷。

债权转让模式是指P2P平台首先将自有的闲置资金出借给贷款人，然后在金额或者期限上对获得的债权进行分割，最后再将债权转让给其他的投资人，从而获得资金的收益。这种模式可以迅速地提升买卖双方的交易量，但是存在的政策风险比较大，程序也相对比较的烦琐，需要大量的线下的操作，所以会有一定的地域限制，典型案例如宜信。

担保模式是指P2P平台在提供金融中介服务的基础上，同时引入保险公司等机构为交易进行担保，一旦出现贷款违约，可以由保险公司偿付给投资人。这种模式更加有利于保障资金的安全，符合中国投资人的投资理念，但是因为涉及的关联方比较多，所以非常容易失去定价权。典型代表例如人人贷。

平台模式引入了小额贷款公司等金融机构的融资需求，金融机构从P2P平台获得推荐的信用良好的小微企业，然后将自己的闲置资金借出并获得相应的投资回报。该种模式成本较小，见效比较快，但是这种模式的核心业务不属于金融范畴，只是单纯地起到一个服务中介的作用。典型案例如有利网。

二、众筹模式

众筹融资是指筹资人借助于网络良好的传播性，借助于平台的运营商，向大众筹集资金的一种融资方式，众筹项目投资人可能来自世界各地。众筹模式的主要特征是：门槛较低、样式多样、依靠大众的力量、比较注重创意。在众筹平台上，筹资人可以创建自己的项目，介绍自己的产品、需求和创意，可以设定筹资的模式、期限、目标筹资额以及预期回报；平台的运营方主要负责审核和展示筹资人所创建的项目，从而提供各种支持服务。众筹融资比传统的融资方式更加开放，项目的商业价值已经不再以是否筹得资金作为唯一的衡量标准，只要宣传的效果好，只要网友们喜欢，筹资人都可以在众筹平台上筹得所需的资金，为更多从事经营和创作的人提供了无限发展的可能性。我国著名的众筹平台主要有：点名时间、大家投、天使汇、追梦网等。通过众筹平台筹集资金，推动了创业者不断创新，凭借的是群众的智慧，远远比商业银行的制定信贷规则更加有效。众筹融资可分为三种：项目众筹、债权众筹和股权众筹。项目众筹是最原始的众筹方式，是团购和预购的结合；而债权众筹是项目众筹的简单衍生模式，标的物是债权，债权标准化程度比较高；股权众筹是指以股权作为投资标的物所进行的融资，股权众筹涉及很多的线下审核过程，与传统风险投资相差不多。由于众筹模式和团购很相似，往往并不涉及资金的回报问题，这样的模式闭环可以说已经脱离了金融范畴。目前，我国的法律体系还不完善，众筹模式还存在着很大的法律风险，面临着非法集资的嫌疑，况且，一个好的项目从产生到发展往往需要其他各个领域的支持，比如获得贷款之后，企业仍然需要管理财务、运营企业、提高技术，这些是都是众筹无法全部满足的。

三、电商小贷

电商小贷是指中小企业通过银行或电商企业构建的电子商务平台取得贷款的一种融资方式。电商小贷在我国有合作模式、自建小贷公司、自建电商平台三种模式。

合作模式是指电子商务企业与银行合作,电子商务企业凭借自身的信息优势,负责对有融资需求的企业进行审核,然后提交给银行审核,银行将资金贷给借款人。

自建小贷公司是指电子商务企业自己成立担保公司或者小额贷款公司,可以通过外部融资,也可以利用集团内部的自有资金,来满足中小企业的贷款需求。

自建电商平台是指商业银行构建自己的电子商务平台,加强商业银行现有客户的黏性、积累数据。

7.2.3 第三方电子商务平台下的网络融资的运行机制分析

第三方电子商务平台下的网络融资模式的总体运行思路是:电子商务平台服务企业(以下简称电商服务企业)充分利用第三方电子商务平台(以下简称电商平台)所掌握的电子商务企业经营信息数据资源,对申请贷款的中小企业和个体户进行风险识别、信用评级,从而帮助它们从商业银行或小贷公司等贷款机构获得贷款。分析第三方电子商务平台下的网络融资的运行机制,首先要了解电子商务的运行机制。

虽然不同的电子商务网络融资产品具体的运作模式略有不同,但其运行机制是大致相同的,可用图7-4来简单描述(未考虑贷款担保情况)。

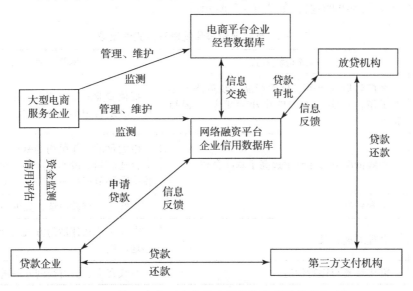

图7-4 第三方电子商务平台下的网络融资运行机制

一般来说,第三方电子商务平台下的网络融资的流程包括以下几个环节:第一,贷款企业通过网络融资平台提出贷款申请;第二,电商服务企业在收到贷款的申请后,首先审核贷款企业的信息,然后利用企业经营的信息数据库数据以及中国人民银行企业征信系统的相关数据,对待融资企业的资质资料验证、未来的产品销售能力等进行评估预测,并通过科学的方法对实现贷款业务进行有效的风险状况、信用等级的评估,并且对贷款审批结果、贷款额度等事项提出建议;第三,放贷机构根据电商服务企业建议,必要时再进行实地调查,就贷款事宜做出最后决定;第四,放贷机构与企业在线签订贷款合同,然后通过网络支付平台将资金转到贷款企业账户;第五,贷款企业通过网络支付平台按期还款;第六,放贷机构委托电商服务企业对贷款企业的经营状况进行日常监测,以保证贷款的安全,同时电商服务企业将贷款企业的相关信息不断充实到企业信用数据库中。

贷款企业如能获得其他企业或担保机构的担保,则贷款申请获批的成功率将上升。在电子商务网络融资的运作过程中,电商服务企业起着核心作用,主要表现在以下两个方面:一方面,电商服务企业扮演着独立的第三方评估机构角色,能对贷款企业的风险状况和信用等级做出客观评估。由于电商平台是信息流、资金流、物流信息中枢,电商服务企业很容易在电商平台数据库的基础上建立企业经营信息数据库,进而掌握贷款企业的经营产品、销售情况、物流信息、现金流状况、网络交易信用等级等信息。对电商服务平台而言,贷款企业的大部分信息都是透明的。此外,由于掌握了大量企业的经营信息,电商服务企业还能对宏观经济形势及贷款企业所处的行业发展状况进行分析,从而对贷款的系统性风险进行客观评价。另一方面,电商服务企业能以较低成本对贷款企业的风险状况和企业信用做出评估。电商服务企业可利用某种算法或折算公式,将贷款企业的电子商务经营数据映射为传统业态的经营数据,进而利用常规方法对风险状况和企业信用做出评估。借助于先进的计算机技术和互联网技术,上述过程在很大程度上都可由计算机自动完成,极大地降低了处理成本。

网络融资利用第三方电子商务平台掌握的信息流、资金流和物流,与传统的银行信贷模式相比,具有十分明显的特点,如表7-2所示。

表7-2 网络融资与传统融资方式的比较

对比条件	传统贷款方式	网络融资方式
贷款成功率	客户对贷款业务、贷款产品、政策法规不甚了解,且实力不强的中小企业易被银行拒绝	提供专业的贷款服务,手续简单,审批快捷,适合中小企业贷款
贷款利率	一般情况下实际利率远高于基准利率	以大量的合作机构为基础,为客户匹配最合适、利率最低的产品,尽可能减少贷款中间环节和费用支出
贷款成本	利率较高	在线提交贷款申请,额外成本低
办理周期	办理周期较长	在线申请和评估的方式大大缩短了贷款办理周期
便利性	需要反复与银行沟通	在线咨询、实时查询办理进度

第一,降低了贷款的成本。

首先,可以将贷款人的资料和信息通过电子化传递,大大地减少了重复沟通和审核,同时,节约了时间成本,节约了商业银行线下铺设网点和运营成本的投入,有利于以低成本批量开发客户。其次,可以和第三方交易平台进行合作,把信息、的核查和控制风险进行转移;可以和仓储物流公司合作,将货物监管进行转移。最后,第三方电子商务平台巨大的信息优势非常适合小微客户金额小、期限短、频率高的融资和理财需求,而且获得中小企业客户的边际成本非常低,这在很大程度上解决了传统的商业银行信息成本和交易成本高的问题。

第二,提高了贷款效率。

网络融资主要凭借的是电子商务平台上的中小企业各类记录,利用建立信用评价数据库和信用评价体系,大大地克服了我国商业银行的信息不对称,突破了传统的融资方式主要依靠担保或者抵押来降低贷款信用风险的模式,缓解了中小企业的信用信息发布、授信机构的信用评级两大难题,促使借贷双方形成良好的信用互动机制,从而有效地降低了众多中小企业获得资金贷款的门槛,提高了办理贷款的效率和速度。作为第三方电子商品平台上的成员,广大的中小企业只要凭借自己良好的信用记录和交易记录,就可获得信用贷款。

第三,更具有灵活性、多样性。

与我国传统的融资模式相比,第三方电子商务平台下的网络融资的操作更加灵活,流程更加简便,并且大多数贷款不需要抵押,能够更好地满足中小企业的少量资金和短期需求,增加了融资的便利。另一方面,商业银行的物理分支机构或线下的营业网点数量有限,但借助于先进的网络信息技术,贷款不受空间和时间的限制,相当于变相扩大了商业银行的服务场地和服务时间,可以随时随地接受客户的申请。

第四,提高了贷款的安全性。

第三方电子商务平台掌握着我国众多的中小企业的信用交易记录,包括:中小企业的注册时间和地点、经营范围和真实身份,以及企业的在线历史交易信息、经营状况和客户满意程度等等,这些信息都被第三方电子商务平台实时掌握,并且平台依托云计算能力,对收集到的企业的经营信息进行更好的整合和分析,帮助企业进行风险控制分析,获得贷款后,监测贷款企业的贷后经营状况,这显著地提高了网络融资的安全性。

7.3 我国资本市场发展与电子商务

7.3.1 我国资本市场简介

从 20 世纪 70 年代末期开始实施的改革开放政策,启动了中国经济从计划体制向市场体制的转型,资本市场应运而生。同时,其发展又引领了中国经济和社会诸多重要体制和机制的变革,成为推动所有制变革和改进资源配置方式的重要力量。

下面通过回顾改革开放以来中国资本市场的发展历程来初步认识我国的资本市场的基本概况。

第一个阶段,中国资本市场的萌生。

从 1978 年 12 月党的十一届三中全会召开起,经济建设成为党和国家的中心工作,改革开放成为中国的基本国策。随着经济体制改革的推进,企业对资金的需求日益多样化,中国资本市场开始萌生。

20 世纪 80 年代初,城市一些小型国有和集体企业开始进行了多种多样的股份制尝试,最初的股票开始出现。

1981年7月我国重新开始发行国债。1982年和1984年，企业债券和金融债券开始出现。

随着证券发行的增多和投资者队伍的逐步扩大，证券流通的需求日益强烈，股票和债券的柜台交易陆续在全国各地出现，二级市场初步形成。1990年国家允许在有条件的大城市建立证券交易所，上海证券交易所、深圳证券交易所于1990年12月先后营业。

伴随着一、二级市场的初步形成，证券经营机构的雏形开始出现。1987年9月，中国第一家专业证券公司——深圳特区证券公司成立。1988年，为适应国库券转让在全国范围内的推广，中国人民银行下拨资金，在各省组建了33家证券公司，同时，财政系统也成立了一批证券公司。

总体上看，股份制改革起步初期，股票发行缺乏全国统一的法律法规，也缺乏统一的监管，股票发行市场也出现了混乱。同时，对资本市场的发展在认识上也产生了一定的分歧。

1992年邓小平同志视察南方后，中国确立经济体制改革的目标是"建立社会主义市场经济体制"，股份制成为国有企业改革的方向，更多的国有企业实行股份制改造并开始在资本市场上市。1993年，股票发行试点正式由上海、深圳推广至全国，打开了资本市场进一步发展的空间。

第二个阶段，全国性资本市场的形成和初步发展。

1992年10月，国务院证券管理委员会和中国证券监督管理委员会成立，标志着中国资本市场开始逐步纳入全国统一监管框架，区域性试点推向全国，全国性市场由此开始发展。1997年11月中国金融体系进一步确定了银行业、证券业、保险业分业经营、分业管理的原则。1998年4月，国务院证券委撤销，中国证监会成为全国证券期货市场的监管部门，建立了集中统一的证券期货市场监管体制。

中国证监会成立后，制定了《股票发行与交易管理暂行条例》《公开发行股票公司信息披露实施细则》等一系列证券期货市场法规和规章，资本市场法规体系初步形成，使资本市场的发展走上规范化轨道，为相关制度的进一步完善奠定了基础。

随着市场的发展，上市公司数量、总市值和流通市值、股票发行筹资额、投资者开户数、交易量等都进入一个较快发展的阶段。沪、深交易所交易品种逐步增加，由单纯的股票陆续增加了国债、权证、企业债、可转债、封闭式基金等。

伴随着全国性市场的形成和扩大，证券中介机构也随之增加。到1998年年底，全国有证券公司90家，证券营业部2 412家。从1991年开始，出现了一批投资于证券、期货、房地产等市场的基金。1997年11月，《证券投资基金管理暂行办法》颁布，规范了证券投资基金的发展。同时，对外开放进一步扩大，推出了人民币特种股票（B股），境内企业逐渐开始在香港、纽约、伦敦和新加坡等境外市场上市；期货市场也得到初步发展。

在这个阶段，统一监管体系的初步确立，使得中国资本市场从早期的区域性市场迅速走向全国性统一市场。随后，在监管部门的推动下，一系列相关的法律法规和规章制度出台，资本市场得到了较为快速的发展，同时，各种体制和机制缺陷带来的问题也在逐步积累，迫切需要进一步进行规范。

第三个阶段，资本市场的进一步规范和发展。

自1998年建立了集中统一的监管体制后，为适应市场发展的需要，证券期货监管体制不断完善，实施了"属地监管、职责明确、责任到人、相互配合"的辖区监管责任制，并初步建立了与地方政府协作的综合监管体系。与此同时，执法体系逐步完善。

但是，资本市场发展过程中积累的遗留问题、制度性缺陷和结构性矛盾也逐步开始显现。从 2001 年开始，市场步入持续四年的调整阶段：股票指数大幅下挫；新股发行和上市公司再融资难度加大、周期变长；证券公司遇到了严重的经营困难，到 2005 年全行业连续四年总体亏损。

这些问题产生的根源在于，中国资本市场是在向市场经济转轨过程中由试点开始而逐步发展起来的新兴市场，早期制度设计有很多局限，改革措施不配套。一些在市场发展初期并不突出的问题，随着市场的发展壮大，逐步演变成市场进一步发展的障碍，包括：上市公司改制不彻底、治理结构不完善；证券公司实力较弱、运作不规范；机构投资者规模小、类型少；市场产品结构不合理，缺乏适合大型资金投资的优质蓝筹股、固定收益类产品和金融衍生产品；交易制度单一，缺乏有利于机构投资者避险的交易制度；等等。

为了积极推进资本市场改革开放和稳定发展，国务院于 2004 年 1 月发布了《关于推进资本市场改革开放和稳定发展的若干意见》，此后，中国资本市场进行了一系列的改革，完善各项基础性制度，主要包括实施股权分置改革、提高上市公司质量、对证券公司综合治理、大力发展机构投资者、改革发行制度等。经过这些改革，投资者信心得到恢复，资本市场出现转折性变化。

这一时期，为充分发挥资本市场的功能，市场各方对多层次市场体系和产品结构的多样化进行了积极的探索。中小板市场的推出和代办股份转让系统的出现，是中国在建设多层次资本市场体系方面迈出的重要一步。可转换公司债券、银行信贷资产证券化产品、住房抵押贷款证券化产品、企业资产证券化产品、银行不良资产证券化产品、企业或证券公司发行的集合收益计划产品以及权证等新品种出现，丰富了资本市场交易品种。

2001 年 12 月中国加入世界贸易组织，中国资本市场对外开放步伐明显加快。到 2006 年年底，中国已经全部履行了加入世界贸易组织时有关证券市场对外开放的承诺。对外开放推进了中国资本市场的市场化、国际化进程，促进了市场的成熟和发展壮大。

在这一阶段，1999 年《中华人民共和国证券法》的实施及 2006 年《中华人民共和国证券法》和《中华人民共和国公司法》的修订，使中国资本市场在法制化建设方面迈出了重要的步伐；一批大案的及时查办对防范和化解市场风险、规范市场参与者行为起到了重要作用；国务院《关于推进资本市场改革开放和稳定发展的若干意见》的出台标志着中央政府对资本市场发展的高度重视；以股权分置改革为代表的一系列基础性制度建设，使资本市场的运行更加符合市场规律；合资证券经营机构的出现和合格境外机构投资者等制度的实施，标志着中国资本市场对外开放和国际化进程有了新的进展。中国资本市场也在 2006 年出现了转折性的变化。

2006 年，在众多历史遗留问题得到妥善解决、机构投资者迅速壮大、法律体系逐步完善的基础上，中国资本市场出现了一系列积极而深刻的变化，市场规模迅速扩张，交易日趋活跃。截至 2007 年年底，沪、深两个市场共有上市公司 1 550 家，总市值达 32.7 万亿，相当于国民生产总值的 140%，位列全球资本市场第三、新兴市场第一。2009 年，创业板开板，这不论是对我国建设创新型国家，还是对资本市场功能完善，意义都非常重大。2010

年4月8日,股指期货在中国金融期货交易所正式启动,沪深300股指期货合约也于4月16日上市交易。这是深化资本市场创新的必然结果,标志着我国金融期货市场建设迈出了关键的一步。

7.3.2 我国资本市场对风险投资发展的有利因素和不利因素

我国的风险投资始于20世纪80年代,在国家科委和银行的支持下,相继成立了中国新技术创新投资公司、中国招商技术有限公司等一批早期风险投资企业。1991年国务院在《高新技术产业开发区若干政策的暂行规定》中指出,可以在高新技术产业开发区设立风险投资基金或创办风险投资公司。北京、深圳、上海等地区更是抓住机遇,顺应潮流,建立自己的科技风险投资业。在市场经济的大潮中,中国的风险投资事业已经有了较大的发展。截至2007年年底,全国从事风险投资的机构已超过400家。在中国的风险投资机构管理的风险资本总量超过1 205.85亿元,2007年风险投资总额达398.04亿元以上,风险投资项目也高达741个,平均每家风险投资机构管理的资本额达到8.492亿元,2008年,中国风险投资机构的投资趋向谨慎,全年风险投资金额为339.54亿元人民币,共投资了506个项目。在世界金融危机的影响下,本土VC(venture capital,风险资金)追赶外资VC的速度大大加快,到2009年,本土VC已全面超过外资。2009年,由外资机构主导的投资总量为133.50亿元,占总投资额的42.16%;由本土机构主导的投资总量为183.14亿元,占总投资额的57.84%。

由于经济实力和科技基础的差异,风险投资在我国的发展也是极为不平衡的。资料显示,我国的风投资本偏重高新技术项目和经济发达地区,主要指向上海、深圳、江苏、浙江、北京、天津等地,其中上海的风投机构数目最多,但在资金总量上比深圳小,北京虽然机构数目较少,但管理的资金却较多。它们一方面纷纷制定了促进风险投资业发展的种种条例、法规,一方面加紧建设各种交易市场,以加快风险投资业的市场环境建设。此外,风投出现明显的区域集中特点。京津冀地区的项目投资强度最高,长三角与珠三角的差别不大,而东北及其他地区的风险投资规模则相对较小。

1997年9月,深圳市政府正式宣布组建深圳市科技风险投资顾问公司,同时,深圳将科技风险投资体系分为三大系统(即项目系统、资金系统和股权交易系统)和八个子系统。上海和北京自然也不甘落后。针对深圳市风险投资的蓬勃发展之势,北京市政府推出了6项改革措施,用以推动首都高新技术产业化发展。而上海市则依托其雄厚的经济实力,立足国际化、高起点发展风险投资,建立了目前国内规模最大、影响力最强的上海技术产权交易所,极大地推动了上海市新技术成果产业化进程。统计数据表明,截至2002年1月12日,上海市技术产权交易额已经突破1 000亿元大关,并呈进一步扩大之势。进入2008年后,上海市每月的技术产权交易额就超过10亿元,一年的交易额超过截至2002年的累计交易额。近几年来,上海逐步建立起由产权交易、企业兼并、上市、资产重组等组成的股权转让机制。为风险投资资金多渠道进入和退出的良性循环创造了条件。上海自1998年推出鼓励高新技术成果转化的一揽子政策以来,着眼于风险投资的培育与发展,不断强化对科技创新、风险投资的政策性支持,使有利于风险投资发展的政策环境形成气候。据清科公司统计数据显示,上海已经有一批境外投资者和国内投资者设立的风险投资机构。上海现有的50

多家风险投资管理公司中,中外合资的也已经超过20%。至此,京、沪、深三地的风险投资公司几乎占据全国总量的70%。

2009年,中国风险投资的发展备受鼓舞,私募、投资规模不断上升,自从创业板开通以来,IPO退出不断达到高峰。一年中行业的发展情况为:募集资金的规模不断回升,人民币的主流地位继续保持;私募支持的企业上市退出方式比例逐渐增加;具有高科技含量的企业和成长性企业受到国内外风险资本的关注。我国风险投资业总体上还处于成长阶段,一些体制机制方面的障碍尚未突破,其投资哺育能力还有待进一步提高。

风险资本市场体系是一个非常复杂的市场机制,它是以风险投资机构为核心、以契约为基础、以利益为纽带连接在一起的有机整体。它的发展繁荣不仅与整个社会商业化的技术创新水平有关,也与其各个组成部分发育状况和相互协调紧密相关。事实上,中国风险资本市场的发育障碍几乎遍布体系中的每一个环节。

第一,整体技术创新水平落后,资金规模较小且主要投向传统行业。

风险资本市场发展需要一定的高新技术产业化基础,只有在存在大量创新型高成长性企业和具有潜在商业价值的技术创新成果的情况下,才有大量的风险投资机会,风险资本家才会有足够的选择空间,产生初步的投资回报,从而进一步吸引风险投资。高新技术产业化的基础一方面依赖在高新技术领域的研究与开发水平,另一方面也依赖技术创新商品化、产业化的能力。我国目前在这两方面都比较薄弱:在半导体、计算机、通信和网络领域,我国的研究开发能力远远落后于美国、日本和欧洲等国,也落后于亚洲的新加坡,我国大陆甚至落后于台湾。这必然造成核心技术创新能力严重不足。同时,从整体上看,技术创新者即创业企业的企业家的市场感觉、心理素质和组织管理能力尚未成熟,公司治理结构也不尽科学合理,即使他们能够获得风险资本的支持,但创业成功的概率较低,长此以往,就会打击风险投资的积极性。

我国风险投资的平均规模与欧美国家资金管理规模及中国的经济总量相比,基数是比较低的。外国风险投资机构在资本量和资金管理规模上普遍大于我国本土风险投资机构,相比较而言,在多元化投资、追加投资和投资后管理方面更具有明显优势,同时在运作经验和管理水平上也更具有竞争力。基于风险投资行业的特殊性,不同统计机构的统计数据有一定的出入,但是总体来说,我国2008年风险投资比2007年有较大增长。根据道琼斯VENTURE SOURCE的报告,中国2008年上半年得到风险投资21.5亿美元,比2007年同期上涨85%,其中以互联网最突出。2008年上半年我国信息技术领域风险投资共42笔,资金达到11亿美元,占同期投资的50%以上。在国外,风险投资的资金来源主要是养老基金、保险基金、金融机构等。在我国,政府机构和国有企业是风险投资中本土资金的主要提供者。在近几年我国风险投资的资本来源不断多元化的趋势下,我们不难看出民间资本也参与了风险投资的发展。从有关数据来看,2006年外资比例占到了76.09%,超过我国本土的2倍。到2008年上半年,这种格局基本上没有发生变化,但是中方资本的比例有所上升。特别是2008年第二季度《中华人民共和国合伙企业法》实施,人民币基金加速设立,本土风险投资表现活跃,投资的行业分布广泛,传统行业和扩张期企业更受青睐,高新技术领域所获资本有所欠缺。风险投资的行业分布对整个国家技术发展有拉动作用,但是不难看出,我国风险投资的行业分布与国外呈现相当大的差异。在国外,风险投资的比例是60% IT业,30%生命科学,10%商业、消费业和零售业。而我国主要是集中于并且更加集中于传统行业,这其中有金融危机和资本市场萎靡的影响,风险投资家更愿意投资于赢利模式较为稳定的成熟企业,这样不但有利于规避风险,也有利于资本的快进快出。但这样的稳健投资策略与风险投资本应更大规模地投资于高新技术领域的初衷相悖,不利于我国高新技术成果的孵化。

第二,缺少真正的风险企业和优秀的管理,缺乏适用的政策法规。

我国风投领域专业人才极其匮乏,对资金和投资项目的管理落后于同行业水平。管理水平不高主要表现在:风险投资不规范,随意性大,在确定投资对象时缺乏系统、细致的挑选,所投资项目分布行业广、地域分散,不利于项目监控管理,形不成规模优势,反而加大了风险。而在确定了投资对象后,往往仅实行股权投资,还有的直接以发放贷款的形式进行投资,在参与经营管理方面十分欠缺,有的甚至不参与风险企业的经营管理,更谈不上自始至终地参与风险企业的科技开发、成果转让、人才引进及企业管理,因此不能算是严格意义上的风险投资。

风投是跨越科技与金融两大领域的特殊金融活动,涉及评估、投资、管理、审计和高科技专业等多方面学科,实践性、综合性很强。风险投资家要有丰富的知识、经验和专业水平的管理能力,对技术、金融、资本市场有深刻的认识和较强的运作能力。高素质的风险投资家是风险投资的灵魂,我国目前高层次、国际化的专门人才奇缺,适合风险投资业发展要求的高素质、复合型人才,尤其是风险投资家很少。我国现行的人才教育培养体制也不适合培养风险投资的人才。

在我国现有经济法律法规中,有许多地方与风险投资运作规则相冲突。例如,一些国家的风险投资实践表明,有限合伙制是有效率的,可以保证风险投资资金的来源,但"有限合伙"在我国没有法律依据。《中华人民共和国公司法》第二十条规定,有限责任公司由两个以上五十个以下股东共同出资设立。股东人数上限使得风险投资公司难以筹集充足的风险资金。知识产权保护是风险投资的重要内容,一旦风险创业者的知识产权得不到有效的保护,风险投资者可能因为专有性知识产权受侵犯而损失惨重。因此,需要有严密的知识产权保护体系来有效保护风险投资的创新发展,必须进一步完善相关法律法规。根据国际经验,保险资金是重要的风险资金来源,我国保险法对保险公司的资金运用限于银行存款、买卖政府债券等形式,使保险资金不能进入风险资金市场,对风险投资发展不利。从总体上讲,法律法规不健全和不成体系的滞后效应,仍是政府面临和应解决的现实问题。

第三,风险资本的退出渠道不完善。

从发达国家的经验来看,风险投资的退出一般采取三种方式:IPO、股份转让和股票回购、清算或破产。第三种一般为风险投资失败时为避免进一步扩大损失所采用的,在此不做分析。在前两种风险资本退出的方式中,我国尚存在欠缺,主要表现在:①证券市场不健全。我国证券市场成立时间不长,配套机制不完善,存在许多不规范的地方,无法解决风险投资的出口问题。②产权交易市场不完善。产权评估和产权交易市场不发达,企业尚未成为技术进步的主体,高新技术企业不能自由地转换产权,成为风险投资运行中的障碍。

退出是风险投资正常运转的关键环节,风险投资的成功与否最终取决于资本退出的成功与否,没有退出便没有风险投资。风险投资追求超常规的股权投资收益,这种主动承担风险的投资动机,在客观上要求有一个顺畅的退出通道。我国在风险资本退出机制上的缺乏对未来的国内证券市场，乃至整个资本市场参与国际竞争形成了很大的压力。就主板市场而言，我国A股市场经过几十年的发展，取得了较大的成就，但显然，A股市场不是风险投资理想的退出之地。A股市场对上市公司的要求太高，不仅要求公司规模大、经营时间长、管理制度完善，还要求有较高的盈利水平，至少连续3年赢利，以及严格的信息披露。而风险资本所投资的企业大部分属于新兴行业，具有较高的成长性。但目前的发展规模和运作模式还不成熟，无法满足A股市场上市的要求。2004年深圳证券交易所推出了中小企业板市场，使得我国资本市场结构得到一定的完善。但是，中小企业板并不能解决风险投资通过IPO方式退出的问题。中小企业板是为中小企业融资而设立的，有明显的过渡性质。其上市要求非常接近A股市场的上市要求，对于多数风险资本所投资的企业来说，中小板的上市要求仍然较高。虽然也有2006年7月IDG投资的远光软件成功借助于中小板退出的案例，但从总体来看，仍然无法满足风险投资退出的需要。2009年10月23日，中国创业板正式启动。创业板才是真正的二板市场，是为中小高新技术企业或快速成长的企业而设立的证券市场。但应当看到，目前我国创业板不是专为风险投资退出设立的，其上市要求仍然相对较高，在制度设计上存在缺陷。从目前来看，创业板对我国风险投资基金退出方式所产生的积极作用还是比较有限的。

7.3.3 我国电子商务金融化的积极影响与障碍

随着电子商务金融化的不断加深，电商平台在推出金融服务类产品方面不断创新，类似余额宝、理财通、京保贝等产品不断出现，都持续地对以银行为代表的传统金融行业的媒介角色提出了严峻的挑战。余额宝等金融服务类产品带来的影响最主要的就是"脱媒化"。脱媒化就是促进民众在从事金融领域的活动时不必需要银行等作为媒介，以降低中间成本。在现代互联网金融体系下，金融中介业务是银行的主要生存手段，银行扮演金融服务中介角色，向金融体系中的客户提供金融增值服务，同时向社会提供有附加值的服务产品，以提供的金融服务的提成作为银行的利润，传统的存贷款的利差已经不算是银行机构的收益的主要来源。虽然互联网金融对银行的业务创新已经提出了比较高的要求，但即使是利率市场化的政策，也因限于金融行业的地位，使银行业并没有积极创新的动力。现有的互联网金融下的产品也只是在现有监管空白的体系下的产物，并没有太多的创新。

而伴随着互联网金融的突然出现，电子商务平台推出如余额宝这种金融服务类产品，其吸收资金的规模从无到有并迅速扩张，7日化年收益率总体趋势不断上升；针对中小企业的供应链融资服务业逐渐得到中小企业的重视；P2P网贷与第三方支付等都渐渐威胁到了银行业在金融业务体系中的地位，银行的存款不断减少，银行资本大量流出，银行收益减少。这就督促银行加大创新力度，在更深程度上引入互联网技术，重视电子商务平台在金融业中的作用，这将是银行业未来发展的趋势。

电子商务金融化的产品之一就是供应链融资服务，这对解决中小企业融资有重要的推进作用。目前中小企业在筹集发展资金方面遭到的困难主要包括：银行对中小企业融资的门槛过高，信用评价手续费时、烦琐，不能满足中小企业对融资的快速、小额的贷款需求等，这些困难是导致中小企业在筹资方面不顺的原因。电子商务金融化下的电子商务平台能够有效利用互联网下的大数据库，充分发挥数据库管理能力，能够在短时间内迅速地对中小企业的资信状况做出科学的评估,满足中小企业的融资需求。同时借助于互联网技术,电子商务平台能够建立起完善的风险监管、控制体系,能够实现在贷款时、贷款中的过程中对中小企业的网站、业务等情况进行数据统计,由此对中小企业的运营状况做出判断,对中小企业的资信有数。总之,中小企业融资在电子商务金融化下能充分体现灵活、弹性、多元的特点,根据中小企业的特殊性,用不同的策略满足其需求。

尽管电子商务金融化对我国资本市场发展具有积极的开创性意义,但我国电子商务金融化发展过程中也出现了一些关键问题,对电子商务未来的发展形成了一定的障碍。

第一,缺乏成熟的行业规范。

虽然国内的电子商务金融化从20世纪90年代就出现萌芽,发展时间较长,而且在2012年和2013年都是处在迅猛发展的阶段,众多的电子商务平台以及它们推出的金融服务类产品层出不穷,但终究是没有一种比较成熟的电子商务金融化模式标准。比如阿里巴巴的金融化模式,更多的是一种横向发展。阿里巴巴发展的方向是将金融业务扩大,以阿里巴巴的已经发展成熟的B2B、淘宝、天猫等电子商务交易平台为基础,达到整个生态服务链完整的目的;而苏宁的金融化是一种纵向的发展,以整个供应产业链为依据,提供新型的金融融资服务,满足上下游电器供应商的金融需求,保持并吸引更多的电器类供应商参与供应链,优化电商平台,最终达到一种"沃尔玛+亚马逊"类的超电器化布局战略。出现时间短、模式新颖等是当下电子商务金融化的产品的主要特点,如余额宝、P2P网贷等,但也因为是时间短,没有可靠的方法能够预见未来的可能发生的风险。

第二,社会认知度不高

一方面,采用电子商务平台的中小企业的比例不高。中小企业虽然数量众多,在融资需求以及经济发展过程中起到的作用也是举足轻重,但中小企业中采用电子商务方式进行交易的比例依然很低,大部分中小企业并没有实现信息化转变。这样一来,电子商务金融化的影响力,尤其是其中电商小贷等服务产品的迅速扩大都受到了一定的限制。

另一方面,普通大众对电子商务金融化仍然缺乏深刻的认识以及有明显的两极分化现象。如前文所述,电子商务金融化是刚出现的概念,是在互联网金融的时代背景下产生的产品。从社会认知方面看,普通消费者以及中小企业等虽然能够迅速接触到这一新兴模式,但缺乏深入的了解。例如对于余额宝提供的高收益,一类人将其看作银行利率,而忽略了其货币市场基金的性质,没有认识到其中的风险;一类人认为余额宝等类似产品对银行等传统金融行业有严重影响,会动摇金融业的稳定。消费者的认知不足,为在互联网金融背景下本来风险就比较高的电子商务金融化更增添了风险系数,也影响了电子商务金融化的进一步深入。

第三,监管制度不完善。

尽管目前电子商务平台已经开始做金融服务类产品,但并不是所有的电子商务平台都在做,这一方面是限于电子商务平台自身规模的问题,更重要的一方面是电子商务平台与相关部门的协作问题,电子商务平台对金融风险的管制能力与承担能力不够,而金融监管部门对金融行业的监管十分严格,不能轻易动摇金融领域,这是电商企业发展的瓶颈所在。相比实体放贷而言,电商可调动的资源是在交易数据基础上所建立的信用体系,但无抵押、免担保的授信方式让中小企业违约成本低、资金流向难掌控,极易产生不良资产。如果电子商务平台大规模提供金融服务类产品,大量吸收银行体系外的甚至体系内的资金,就有可能使金融业务绕开银行部门,导致金融风险迅速上升,威胁到政府的货币政策。目前关于电子商务的具体法律法规等每年都有改动,但仍然不足以建立一个完善的法律法规体系,互联网信息技术带来的风险系数更高于传统模式。电子商务金融化本来就是一个具有高风险的模式,由于法律法规的制定存在一定的滞后性,在相应的法律法规发布之前,势必会对电子商务金融化市场缺乏一定的约束力。

本章案例

P2P 倒闭潮必将继续

短短一周时间,上海超级著名的快鹿、中晋轰然倒下,自 2015 年至今,社会影响甚广的非法集资大案一个接一个,泛亚、E租宝、卓达、大大,现在又多了快鹿和中晋,涉案规模过千亿,毫不夸张地说,这里面饱含着千家万户的血与泪。

今天坤鹏论就和大家说说最近听闻的一些 P2P 故事,虽然说是故事,它们却真真实实地发生了或正在发生着!

一、P2P 倒闭潮还会继续,因为它们不符合逻辑

对于来 P2P 平台借钱的人,像李嘉诚、上市公司等实力强、信誉好的借款人永远都是稀缺资源、最优质资产,银行一定会抢在 P2P 前面,用更低廉的成本把钱借给他们。只有那些在银行信用不够的人才会选择 P2P 平台借钱,或者是干脆就是骗子,他们借的不多,这家 2 万~5 万,那家 2 万~5 万,P2P 平台的信息没有打通,所以骗了这家骗那家,都相当成功。你说他们不怕追债吗? 2 万~5 万这么小的数额,根本不够追债成本!积少成多,集腋成裘,特别是在互联网这个平台,可以网聚骗子的力量!

所以 P2P 平台,特别是那些小额贷款的 P2P 平台,坏账率相当高,这两天在 P2P 业就在流传着一家相当大的公司资金要断流,因为坏账率高达 40% 多。还有就是这两年经济不好,好多企业都不好过,看遍全国,有多少人多少企业还能承受两位数以上的融资成本?就连前些年年利润增长在 30% 以上的银行,这两年都从百分之十几降到了个位数。所以导致的结果就是企业借了再借,最终企业负债积累到不能承受,瞎米了,坏账了!

P2P 其实和传统的金融没什么区别,是个钱钱循环流动的事,你的本金注入后,或者被拿去投资赚取利润,或者去还别人的利息或到期本金,这个事的前提必须钱要循环流动,还不能只出不进,出现中断,真像是走钢丝一般,让人战战兢兢。

二、P2P 火爆到了无节操

从 2007 年拍拍贷成立到互联网金融成为国家重点战略,截至 2011 年 8 月银监会发布《关于人人贷(P2P)有关风险提示的通知》的前四年里,国家相关部门并没有给出任何法律上或政策上的说法对 P2P 行业的发展给予规范。而且直到 2015 年,没有任何正式法律法规出台。这就给了人们疯狂的理由,面对一块到处是钱,却没有任何管理和约束的地方,只有一个结果,那就是"抢抢抢",无序而混乱,于是我们看到了众多的乱象:

因为是"互联网"金融,于是互联网人大规模进入,他们没有任何金融背景与常识,特别是缺乏金融最核心的风控意识和对金融的敬畏；因为是互联网人，他们把互联网惯用的招数在金融上用了个遍，没承想，这个领域简直就是钱多人傻；随便一个人在一家互联网金融公司干上半年，跳到另一家就是总监，这种速成只是职位上的，人的素质与能力根本无法速成；为了抢夺用户，毫无风险控制地吸纳，再加上中国的信用机制落后于国外20年，造成骗贷、逃贷屡屡发生，坏账率居高不下；任何人都可以花很少的钱买一套P2P平台系统，搭建起来就开始做业务，因为没有法律法规，最终大不了跑路失联，只要不太贪，简直就是投资回报率极高、风险极低的好项目；"下跪""已死""已火化""我就是跑了""有本事抓我呀"……各种奇葩的跑路闹剧不断刷新着眼球和老百姓的底限……

三、如果跳出来看，你这么想，是不是看透了什么？

如果一个团队不思进取，聪明的管理者会引入一条不同属性的生猛鲶鱼，去搅动这摊死水，效果往往很不错。那么传统金融企业在互联网大潮来临时的表现，是不是也算是不思进取？互联网金融企业算不算是监管层放进金融行业的不同属性的凶猛鲶鱼？或者是家门口的野蛮人？

但猜中了开始，却没有猜中结局，监管层认识到了互联网金融是倒逼金融改革的利器，先鼓励，再容忍下前行，但却大大低估了互联网的速度、招数和市场对于金融的干渴！

有位投资人这样说：老百姓的胆子很大，就一个知名度他就可以去买一个信托产品，我认为老百姓对风险能力你只要告诉他是一个未来，老百姓的胆子其实比我们投资人的还要大。

本章小结

风险资本在运作机制和治理结构上的独创性，使其成为适应网络经济，甚至知识经济的现代金融体系的极为重要的组成部分。本章内容指出了网络企业对资本需求的特殊性，介绍了风险投资的具体操作流程和推出机制，并对我国电子商务企业融资平台进行了详细分析。通过本章的学习，要求学生能够掌握风险投资和网络融资的基础知识，并能结合企业运营和资本市场的实际情况分析企业的融资方式。

本章习题

1. 简述风险资本市场的概念。
2. 简述网络企业的融资需求有何特点。
3. 简述风险投资的退出渠道有哪些。
4. 网络融资的主要模式有哪些？
5. 试结合本章案例分析我国第三方电子商务平台融资方式现在面临的主要问题。

第8章

电子商务与宏观政策

学习目标

本章从网络基础设施、反垄断、金融监管几个方面对电子商务经济下的政府政策进行了详细的介绍,力求体现政府在电子商务良性发展过程中的重要作用,为我国政府处理本国互联网领域争端提供科学参考依据。

教学要求

1. 掌握电子商务与经济发展的关系。
2. 熟悉电子商务对我国经济转型的意义。
3. 了解电子商务发展中政府的主要监管方向。

导入案例

报告称比特币不可能成为主流电子商务支付手段

(资料来源:2013年12月6日　新浪科技)

北京时间12月5日晚间消息,投资银行美银美林今日发布研究报告称,比特币可能成为一种重要的电子商务支付方式,以及传统货币交易提供商强有力的竞争对手。作为一种交换媒介,比特币拥有明显的增长潜力,但其较高的挥发风险将阻碍其成为主流的电子商务支付手段。

以下为报告内容摘要:

抗干扰、供应有限:我们相信,比特币可能成为一种重要的电子商务支付方式,可能成为传统的货币交易提供商强有力的竞争对手。我们认为,作为一种交换媒介,比特币拥有明显的增长潜力。

最终被限制在黑市使用:之前已经有报道称,比特币可能帮助用户避开较高的税金、资本控制和征收。中国占到所有比特币交易的份额与比特币价格的相关性很高,且仍在提升。

这意味着,由于所有比特币交易都是公开存在的,每一个比特币都有一个独一无二的交易记录且不能被更改,因此,最终可能被限制在黑市上使用。

挥发性:比特币作为价值收藏的角色将影响其作为交易媒介的生存能力。作为一种投机活动,其较高的挥发风险将阻碍其成为主流的电子商务支付手段。

比特币是泡沫吗?假设比特币成为:①电子商务和资金流通领域的主要竞争对手,②与金银相似的价值收藏品,我们认为其最大市值为150亿美元(1比特币=1 300美元)。这意味着比特币今年大涨100倍可能存在超过基本面的风险。

以互联网和电子商务为代表的网络经济的迅速发展对经济发展具有重要的意义,不但对传统经济秩序造成了极大的冲击,而且也对政府公共管理产生了深远的影响。政府需要在网络经济形态下及时有效地纠正市场失灵,制定相应的公共政策,从而达到使社会利益最大化的目标。

8.1 技术创新与产业结构的关系

8.1.1 技术创新与经济增长

对国内外的经济发展研究表明,在较长的时期内,先进的技术、优化的产业结构及较高的经济增长三者之间常常会表现出同步性。按照新古典经济学说的观点,经济增长的过程实际上就是市场经济为了达到均衡效果而进行移动的过程。在这个过程中,技术创新可以大大提升投入的产出率,从而提高人均收入水平,促进经济增长,如图8-1所示。

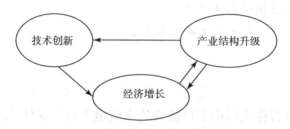

图8-1 经济增长与产业结构升级的互动过程

技术创新不仅能改变原有产业的技术水平和发展原有产业,而且还能促进新的产业和新的部门的形成。传统的产业部门可以通过新工艺、新技术和新装备等技术创新手段来提高本产业的技术水平,提高本产业的生产能力和促进本产业的升级,甚至会因此而形成新的产业和创造出新的产品。一个成熟产业的特征主要表现为这个产业的创新能力和创新数量很少,但是同时又有较高的标准化的生产能力,通过技术创新又可以重新获得活力。例如第二次产业革命以能源的利用和发展为标志,这次产业革命使一批工业企业发生了突破性的改变,如动力和照明等,在此基础上就形成了通信产业及电机电器产业等一系列的新兴产业,并促使产业结构发生了很大的变化。以石油为主要能源的石油化工技术的发展,促使形成了一系列的新兴产业,如飞机、汽车及精细化工产业等,这样的变化也促进了产业结构的升级。第三次产业革命是以高新技术为基础的,如光学技术、原子能、微电子、新材料等技术,这些技术的创新不仅形成了一系列的新产业，而且在此基础上传播媒介的改变也促进了人们生活方式的改变。

技术创新与传统产业并不矛盾，它并不是以消灭传统产业为目的，而是让传统产业在新的产业结构中能够有新的面貌，有些传统产业甚至可以成为建立某些新兴产业所需要的一个前提物质条件。技术创新实际上就是赋予产业结构一个新的内涵。技术创新的不断进行促使产业技术不断进步和发展，越来越专业化和精细化的产业分工使产业不断细化，带动产生了一大批新兴产业。对新工艺、新材料及新产品和新技术的生产和利用，促使社会的分工范围更加广泛，在原有基础上不断扩大，从而造就了一批新的产业部门和新的生活领域；另一方面，技术创新使本产业的技术水平不断提升，使原产业在产业内部不断分解、细化和发展，这样也形成了一些新的产业。技术创新通过促进这些新兴产业的形成，促进了产业结构升级。

技术创新不仅创造了新的产业，而且也促进了原有产业的发展和改进。技术创新对原有产业的改进不仅使原有产业产品质量提高，产品更新换代，有时还可以创造出一个全新的产品。以农业为例，农业应该算是世上最古老的产业之一了，由于工业渐渐占据了主要地位，工业技术的发展使农业的发展相对落后了。但是，第二次产业革命使农用化工和农用机械等产业得到了革命性的发展。一些发达国家的农业因此提升了劳动生产率和技术装备水平，实现了农业的工业化发展，这在很大的程度上改变了农业的面貌，传统农业也由此向现代农业发展。

8.1.2 技术创新改变需求结构促进产业升级

某一个产业之所以没有消亡还存在于经济生活当中，说明这个产业还能满足一部分的需求。需求结构最直接、最基本地影响着产业结构，一个产业如果没有社会需求那么它是不可能存在的。通过一些需求理论大致可以将对产品的需求分为四个层次：一是以生理要求为基础的需求；二是为了追求方便和发展的需求；三是个性和时尚的需求；四是对于健康和环保的生态需求。由于社会经济的发展，人类生活水平的不断提高，技术的不断创新，商品结构的升级和收入水平的增加，人们对于产品的消费已不仅仅是满足温饱的需求了，而是转向了便捷型和舒适型。由此可见，科学技术的进步制约着需求结构的变化。有时人们的需求虽然是合理的，但是由于这种技术的创新还没有实现，所以就不能制造出这种产品来满足大众的需要，同样也不可能形成这种新的产业。如果技术上有了新突破，生产出新的产品，这样就会刺激到新的需求，进而推动新产业的产生和发展。由此看来，技术的创新和突破最好发生在人们现有的需求结构发生变化以前。如果没有技术创新作为前提，将会影响需求结构促进产业结构的发展。因此，可以把技术创新看作是产业结构变化和需求结构变化之间的一个中间环节。

技术创新通过改变需求结构来促进产业结构的升级，可以从以下几个方面来说明：

第一，技术创新促使产业产品成本下降，从而促进产业需求变化。很多产品从用途和性能来看都是现实生活中急需的产品，但因为产品的生产成本过高使消费者对产品的需求受到了限制。以计算机为例，在20世纪40年代，世界上第一台计算机被制造了出来，由于它的成本高、性能较差而且体积较大，消费者对产品的需求较少。随着科学技术的进步，20世纪60年代以后计算机技术有了迅猛的发展，这样一来计算机的生产成本直线下降，而且计算机也变得小型化和便携，计算速度平均每五到七年提高十倍，计算机的价格也以十倍的速度下降。进入80年代，计算机的发展更加成熟，不仅体积更小，而且价格也更便宜。随着价格的下降，计算机开始走进千家万户，被各个领域广泛使用。在某段时间内，各产业部门为了自身的发展都会进行技术创新，使生产成本下降，这样一来产品的价格就会改变，当其他条件相同的时候，技术创新频繁和快速的部门劳动生产率就会提高得更快一些，产品也会更大幅度地降价，该产业部门的产品销售也会越来越好，从而就会促使该产业的地位上升。

第二，技术创新使可替代资源增加，资源消耗强度降低，由此促进产业结构升级。所谓的资源消耗强度，是指某单位产品生产过程中所消耗掉的某种资源的多少。对资源的消耗有两种情况，一是非替代性的下降。随着技术的进步，对资源深加工的能力提高，对资源的利用率也在提升。技术进步、工艺改革等较直接的技术因素造成了产品产量的增长率小于资源消耗强度的下降率，从而导致资源消耗绝对量的减少或者是资源消耗相对量的减少。这样一来对这种资源的需求就会降低，从而降低产品的生产成本，需求的结构也会由此改变。二是替代消耗的下降。技术创新促使人们对产品的设计不断优化、产品结构不断改善，或者在对产品性能没有影响的情况下，价格较低的原材料替换掉价格较昂贵的材料，或降低被替代的昂贵资源的消耗比例，提升较低廉的资源的消耗比例。目前，我国已经开发了一些替代材料，以解决原材料供应紧张的问题。

第三，产品通过技术创新更新换代，改变产品的需求结构，从而促进产业结构的升级。S曲线是每一种产品都遵循的发展曲线，从引入初期的缓慢发展到以后的加速发展，再到后来的相对稳定，直至饱和，而后这种产品将被更新的产品替代。每个产业部门都会发生这种替代，因此就会引起产业结构的调整。发生这种情况的一个大前提就是技术进步。以我国为例，20世纪80年代以前，我国的经济尚不发达，消费者的消费结构也多以生活必需品为主，当时人均收入和技术发展水平决定了不可能有计算机、电视机这样的高端产品，居民家中的主要生活用品就是手表、收音机、自行车和缝纫机。近年来，随着我国经济的发展，技术水平也在不断进步，居民的人均收入水平也在不断上升，现在大多数家庭都有了电视机、洗衣机、电冰箱等家用电器。这些家用电器的发展使我国的高档消费品和耐用消费品工业取得了很大的发展，与此同时还带动了一批相关产业的发展，产业结构也实现了升级（如图8-2所示）。

技术创新—成本下降—需求增加—劳动生产率提高—产业优化升级

图 8-2 技术创新改变产业结构促进产业结构升级的路径

技术创新可以改变需求结构，同样需求结构也会反作用于技术创新。需求结构决定着技术创新的发展方向。通常来说，需求较迫切的产业，技术创新的速度和频率也往往较快，本产业的发展带动相关产业的发展，从而促使产业结构的升级。综合来说，技术创新和需求结构两者相辅相成，相互影响，相互制约，同时也相互促进，共同促进产业结构的升级。

8.1.3 技术创新影响产业关联促进产业升级

在国民经济生活中，每个产业部门都不是孤立存在的，任何生产部门都有与之相适宜的后向关联产业部门和前向关联产业部门，它同时受到前后向产业关联部门的影响，而且影响是相互的，它本身的技术创新也同时影响着前后向产业部门的发展。一个产业从其他的产业部门获得能源和材料等生产资源，又为其他的产业部门提供产品制成品或半成品。前向关联主要是指本产业的产品被其他的产业所应用而产生的产业关联；后向关联主要是指在产业产品的生产过程中，利用其他产业所生产的产品而形成的产业关联。以棉布产业为例，棉布产业与服装产业就属于前向关联，而与棉线产业就属于后向关联。产业关联的核心因素是技术关联。以铁路运输部门为例，在生产技术水平不高的时候，采用以煤炭为主要能源的蒸汽机车技术时，就需要煤炭的供应，这就和煤炭部门产生了关联，当技术进步以后，铁路运输部门可以采用内燃机来提供动力，这又和石油产业部门产生了关联。产业间的技术关联决定着各产业之间的相互关系。由于影响因素众多，一些具有产业关联的部门技术水平常常是不平衡的。在产业间形成的这种投入和产出的联系，使上下游产业和上下游产品间形成了一种相互进行过程创新和产品创新的关系。当一个产业进行技术创新时，它所产生的创新效益会依次向后向关联产业或前向关联产业进行扩散和传递，促使新的技术创新发生，进而使产业产生扩张或者收缩，改变产业的结构。如果一个产业通过技术创新提高了该产业的生产能力和生产率，就又可以引致其他的产业部门为了提升本产业的生产能力也进行技术创新，否则会对进行技术创新的产业部门产生影响，限制技术创新所带来的收益，同时还会限制相关产业生产能力和生产率的提升。技术创新所产生的产业瓶颈，会引导其他部门提升自己的技术创新能力来解决这一瓶颈的束缚，当这个瓶颈被解决时又会产生其他新的产业技创新术和新的技术瓶颈，在这种基础上会促使产业技术螺旋式上升。产业部门的关联和技术创新的引导相互作用，共同推进产业结构的升级（如图8-3所示）。

产业技术创新—关联产业收缩或扩张—产业链优化—产业结构升级

图8-3 技术创新影响产业关联促进产业升级的路径

20世纪90年代以来，互联网自身的规模不仅呈现异乎寻常的指数增长趋势，并且爆炸性地向经济和社会各领域进行广泛的渗透和扩张，无论是工业、流通业、金融业还是媒体传播业，无论是政府、企业还是研究机构和个人，都已深深地被卷入互联网和互联网经济之中。以前，我们说到网络经济与传统产业，总是使用结合一词，现在则常常使用渗透，因为网络经济与传统产业的边界正在逐渐消融，网络经济如同水银落地，无孔不入，全面进入汽车、家电、石油、钢铁乃至教育、金融、保险和娱乐业，现在几乎没有哪一个行业的发展能够离开计算机和计算机网络。如果从更广阔的视角来看，互联网经济正在全面地整合社会经济结构，向四个A的方向不断地逼近：Anywhere 无论在哪，Anytime 无论何时，Anyone 无论什么人和单位，Anydevice 无论任何一种装备。网络经济在传统产业中的应用、对传统产业的渗透有深有浅。大部分行业和企业中网络渗透较浅，一般仍采用传统的经营模式，但已广泛采用计算机和计算机网络作为重要的管理工具，而且企业内部不同部门和不同地区的分支机构基本上都是联网的。从这种意义上讲，网络经济对传统产业的渗透并非近几年才开始的，而是随着企业管理的科学化、信息化早就开始了，只不过现在处于加速阶段。在网络经济渗透较深入的行业和企业，计算机和网络完全改变了企业传统的生产、销售和服务模式。在这种情况下，网络经济对传统产业的深度渗透为企业提供了无数商机，也使企业、消费者和政府等经济主体都被深深吸引。网络经济与传统产业的结合的外在形式多种多样，又充满了活力。各种内容丰富、更新及时的网络门户网站，提供视频点播的娱乐网站，提供网上购物、购书的电子商务网站，提供实时交易和在线服务的证券和银行网站，各门学科的教育科研网站，专业网站，远程教育、远程医疗网站，各级政府和各部门的网站，各种企业网站，都为人们提供了许多最新、最便宜的信息服务获取途径，也为人们提供了网上聊天、影视作品观赏等许多乐趣，确实是既方便又有趣，许多人沉醉其间，流连忘返。

8.2 电子商务经济与经济发展

8.2.1 电子商务促进经济发展的机理

电子商务改变了消费方式。购买是消费的前提，一般把购买行为看作是消费的范畴。电子商务作为一种新的购物方式，对人们的购买行为产生了影响，甚至是改变。电子商务改变了生产方式。生产——分配——交换——消费是社会再生产的运行系统，由于分配形式的多样性，在市场经济中，它可以简单地表述为生产——流通——消费。在社会再生产运行系统中，生产是首要的环节，消费是终极环节，没有生产就没有消费，消费是生产的最终目的和动力，消费需求引导生产。特别是在物质文明高度发达的今天，消费是生产的导向器。流通是连接生产与消费的桥梁和纽带，对生产和消费有着重要的影响。电子商务首先是一种商务模式，属于流通范畴，其逐步发展演变为一种经济运行方式，全面影响着生产、消费各环节。它对生产的促进是以系统改变生产流程、生产的内部组织结构、生产的外部合作方式、生产管理来实现的。流通是社会再生产运行系统中的中间环节，起着桥梁和纽带作用，上连生产环节，下连消费环节，它对生产和消费都起着影响作用。电子商务对流通的作用体现在强化流通在社会再生产系统中的功能、改变贸易的方式、创新交易的模式、扩大流通的范围等方面。电子商务的应用发展需要相应的应用环境、支撑体系和技术服务等作为基础和支柱，而这些应用环境、支撑体系和技术服务等是在电子商务应用需求的推动下逐渐形成和发展起来的。

按照与电子商务的关联关系的不同，我们将国民经济的产业部类划分为电子商务服务业和电子商务应用产业两大类。电子商务服务业又可以分为新增的电子商务服务业和在电子商务产生之前已存在的可以用于为电子商务服务的服务产业。就像互联网的应用一样，其最初应用并不是在商业领域，当它扩展到商业领域之后，为了满足电子商务发展的需求，为电子商务提供技术、运营、金融、运输、人才、培训等全面支持和服务的电子商务服务也应运而生且不断繁荣，这些服务企业之间存在着服务对象、服务关联、服务价值链等多种相互关系，构成了电子商务服务产业。电子商务服务业是由电子商务应用需求催生的，而它产生之后逐渐发展成为一个具有内部结构关联的、提供多种服务的产业价值链体系，按照产业发展壮大的规律不断成长，反过来促进电子商务应用的深化和空间范围的拓展。电子商务促进经济发展的外在表现，主要体现在对电子商务服务产业新增电子商务服务以外的服务产业（以下称其为"相关产业"）、相关服务产业和电子商务应用产业发展的促进上和对国民经济产业结构的调整上。

首先，电子商务经济带动了IT产业的发展。

IT是信息技术（Information Technology）的简称，指与信息相关的技术。IT产业即信息技术产业，包括信息设备制造业、网络与通信产业、软件产业，以及相关的服务产业，其上位类产业是信息产业。信息经济时代，信息产业已经成为国民经济的主导产业，它对国民经济的发展起着前向带动作用，并以快于国民经济增长2~3倍的速度持续增长。社会各行各业要应用电子商务，必然要应用计算机、网络设施、电子商务与信息化软件、电子商务与信息化平台等各类信息化设备、信息技术以及信息系统，而这些信息化设备、信息技术及信息系统正是IT产业所提供的产品和服务。因此，电子商务的应用势必扩大对IT产品和服务的需求，提高IT产业产品与服务的销售量。同时，这些需求会随着各行业电子商务的应用发展情况不断变化，不断产生新的需求，刺激IT产业不断进行产品与服务的研发与创新。同时，电子商务服务业作为为电子商务提供支撑和服务的行业，其本身就属于一个高科技行业，其核心组成部分必然是计算机、网络设施、电子商务与信息化软件、电子商务与信息化平台等各类信息化设备及信息系统，因此，与其他行业相比，它将需要数量更多、层次更高、功能更全面的IT产业产品。可以说，电子商务服务业的日益繁荣也必然带动IT产业不断发展。

其次，电子商务经济带动了金融产业的发展。

电子商务对金融产业发展的带动作用主要是通过银行业务的扩展与创新、支付方式的变化等来实现的。在支付手段上，目前为电子商务交易的双方提供支付服务的主要是第三方机构，包括非金融机构的第三方支付公司和金融机构。目前，我国第三方电子支付系统已经逐渐成为维护金融秩序稳定的战略基础设施，不仅支持我国宏观经济的良性运转，而且在加快流通速度、降低成本、提高效率等方面发挥着巨大的作用并逐渐扮演着更加重要的角色。其中第三方非金融机构电子商务支付平台是指除银行、证券、保险等金融机构以外的提供第三方电子商务支付服务的平台，例如支付宝、财付通、快钱、汇付天下、易宝支付、首易信等，都属于非金融机构第三方支付平台。而这些平台又可以进一步划分为两类：一类是非独立的第三方非金融机构电子商务支付平台，如依托于淘宝网的支付宝、依托于拍拍网的财付通等；另一类是独立的第三方非金融机构电子商务支付平台，如快钱、易宝支付、汇付天下等。非金融机构第三方支付公司是在电子商务支付需求的直接刺激下产生的，它们的出现不仅满足了电子商务对支付的需求，而且打破了电子商务发展的瓶颈，推动了电子商务更加快速地成长，同时其自身也随着电子商务的发展而得到迅速发展。2005年至2010年，我国第三方网上支付的交易量平均年增长率都超过100%。根据艾瑞网统计，2010年中国网上支付交易规模达10 105亿元人民币，而2011年第一季度第三方支付交易规模已达3 650亿元人民币。其支付范围从最初的网游等领域发展到涉及社会生活的方方面面：机票、酒店、教育、水电费、信用卡还款、房屋租赁、基金、保险等，并在进一步踏入更多领域。金融机构在电子商务快速发展的背景下，也看到了电子商务这个巨大的支付市场，它们也积极开展网络银行业务，抢占电子商务支付市场的份额。

再次，电子商务经济带动了物流产业的发展。

物流产业是由运输业、仓储业、装卸业、包装业、加工配送业、物流信息业等构成的服务型产业，是物流企业的集合。物流产业不同于物流活动，物流活动广泛分散在生产、流通等领域，只有将这些物流活动或物流业务独立化、社会化为一种经营业务，才能称其为物流产业。现代物流产业出现了对其他产业业务，如批发、代理报关、代收货款等业务的兼并趋势，形成了物流的增值服务，使物流产业成为国民经济中的独立产业。目前，我国将物流产业界定为新兴战略型产业。电子商务的发展极大地刺激了物流需求，提高了物流产业的地位，也促进了物流业务水平的提升。在生产领域，由于全球经济一体化趋势的发展、电子商务应用的深入，生产布局出现了较大变化，传统经济中的规模经济效应作用方式也发生了改变。在传统经济中，为了发挥规模经济效应，生产的集中度越来越高，物流起着集散货物的作用。在现代经济中，由于需求的多样性和个性化要求的增强，生产的分工更加细密，产品零部件生产按照资源禀赋条件进行着国际化的跨区域分工，而产品的组装生产则离消费者越来越近，按照消费者的需求进行着小批量、多频度、柔性化的生产，其中物流不仅发挥着集散货物的功能，还起着连接生产环节的纽带功能。

最后，电子商务经济带动了相关服务外包产业的发展。

服务外包产业是国民经济中新型的产业类别，是提供外包服务的企业集合。服务外包业务的范围很大，包括信息技术外包、业务流程外包、知识流程外包三种主要类型，理论上生产经营活动中的所有业务活动都有可能成为外包的对象，所以服务外包只是经营形式上的差别。一般认为服务外包是指企业为了集中内部优势资源发展核心业务、整合利用外部优势资源，而将非核心业务外包，以达到降低成本、提高效益、提升竞争力的一种管理模式。需要特别说明的是，按照服务外包的思想，IT产业、金融产业、物流产业都有可能属于服务外包产业的范畴。为了论述的完整性与保持各个产业的独立性，我们将电子商务对上述三个产业发展的促进作用分别进行了论述，不意味着我们认为上述三个产业与服务外包产业是并列的关系。而且由于服务外包产业的特殊性，电子商务服务业虽然也属于服务外包产业的范畴，但只是服务外包产业的下位类产业，不能代表服务外包产业的全部，所以这里不避重复之嫌，单独论述电子商务对服务外包产业的带动作用。从从事电子商务活动的主体来看，无论是企业、政府还是其他经济组织和个人，无论是买家还是卖家，都有服务外包的需求，这些需求涉及网络通信、网站建设、系统软件等技术需求，信息发布、信息搜索、信息分析等信息服务需求，交易产品设计、产品生产制造、产品包装等生产需求，网络店铺装修、产品广告设计、营销方案策划等运营需求，安全认证、信用服务、在线支付、物流配送等交易支撑服务需求，产品"三包"、在线升级等售后服务需求，等等。而这些需求不可能完全由自己来满足，于是电子商务下的服务外包需求极大增长，满足这些需求的电子商务服务业应运而生。由于产业之间的关联关系，电子商务服务业务的进一步延伸，带动了整个现代服务业的发展。

8.2.2 我国电子商务发展对当前经济转型的意义

如今，电子商务已经广泛应用于农业、制造业、建筑业、批发零售业、旅游业、社会服务业以及文化产业等行业。电子商务所带来的融资、生产、管理、贸易等方面的优势和变化，彻底地改变了其传统的融资、生产、管理、交易模式，促进其向现代化、数字化、信息化方向发展和变革，增强产业的综合竞争力。

第一，电子商务增加企业的融资渠道、简化融资流程，延长企业的资金链。金融机构和从事电子商务支付业务的非金融机构，利用电子商务平台创新信贷机制，为企业特别是中小企业增加了融资渠道、简化了融资流程、延长了企业的资金链，使信贷双方实现了双赢。例如，阿里巴巴与商业银行合作创新的面向中小企业的网络联保信贷机制，帮助我国许多中小企业度过了"金融海啸"的严冬。数据显示，2007年以来，中小企业获得的网络贷款呈跳跃式增长，2007年达到2 000多万元，2008年达到10多亿元，截止到2010年6月与阿里巴巴合作的商业银行共发放贷款超过130亿元，惠及中小企业超过5 500家。中国工商银行在浙江市场推出的服务小型企业的网贷通产品与服务小微型网商客户的易融通产品，以及电子供应链融资服务，以其手续简便、方式灵活、成本节约的优势受到了企业的欢迎和青睐。

第二，电子商务改善企业之间的生产合作方式。企业之间可以通过网络化的手段，通过虚拟企业等组织方式进行产品设计、生产制造等方面的合作，并将这种合作贯穿于行业采购、运输、销售、服务、结算等环节，贯穿于行业供应链和产业集群之中，提高行业的整体效率。

第三，电子商务服务为这些行业的电子商务应用提供基础设施、技术服务、应用推广、发展咨询等一系列的服务，更好地促进电子商务与应用行业的融合，使应用行业能够集中优势资源发展核心业务，进而提升应用行业的整体竞争力。

第四，电子商务使应用行业的企业面对市场的能力大幅提升。

来自阿里巴巴（中国）网络技术有限公司的《中国中小企业电子商务发展报告（2009）》总结了电子商务发展对促进中小企业和国民经济发展的重要作用。该报告显示：从宏观角度来看，发展中小企业电子商务对促进国民经济快速发展、结构优化等具有重大战略意义。产业结构的优化包括产业结构的合理化与高级化。产业结构的合理化指产业结构与经济发展水平和资源条件相适应，产业结构的高级化包括产业高附加值化、高技术化、高集约化、高加工化等体现形式。结合两者，这里从产业的部门结构、产值结构、投资结构、产品结构、贸易结构、就业结构等方面考察电子商务在优化产业结构方面的功能、作用形式、作用效果等。

第一，电子商务服务业的出现，改变了服务业原有的格局，增加了新的产业门类。同时，随着电子商务服务业的发展壮大，电子商务服务业企业数量不断增加，不仅改变了服务业中各子产业的数量比例关系，也扩大了服务业在国民经济中所占的数量比例。随着电子商务的兴起和快速发展，电子商务服务业企业数量逐年增加。1997年年初，还只有几家电子商务服务企业，而据中国B2B研究中心相关调查数据显示，截止到2009年6月，我国规模以上的电子商务网站总量已经达12 282家。其中，B2B电子商务服务企业有5 320家，B2C、C2C与其他非主流模式企业达6 962家。2008年以来，电子商务服务企业呈现出高速增长的态势。

第二，电子商务服务业也带来了就业结构的改变。电子商务服务业的兴起提供了大批的新岗位、新职务，极大地增加了就业数量，改变了就业结构。电子商务不仅催生了一大批新兴企业和职业，如电子商务网店、网店装修师、"网模"等，也带动了网络基础服务、仓储物流配送、支付、网络营销、网络广告等延伸行业或相关行业的发展壮大，因此，给就业提供了大批的新岗位、新职务，极大地增加了就业数量。据《1997—2009中国电子商务发展十二年》统计，截止到2009年6月，电子商务服务企业直接从业人员超过50万人；而由电子商务间接带动的就业人数，已超过600万人。另据中国电子商务研究中心统计，截止到

2010年，电子商务服务企业直接从业人员超过160万人，由电子商务间接带动的就业人数已超过1 200万人。

第三，电子商务服务业改变了产值结构。随着电子商务服务业的规模、企业数量的逐渐增加，其在产值中所占的比重也越来越大。以中小企业为例，其电子商务拉动GDP的作用明显。2009年，中小企业通过电子商务创造的新增价值占我国GDP的1.5，拉动我国GDP增长0.13%。

第四，在对电子商务投资方面，其投资的额度和力度也是以不断增加的态势在发展。从2006年起，投资规模逐年增大，增长速度明显加快。目前，中国电子商务的投资主要还是集中在B2B、B2C领域，尤其是B2C领域。据《2010年中国电子商务B2C市场投资研究报告》显示，2006—2009年中国电子商务B2C行业及相关领域共发生投资95笔，涉及的企业达44个，披露的投资金额有6.04亿美元。到了2010年，仅第一季度，中国电子商务B2C领域已经发生11笔投资事件，其中7笔披露的总投资金额为1.49亿美元，平均投资金额2 132万美元，高于2008、2009年电子商务B2C市场平均投资金额。而在B2B领域，由于其处于垄断格局状态，导致投资风险和难度比较大，主要集中在垂直行业B2B平台。

第五，电子商务快速发展也促进了技术的进步。电子商务是信息技术和高科技的产物，因此，电子商务的发展势必会对科学技术的发展产生需求，从而带动其发展，促使国家、产业、企业加大对技术的投资和研发。

第六，电子商务的快速发展也促进了产品结构的改变。电子商务对产品结构的改变主要体现在两个方面：一是电子商务的产生和发展促使数字化、电子化产品数量增加。二是电子商务的广泛应用又促进了产品内部构成中信息含量的增加。高科技产品层出不穷，在其产品设计、生产过程中所注入的信息、知识的含量也越来越多。

第七，电子商务的发展还改变了贸易结构。据《中国中小企业电子商务发展报告(2009)》数据显示，中小企业电子商务对内外贸的贡献突出。2009年，中小企业电子商务交易规模将达1.99万亿元，同比增速达到20.3%。其中内、外贸交易规模分别为1.13万亿元和0.86万亿元，分别相当于2008年全国国内商品销售总额和出口总值的6%和8.9%。

8.3　电子商务发展中的政府监管

8.3.1　普通服务原则

由于Internet基础设施所具有的正外部性能够对社会整体经济的发展产生巨大推动作用，因此政府应该想方设法让更多的人接触、使用Internet基础设施，但受经济、地域等因素的限制，相当一部分人不能享受到运用Internet基础设施的好处。在这种情况下，需要政府出面干预Internet基础设施提供商的经济行为，以实现普遍服务的最终诉求。

一、普遍服务原则的定义与内涵

所谓"普遍服务"，即指对任何人都要提供无地域、质量、资费歧视且能够负担得起的电信业务。"普遍服务"这一术语最早由美国AT&T总裁威尔先生在1907年年度报告中提出，其原话为"一种政策，一种体制，普遍服务"。1934年，美国首先将这一政策纳入法律条文,在电信法中明确规定:"电信经营者要以充足的设施和合理的资费,尽可能地为合众国的所有国民提供迅速而高效的有线和无线通信业务。"该原则具体指国家为了维护全体公民的基本权益,缩小贫富差距,通过制定法律和政策,使得全体公民无论收入高低,无论居住在本国的任何地方,包括农村地区、边远地区或其他高成本地区等,都能以普遍可以接受的价格,获得某种能够满足基本生活需求和发展的服务。"普遍服务"主要出现在与公众生活密切相关的公益性垄断性行业,如邮政、电信、电力、供水等,主要包括服务的普遍性、接入的平等性及用户可承受性三方面内容。由于受到各自客观环境条件的限制,不同的国家对"普遍服务"具体内容的理解不尽相同,但是基本上所有的"普遍服务"都具有一些共同特征。首先,"普遍服务"必须是针对所有的(或者绝大部分)用户;其次,"普遍服务"的价格是可以接受的;最后,"普遍服务"要有一定的质量保证。

另一个与"普遍服务"相近的名词是"普遍接入"。国际电信联盟认为,衡量获取信息通信技术标准的关键在于区别"普遍服务"和"普遍接入"。"普遍接入"是指信息通信技术的高可用性,它可以通过家庭、工作地点、学校和公共接入点来实现,该指标更适合中低或低收入的发展中国家。相对来说,"普遍服务"是指信息通信技术在家庭层面的高水平普及,更适合高收入和中上收入国家。

一般来说,基础设施的提供商或是运营商在诸如边远地区或者农村地区等典型的高成本地区往往是入不敷出的。高成本地区的特点就是经济欠发达,这使得基础设施的利用率过低,从而导致服务提供商很难收回投资。由于回报率低,所以高成本地区的基础设施发展十分落后,基础设施的落后又反过来制约了经济发展,而经济越落后就越不能吸引基础设施方面的投资,这就形成了一种基础设施投资的恶性循环。考虑到经济的协调发展,政府有必要采取一定的措施来避免这种不利的后果。要求网络基础设施的提供商和运营商实行"普遍服务"就是一项切实可行的措施。提供"普遍服务"要求提供商和运营商不但不能拒绝为高成本地区的用户提供服务,而且还不能根据投入和运营成本而采用相应的高资费定价策略,并且要保证一定的服务质量。

实施"普遍服务"的驱动机制主要是通过网络正外部性,促进经济增长和实现收入再分配,从而促进社会公平。在网络经济下,具体地来说,"普遍服务"有以下三个功能:

首先,提供"普遍服务"有助于网络积极外部性的发挥。连接到互联网上的人越多,则互联网所产生的价值(无论是社会价值还是商业价值)就越大。可见,消费者个体是否入网及基础设施提供商是否愿意建网的决策会直接影响到网络中所有其他用户的福利。但无论是消费者还是提供商或运营商都不会从社会福利的角度看问题,他们只关心自身的收益如何。因此,政府需要采取措施来弥补可能会出现的市场失灵。由于这种网络外部性是正的,所以"普遍服务"政策可以使网络外部性在一定程度上内部化。就我国目前的情况来说,政府已经逐步意识到采取对互联网的接入服务提供补贴的政策,将有助于网络规模的迅速扩大。

其次,"普遍服务"还可以看成是一种特殊的再分配方式,即用定价而不是税收的形式影响再分配。把低收入阶层确定为再分配的对象,保证他们享受到一定的基本服务,避免资费调整对他们产生不利的影响。由于经济发展的不平衡性,利用收入再分配解决收入不平衡和地区发展不平衡是政府面临的一项重要工作。一般可以利用两种方法实现收入再分配:一种方法是利用交叉补贴机制实现"普遍服务"政策;另一种方法是利用一般的财政税收政策。实际上,许多发展中国家的政府基于效率原因均实施电信行业上缴较高利税的政策。但以"普遍服务"政策实现收入再分配的同时,也在一定程度上损害了市场经济最根本的竞争机制,特别是在市场经济完善的国家,更有可能带来社会效益的降低。

最后,"普遍服务"有助于实现政府的地区发展规划。尤其在我国,地区间的发展极不平衡,因此很有必要借鉴"普遍服务"的公共政策来协调各地区的发展。这样既能缓解落后地区的基础设施瓶颈问题,又不需要政府耗费大量的财政资金。

二、"普遍服务"原则的运作机制

从实施效果上看,提供"普遍服务"实质上类似于实行广泛的补贴政策。"普遍服务"原则实际上造成了大用户或工商用户对居民用户的补贴,或者低收入用户得到不同形式的补贴。这种补贴资金并不是直接来源于财政资金,而是来源于在某些服务上设立的专项收费。另一方面,"普遍服务"原则也显示出在财政资金不充足的情况下,国家仍然有办法解决局部地区基础设施投资不足的问题。

当然,这种所谓的补贴制度与财政资金是毫不相干的,因为国家并不因此收支任何资金,只是通过改变现有垄断企业提供的不同服务的相对价格来实现的。具体地说,由于垄断企业在高成本地区提供的服务项目收入低于成本,因此需要在其他服务上得到相应的补偿。补偿的具体方式通常是预先规定好的,一般采取交叉补贴机制,也就是在没有补贴的服务上允许垄断企业制定较高的加价。因此,交叉补贴只是满足垄断企业自身预算平衡的一种机制,相对于财政补贴来说,交叉补贴完全是在企业内部实现的。这种交叉补贴并不是企业可以随意进行的,它属于垄断企业与政府管制机构之间所订立的协约的一部分。此外,还应看到"普遍服务"的运作机制需要以企业垄断做保证,因为竞争会降低高资费服务项目的利润,而这就破坏了交叉补贴的生存基础。

就交叉补贴机制的实际运用情况来看,它目前已经在一些发达国家中逐渐地淡出了。价格上限的引入是导致这种变化的一个重要原因。实行价格上限的规定使得垄断企业在一定范围内有了调整相对价格的自由,这样企业就可以运用更加市场化的方式去平衡资费结构。为了在实行价格上限的同时,仍然使企业有提供交叉补贴的动机,政府管理部门需要对价格上限中的权重做大幅度的调整,只有这样才能保证企业一旦向规定的低资费用户收取较高的费用,就会相应地受到惩罚;或者不调整权重而实行统一定价。价格上限自应用以来也做了许多系统的调整,比如资费调整的速度要受到严格限制,运营商需要在服务区内实行统一定价等等。

价格上限的引入确实使交叉补贴发生了很大的变化,不过 Internet 基础设施行业的自由化改革才真正动摇了交叉补贴机制赖以存在的根基。为了实现交叉补贴,运营商必须在提供补贴资金来源的服务项目上得到足够的利润,然后才能为其他服务项目提供补贴。这种人为造成的价格扭曲使得市场新的进入者只会考虑进入高资费的服务领域。因此在存在交叉补贴的情况下,引入竞争会导致两个结果:一是无效率的市场准入。因为即使新进入者的效率很低,它仍然可以在高资费的服务市场中存活。二是原有的"普遍服务"的实现基础遭到破坏,在竞争的压力下,来自高资费服务项目上的补贴资金将会大幅度减少。

三、基础设施产业的公共投资政策

Internet 基础设施的公益性与自然垄断特点，决定了其投资具有"非市场性"的特征，即它的活动不能是纯粹市场性活动，主要应放在市场失效领域进行考虑，按非市场目的（非市场营利性）运作，以非市场手段来展开。但收费性与竞争性又决定了这类设施的投资是"市场性"的，即它的活动应当处于市场领域内，按市场营利目的、采用市场手段来进行。这样，就使得该领域的投资具有市场性和非市场性两重性质。显然，正确处理 Internet 基础设施投资多元化的问题，实质上就是正确处理该领域公私两种投资的配合问题，即依据各具体项目的不同公共性与私人性的混合状态，来安排政府与私人在该项目中的不同投资比重。

国家垄断并经营基础设施的方式和管理体制，使得基础设施的提供者缺乏内在的激励机制和外在的竞争压力，由此引致投入产出缺乏科学核算，无人顾及使用者的满意程度，经营效率低下，服务质量不高。造成这种局面的直接原因在于，负责提供基础设施的企业没有被赋予顺利运营所必需的生产经营和财务上的自主权。在组织上和管理体制上进行改革的方向是使生产和经营基础设施的企业真正成为独立的经济实体，使其经营方式多元化，运营原则商业化。采取国有国营必须实行政企分开，以防止自然经济垄断导致行政垄断。改革的第一步是将政府的一个部门转变为国有企业，使其与政府明确脱钩，并给予经营自主权，这一步改革我国已进行并卓有成效。第二步是对这些企业进行公司化改造，使其具有独立的经济地位，成为市场的主体。公司化的直接益处是建立商业化的会计程序，明确运营成本和收益，使国有企业和政府的成本与收益更具透明度。国有企业进行公司化改造后，还必须引入激励机制，通过政府与这些企业签订经营协议，激励这些企业降低成本提高收益。为提高基础设施投资的效率，也可以将国有的基础设施企业交给民营和私营。国有民营或私营可通过租赁和特许权的方式，即公共部门可以把基础设施的经营（连同商业风险）及新投资的责任委托给民营或私营；也可以采取 BOT（Build – Operate – Transfer）方式，即建设—经营—转让的方式，政府把由国有单位承担的某一重大项目的设计、建设、融资、经营和维护的责任转给民营或私营，使其在某一时期内（称为特许期）对此项目拥有所有权和经营权，并设法偿还所有债务，获得预期回报，等到特许期过后，再将所有权转还给国有企业。目前，多数国家在提供公共基础设施方面已实现了投资来源多元化、经营方式多样化，政府只是发挥管理和协调作用。需要指出的是，对 Internet 基础设施领域的投资能否市场化，不仅要看其公益性的强弱和可分割性的难易程度，还取决于政府财力、公众对服务质量的关心程度、价格管理体制、私人资本能否赢利等重要方面。

大多数 Internet 基础设施行业具有不同程度的自然垄断和规模经济的特点，这使它们缺少内在的竞争活力，而政策制定者也总是面临规模经济和竞争活力的两难选择。政府在制定有效竞争政策时的基本思路应该是：首先区分自然垄断业务和非自然垄断业务，分别制定不同的有效竞争策略。对于自然垄断业务，建立模拟竞争机制的管理体制，即通过经营许可证制度和恰当的定价策略，提高其竞争意识，规范其经营行为；对非自然垄断业务，可完全引入市场竞争机制。这将有助于 Internet 基础设施产业形成规模经济与竞争活力兼容的有效竞争状态。合理定价是基础设施产业顺利发展的关键性问题。价格一方面影响生产者，另一方面影响消费者，即价格对资源配置和收入分配都会产生影响，所以价格政策的运用应该谨慎。价格政策对自然垄断行业的运用主要是通过公共定价的方式限制垄断价格的产生。政府还可以利用价格政策降低具有外溢性的基础设施产业的产品价格，扩大均衡产量，调节收入分配。

对基础设施产业的价格管理，过去我国一直采取从低定价原则。多数产品的价格都低于其边际成本，违背效率原则。因此，改革基础设施产品价格的管理体制，建立以收费为主的成本补偿机制是提高投资效率的重要手段。价格改革的基本思路是以经济效率为准则，根据公众的承受能力及分配体制的改革，使其既反映价值又反映供求，既具有刺激企业努力降低成本提高效率的功能，又不损害公共利益从而维护社会分配效率。对于公益性较强、与公众生活关联度较高的公共基础设施，可适当向使用者收费或提高收费标准，压缩乃至取消政府补贴。这既有助于解决政府财力不足的问题，又限制了过度消费，避免了资源的浪费。为了均衡公共基础设施的投资格局，应使该领域的营利性投资具备以下特点，即无显著的超额利润，现有供给者之间的定价及生产配置是有效率的。

8.3.2 网络经济时代的反垄断政策

反垄断政策作为国家干预微观市场的主要手段，应当随着经济形势的发展、变化而不断调整，以适应经济发展的需要，从而推动整个社会经济和技术的发展进步。自反垄断法诞生之后的近百年来，各国反垄断法发展变化的历史已经证明了这一点。在进入网络时代之后，网络产业垄断的形成机理及垄断的方式和手段与传统经济有很大差别。这就要求反垄断的法律规范要根据网络垄断的新特点"有的放矢"，否则将很难达到预期的立法目的和实施效果，维护网络产业的公平竞争。

一、垄断认定方法由"结构主义"向"行为主义"转变

市场环境在由竞争走向垄断的过程中常常伴随着市场结构的变化，它能够清晰地反映出市场中竞争与垄断的力量对比，处在自由竞争阶段的市场往往会呈现一个复杂、多变的市场结构，而稳定的市场结构一般是由垄断力量作为支撑的，它主要包括企业所在行业的集中程度、产品差别和进入壁垒等。市场行为是企业依据其经营战略和市场环境所采取的营利性行为，在反垄断领域主要包括价格卡特尔行为，滥用市场支配地位及企业之间的兼并、收购行为。"结构主义"与"行为主义"是两种完全不同的垄断认定标准，它们在立法宗旨、违法构成要件、法律制裁手段方面都有着显著的区别。

结构主义理论强调，为了维护有效的市场竞争，不仅要对占市场支配地位的企业的限制竞争行为进行规制，而且要对不利于开展有效竞争的市场结构予以调整。而行为主义理论强调，单纯的市场集中以致垄断并不为法律所禁止，法律只规范这类企业的不当行为。结构主义衰落的原因主要有以下两点：

一是网络效应改变市场结构，"结构主义"弊端凸显

在传统市场中，人们在反垄断认定过程中更加青睐甚至迷信"一棍子打死"的"结构主义"标准，这使得任何企图提高市场集中度的行为都将受到严厉的制裁。这种盲目的迷信来自当时人们对于自由竞争理念的崇尚和对垄断的恐惧，不管是1776年的亚当·斯密还是20世纪前后的马歇尔，都对自由竞争给予了很高的评价，他们认为竞争是效率的代名词，竞争可以提高社会的整体福利水平；而对于垄断则齐声谴责，认为垄断会造成低效率，导致

社会福利损失，甚至会冲击政治民主制度。因此，"结构主义"的反垄断法标准适应了当时的反垄断需要。但是，随着网络时代的到来，在正反馈效应等一系列网络规律的作用下，影响市场结构的传统因素正在悄悄改变，一个新的市场结构逐步浮出水面。"结构主义"标准在认定垄断过程中遇到许多棘手的问题。首先，由于正反馈效应所引发的"冒尖现象"在网络经济中普遍存在，而且这与网络标准的不相容性定律是相吻合的，这往往使得市场结构呈现出一种一家独大的格局，如果仅仅依据产品或服务的市场占有率来判断是否构成垄断，显然违背了网络经济时代的市场运行规律；其次，以技术竞争为典型特征的网络经济催生了竞争性垄断这样一种新的市场结构，网络经济时代所形成的市场垄断格局往往具有脆弱性、不确定性和暂时性，在这种创新主导一切的格局中，市场结构往往反映出市场内部各个创新力量的实力对比，因此，通过市场竞争存活下来的企业往往成为某一行业的垄断企业，也是这个行业中最健康、最优秀的企业。所以，再按照"结构主义"的办法去解决此类垄断问题，无疑是对企业技术创新积极性的巨大伤害，也无益于整个网络市场的长远发展；同时，科研创新活动往往需要投入巨大的沉没成本，所以行业创新重任就落到了那些处于行业龙头地位的大型企业的身上，而这些企业往往又是某一领域内的垄断企业，它们的巨额研发投入只能从其后期获取的垄断利润中得到补偿。然而此时如果采用"结构主义"标准来认定垄断，无疑是切断了创新企业的资金来源，这对于那些在激烈的技术竞争中存活下来的企业来说是非常不公平的，也不利于网络经济的长远发展。在这种情况下，机械地、不分就里地限制企业规模，不仅会削弱整体经济的规模效应，也势必削弱企业的国际竞争力，因而随着网络经济的发展，人们对"结构主义"标准的批判之声越来越强烈。

二是"结构主义"不利于提升本国企业的国际竞争力

随着世界经济一体化进程的不断推进，国际竞争愈加激烈，国内市场成为外国企业的竞技场，来自外国企业的竞争压力迫使国内企业提高管理水平，加快技术创新，这在很大程度上活跃了国内市场，促进了国内市场的竞争，减缓了市场集中的进程。反垄断执法者发现，外国企业竞争的威胁对于本国市场形成公平竞争环境的促进作用远比实施反垄断法的效果明显得多。与此同时，在国际市场上，国家之间经济实力的竞争总是通过企业进行的，大企业在国际竞争中所具有的无可比拟的优势使得各国政府意识到了垄断在网络时代的国际竞争中发挥的重要作用，因此，基于对本国经济利益的考虑，各国政府普遍修改原有的垄断认定标准，减少对"结构主义"标准的适用，放松对垄断组织、垄断行为的控制，并且对于大企业之间的"合作"、并购也采取了默认甚至支持的态度。因此，在网络时代，不能片面地将垄断与市场支配地位之间画等号，对垄断危害性的判断及对政府干预的必要性的论证都应当结合企业具体的市场行为来进行。只有当拥有市场支配地位的企业滥用了该地位而导致市场效率降低时，才应当受到法律的制裁，因为并不是所有的集中和兼并都是产生低效率的。相反，如果垄断能够提高资源配置效率，就没必要采取反垄断措施。

网络市场的门槛其实是很低的，除行政垄断外，真正的进入壁垒在实际中几乎是不存在的，这也解释了为什么网络经济的市场结构是不稳定的。企业通过技术创新以自由竞争的方式进入某一行业的可能性还是非常高的，这是市场充满活力的根本原因。但是如果某些拥有市场支配地位的企业为了保住其垄断地位而采取不正当竞争手段，利用其掌握的网络技术标准为其他竞争者设置市场进入壁垒，这种行为将会损害市场活力，阻碍技术进步。在这种情况下，反垄断法在界定垄断的过程中既要考虑到经营者在相关市场中所占的市场份额，也就是市场结构，又要考虑到其是否有限制竞争、谋求垄断地位的行为，所以网络时代的反垄断的认定过程是一个综合性的评判过程。

"行为主义"受到推崇的主要原因有三点：

一是"行为主义"适应发展规模经济的需要。

反对垄断并不等同于反对规模经济，反垄断法也并不处罚企业通过合法的技术竞争来获取行业垄断地位的行为。它只针对那些利用自身所拥有的市场优势地位人为地设置障碍来限制和排除竞争的市场行为。正如某些学者所说的："反垄断法反对的并非一般意义上的大企业，而是任何独占市场的企图；它所努力消除的并非简单的企业优势，而是借助于该种优势对竞争机制的扭曲与践踏；它限制的并非企业通过先进的技术、优秀的策略等正当商业行为而获得的市场支配地位及高额利润，而是出于减灭竞争压力、长期轻松获取利润的目的，以非正当的方式对该地位的维持与滥用；它所保护的并非弱小企业的弱小，而是保护它们获得平等的发展机会。"

二是"行为主义"提升的表现是制裁手段从"强制拆分"到"开放平台"。

法律制裁是法律有效实施的保障，也是法律具有威慑力的原因，制裁手段的种类、严厉程度及罪责刑的适应程度，都关系到立法目的的实现程度及法律的实施效果。反垄断法对于垄断行为的制裁手段大致可以分成两类，即结构制裁和行为制裁。结构制裁通常表现为对企业的拆分，即当市场上存在具有市场支配地位的企业限制或可能限制市场竞争时，反垄断法执行机构为了恢复市场的正常竞争状态，要求该垄断企业拆分为两家以上的企业或出让一定的营业资产。因此，结构制裁是一种十分严厉的制裁方式，它通过"釜底抽薪"式的拆分和切割，彻底改变一家独大的市场结构，恢复原有的竞争秩序。而与结构制裁相比，行为制裁就显得温和许多，它在整体保留垄断企业的前提下，对垄断企业的行为进行一定程度的限制，并给予企业及相关责任人以惩处。在传统的反垄断司法实践活动中，结构惩罚被普遍应用于世界各地的反垄断诉讼中，其主要原因在于这种方式往往可以表明一国政府鲜明的反垄断态度，并且其节约司法成本、快捷、高效的特点更是得到了反垄断执法部门的青睐，因为他们只需像切蛋糕一样的把企业切成若干份就大功告成了，而不用考虑这种拆分对于市场环境的影响。但是，正如前文所说的那样，在进入网络时代之后，先进的网络技术标准已经成为企业的核心竞争力，各种技术与产品以网络为依托，相互之间不断发生渗透和交融，形成了同类产品差异化和异类产品一体化的两大趋势。在这两大趋势的带动下，占据市场支配地位的企业所具有的垄断力量也往往来自对网络技术标准的控制，具体一般体现为对一些差异化、兼容化产品的生产控制权。正如牛顿所说的那样，"我只是站在了巨人的肩膀上"，任何技术都是在已有技术的基础上通过创新性的研发得到的，技术之间交融性和互助性在网络时代表现得尤为突出，不存在任何独立存在的技术。因此，结构性的惩罚措施在惩罚网络垄断时往往显得捉襟见肘，因为技术型垄断并不像传统垄断那样有厂房、设备等具体的实物可供分割，技术具有抽象性，而且技术与技术之间还存在依赖性与兼容性，所以难以通过物理性的拆分来实现反垄断的目的。如果执法者对垄断企业所拥有的一系列网络技术标准进行强行拆分的话，很有可能破坏技术之间原有的兼容性和整体性，使得拆分后的企业在很大程度上丧失了核心竞争力，很有可能被排挤出市场；不但如此，拆分后的企业不得不花费大量的人力、物力进行重复性的技术研发，以保持其原有的技术优势，这不仅是对珍贵智力资源的大量浪费，也不利于技术创新的发展，更与反垄断法的目的背道而驰。而且，即使能够实现对于网络技术标准的合理分割，但在竞争性垄断结构下，对垄断企业的结构性拆分在短时间内可能会产生一定的效果，但在标准不兼容性规律的作用下，通过技术创新竞争取得新标准的企业又会形成新的市场垄断，因此，从长远来看，结构性的制裁手段并不能解决实际问题。美国政府当年对于美国电话电报公司（AT&T）的拆分就是一个很好的例子。1984年AT&T与美国司法部达成庭外和解，AT&T将国内电话业务分拆为8家规模较小的贝尔公司，而这8家公司又进一步被拆分成了20家规模更小的地区性的电信公司。解体后的美国电话电报公司的营业额降至300多亿美元，雇员减少至20多万人，电讯设备的市场占有率从75%降至35%，营业规模缩小了三分之二以上，1986年由于投资计算机经营不善，一度陷入困境，甚至被挤出全球500强企业排行榜。在AT&T被拆分后的十几年中，群龙无首的美国电信市场开始进入了一种无序竞争的状态，各州电话电报公司为了迅速抢占市场，竞相在各地拓展自己的业务，这不但增加了交易成本，阻碍技术发展及规模效应的形成，还引发了电信业的投资过热，即电信基础设施无休止的重复建设，使大量电信公司亏损严重，最终导致了严重的资源浪费，而此类竞争的最终结果就是过于低廉的通信服务和低利润率对美国电信产业的伤害。但是，这种混乱的状态并没有持续多长时间。美国电话电报公司逐渐从拆分的阴影中走了出来，并对公司主体进行改造，裁撤冗员，大力开发新产品并在计算机业务方面有了长足的发展。到1989年，美国电报电话公司以363.45亿美元的营业额位居美国500强企业第8位。在此后的几年中，AT&T通过一系列的兼并和重组成为美国最大的无线通信服务的提供者，仅仅用了5年的时间就将反垄断执法部门的制裁成果瓦解殆尽。以上案例说明，面对网络经济所出现的新特点，结构性的惩罚措施已经不能适应新时期的反垄断需要，简单的拆分只会引发更多的问题，因此反垄断法的制裁措施也要与时俱进，与网络时代垄断的特点相适应。简言之，就是采取"新行为主义法"来规制企业的垄断行为——即解除其垄断，要求其部分或向部分特定竞争者开放软件标准，公开其软件源代码等。

三是"开放平台"优势凸显。

开放软件标准和源代码保证了信息和软件的可移植性，也就是说基于开放性标准生产出来的软件可以在任意硬件平台上使用，不受平台种类和属性的制约，同时，它还保证了各种系统之间是可以实现相互操作的。然而，开放系统最大的好处在于，它消除了垄断企业在相关市场内设置的技术壁垒，使消费者与潜在竞争者之间可以实现充分的交流，有利于消费者选择权的行使，最大限度地实现消费者的利益，为所有的企业营造了一个公平的竞争环境。因此，在网络时代，开放系统标准和软件的源代码已经成为一种强制性的行为，它要求垄断企业必须向其竞争者开放平台，公开其系统标准。这一原则在后来被称为世纪诉讼的微软反垄断案中得到了充分体现。美国最高法院在吸取了拆分AT&T案的经验和教训之后，认为如果把微软强制拆分成两个分别生产操作系统和应用软件系统的公司的话，有可能会像拆分AT&T那样而引起行业内的无序竞争，不但如此，消费者还不得不花费大量的精力和金钱去解决不同系统之间的兼容问题，使得消费者的利益受损。因此，美国联邦最高法院的法官认为，从宏观角度讲，对微软公司实施强制许可或者要求其公开知识产权到公有领域的方法不但可以有效地促进竞争，而且还可以避免微软的国际竞争力受到严重削弱；从微观角度讲，强制微软向其他软件开发商开放部分操作系统的源代码和可编程序接口，使其也能在视窗操作系统上编写应用程序的做法，既能使微软保留作为其核心竞争力的 Windows 操作系统的所有权，摆脱了被拆分的命运，又能避免微软利用这一标准设置市场进入壁垒，实施垄断行为。这些似乎都预示着开放网络产品的系统标准，还原其作为公共产品的本来面貌，已渐渐成为处理网络垄断案件的有效途径。

二、反垄断合作的加强

在网络时代，网络的全球性特征所引发的竞争全球化已经成为一个不争的事实，在这种情形下，反垄断工作已经不再是一个国家的"家务事"，而成了一个国际性的问题。因此，垄断国际化所带来的反垄断的国际化已成为网络经济反垄断工作的一个重要特征，这就要求各国政府开展国际反垄断合作。然而，"全球化的经济并没有催生全球化的政府"，各国基于国家利益及国际竞争力的考虑，普遍对本国企业的国际垄断行为给予豁免，而对他国企业的垄断行为予以制裁，这与国际反垄断的合作目标是背道而驰的。但是，国际反垄断合作的主观需要与各国反垄断立法、执法、司法的不统一的客观现实之间的冲突和矛盾，也是促使各国开展反垄断国际合作的重要动因。虽然目前国际反垄断合作还面临着许多棘手的问题，但是各国政府均已达成了一个共识：加强反垄断的国际合作，是提高经济效率、减少贸易摩擦、实现双赢的最佳途径，也为将来国际统一的竞争法典的制定奠定立法基础和政治基础。到目前为止，国际反垄断合作主要以下几种形式：

（一）国内反垄断法的域外适用，即域外管辖权

坚持域外管辖权是国际合作的前提，如果某国没能处理其国内企业阻碍外国企业进入本国市场的反竞争行为，则该外国企业的母国就希望通过跨境适用其国内的反垄断法以打开进入该国的市场之门。换句话说，各国在传统国际经贸活动中，依然倾向于通过实现本国反垄断法的域外适用来解决反垄断的国际化问题。这样做虽然可以在维护本国利益的基础上以一种"快刀斩乱麻"的方式迅速解决国际反垄断过程中的种种难题，但由于各国的国家利益之间往往呈现一种"零和"关系，因此，跨境适用反垄断法可能会加剧国家之间的冲突，引发严重的贸易摩擦，适用不当甚至会影响到两国的政治关系。同时，法律的域外适用还可能导致对外国人直接适用使反垄断政策与贸易政策产生严重摩擦的本国法，这也违背了国际法中的国家主权原则。因此，域外适用反垄断法应当建立在与他国政府充分沟通和协商的基础之上，以减少法律适用过程中的不和谐因素，并以此为基础开展与国外反垄断执法部门的双边、多边合作。

（二）双边、多边合作

正因为反垄断法的域外适用存在诸多弊端，因此协调与合作便成为解决各国反垄断执法冲突的有效途径。正因为这种合作是建立在互利共赢的基础上的，因此它可以化解国家之间在反垄断执法过程中产生的利益冲突，尤其是让各国反垄断机关头疼的取证难的问题。不但如此，双边或多边合作可以避免企业被反垄断部门重复执法，以将更多的精力投入生产经营中去，而不是疲于应付一波又一波的反垄断调查；各执法部门也不会在同一问题上出现不同的结果。在反垄断法的双边或多边合作方面，发达国家的实践和经验值得我们借鉴。美国和欧共体于 1991 年 9 月订立的反垄断合作协定是迄今最引人注目的双边协定。它除了类似其他双边协议将相互通告和协商作为合作和避免冲突的重要措施外，还在以下几个方面超出了

一般意义上的合作：第一，对双方均有权审查的案件，在必要的情况下，可双方联合审理。第二，一方可要求对方制裁损害了本国出口商利益同时也违反对方竞争法和损害对方国家消费者利益的限制竞争行为。第三，一方在适用法律时，采取的手段和措施须考虑与此相关的另一方的利益。

（三）建立国际统一的反垄断法律规范

虽然制定一部国际统一的反垄断法典是一件十分困难的事，但是，国际社会并没有放弃建立国际反垄断法律制度的努力。1993年7月，以德国和美国为首组成的国际反垄断法典起草工作小组向关贸总协定提交了一个《国际反垄断法典（草案）》，希望它能够成为世界贸易组织框架下的一个多边贸易协定。但它并没有被世界贸易组织接受，甚至没有得到讨论的机会。这使国际统一反垄断法律的制定蒙上了一层阴影。但是，基于垄断或限制竞争行为对于国际竞争秩序的威胁日益凸显，将反垄断问题纳入下一轮WTO谈判议程的呼声也日益高涨。这一呼声在1996年12月新加坡首届部长级会议上得到了响应，会议决定成立一个竞争政策工作小组，对成员方提出的有关贸易和竞争政策（包括反竞争做法）之间的关系问题进行研究。因此，在不久的将来，建立国际性的反垄断法律制度的可能性还是很大的。总之，进入网络时代，各国政府和各国际组织都在为制定一部全球统一的反垄断法律规范而努力着，但到目前为止，世界范围内的反垄断法尚处于酝酿阶段。不过值得注意的是，在一些已生效的多边条约中所包含的反垄断规定，虽然不具有典型性和完整性，但我们可以把它看作是未来国际反垄断法的雏形，若想让它成长为一个成熟的国际反垄断法律体系的话，还需要各国反垄断专家和执法者继续做出长期不懈的努力。

8.3.3 电子商务经济的金融监管政策

金融监管方法的改变大都是对金融市场动态变化的内在反应。20世纪30年代的大危机使各国纷纷出台金融监管法规，七八十年代的金融业务创新又使得各国相继废除或放松对信贷和利率的控制，放宽对市场准入和经营范围的限制，形成了广泛的金融监管的放松状态。作为迄今为止最为深刻的金融业革命，网络金融的兴起从根本上改变了金融市场运作方式，这必然会导致金融监管政策发生巨大变化。

一、网络经济时代金融监管的必要性

学者们对于为什么要进行金融监管及究竟应当怎样监管并没有达成共识。应进行金融监管的理论解释就有很多种，如社会利益论、金融风险论、保护债权论、社会选择论、安全原则论、自律效应论和代表假说等，这些理论都从不同的角度分析了金融监管的必要性。总的来说，政府应对金融机构实施广泛监管的直接原因是金融市场存在市场缺陷，这些缺陷主要是指信息不对称及其导致的道德风险和逆向选择问题。信息不对称会使银行客户形成非理性预期，导致挤兑行为，产生监管的搭便车行为，降低市场监督效率，使金融市场因道德风险和逆向选择失灵。正是这些缺陷再加上金融业较强的外部效应和高杠杆率，使其具有天然的脆弱性。历史经验也表明，金融业的这些内在缺陷极易给消费者带来消极影响，动摇消费者对金融体系的信任，并通过多米诺骨牌效应，导致整个金融体系的动荡，严重时甚至会引发金融危机和经济危机。因此，政府有必要进行干预。

在网络经济时代，信息技术革命是否会解决信息不对称问题呢？从表面上看，网络信息的传播是以高速度、大容量、分布式进行的，似乎任何组织或个人都能通过互联网获得相对完备的信息，其信息来源和信息质量处在同一层次上，也就是说，信息不对称的问题已经得到了相当的改善，网络也为经济当事人进行广泛的信息收集、追踪、分析提供了便利，降低了费用，使防范逆向选择和道德风险成为可能，如果能够保证信息的充分披露，网络金融机构似乎不再需要监管。然而事实上，网络金融活动中信息不对称问题并没有得到解决。

第一，虽然网络信息技术提高了人们处理和传送信息的能力，但是信息不对称问题仍然存在。信息经济学早就指出：信息不对称性问题是机会主义造成的，即信息不对称不仅仅是技术问题，更是一个经济问题。它起源于人们的机会主义倾向，所以只要有机会主义倾向，人们就会为了眼前的利益隐藏"私有信息"，产生信息不对称问题。网络信息技术革命解决了信息不对称的技术问题，但无法解决其经济问题。例如，为隐藏自己的真实信息，一些企业会有意提供大量的信息，从而使人们处理信息的机会成本增大；而且获得信息的技术、知识水平存在差异，也会使信息不对称问题依然存在。面对着互联网上的海量信息，信息的寻找、甄别和判断仍依赖个体的知识水平、分析技能和收益与成本之比。虽然网络的存在大大降低了个体在获得信息上的成本，各种智能软件有助于提高人们分析信息的能力，但是每个个体的注意力资源是有限的。即使不考虑个体与网络金融机构在知识水平和分析技能上的差距，个体在获得信息上也蕴含着很大的机会成本。因此与个体相比，网络金融机构依赖其专业人才、经验及进行信息收集、整理和分析的规模经济，在信息上仍然具有优势。

第二，由于网络技术的支持，金融机构调整和控制其资产的能力不断提高。金融机构通过网络可以使资金的融通和转移在瞬间完成，这会刺激金融机构投资于高风险、高收益的项目以期获得短期收益。而且由于网络经济时代发达的金融市场使公众持有的证券类资产增加，这使得存款占其总财富的比重下降，对成千上万的银行小客户实施监督的激励会进一步下降，搭便车行为会加剧。网络银行与债权人之间的信息不对称和搭便车行为，使得道德风险非但没有解决反而加剧了。

第三，网络金融只是使金融机构的运行方式发生了变化，金融机构作为经营货币资金（包括债券、股票、保险单等金融商品）的企业这一性质并未发生变化。这也使金融机构天然的脆弱性和对社会经济的连带效应未发生改变，因此一旦某一金融机构出现问题，引发了公众对金融体系的不信任，就会由于信用的连锁性产生多米诺骨牌效应，影响整个金融秩序乃至社会经济的运行。而且网络间信息传递速度的加快，可能还会加大多米诺骨牌效应的破坏力。在网络经济时代，金融业的市场缺陷仍然存在，金融业的高风险性非但没有减少反而增加，这就决定了国家必须对网络金融机构进行监管。不仅如此，网络金融机构除了具有传统金融机构在经营过程中存在的信用风险、流动性风险、市场风险和利率风险外，还由于其特殊性存在着信息技术导致的操作风险和基于虚拟金融服务品种形成的业务风险。网络金融运行风险的加大使得加强金融监管不但必要，而且其重要性也大大提高了。网络金融的兴起，在提高金融业效率的同时，也使金融业变得更加脆弱，越来越容易受到攻击。网络信息技术使处理每笔金融业务的时间大大缩短，但与此同时，每天通过信息系统与网络进行的交易量却越来越庞大。银行客户只需通过接入互联网进入网络银行的网页，就可以在几秒钟之内将数以百万的资金在国际金融体系中转移。这不仅增加了客户的影响力，而且也增加了银行经营环境的不确定性。因为一旦市场出现更有利可图的金融商品，客户可能会迅速流失。

而且信息网络技术在骤然间增强银行及其他金融机构业务处理能力的同时,也带来了许多潜在的危机,增加了金融业的系统性风险。随着计算机网络广泛深入地应用于金融行业的各项业务,金融业务对金融计算机网络系统的依赖性越来越强,金融信息的安全与保密将直接影响整个社会经济活动的正常运行。如何防止网络犯罪及避免国际金融风险传播扩散的影响,就成为金融市场和整个经济健康发展的重要前提,而这一切都是依赖金融监管来实现的。所以,在网络经济时代不仅需要金融监管,而且金融监管的意义更大。

二、网络金融监管政策的内容

在网络经济时代,金融监管部门不仅要继续对传统金融业务进行监管,而且还要制定和实施新的金融监管政策对网络金融业务进行监管。鉴于电子货币和网上银行在网络金融运行中的重要地位,国际社会纷纷出台了针对电子货币和网上银行的金融监管政策。其中,欧洲中央银行公布的电子货币系统监管政策最为详尽,目前网络银行监管的基本框架就是由巴塞尔委员会的《电子银行业务风险管理原则》提出的。由于传统金融监管政策已为大家所熟悉,本文在此仅评述国际上网络金融监管政策的相关内容。

(一)对电子货币的监管

有关电子货币的监管政策因各国金融监管和货币政策制度的差异,在国际上并未达成共识,同时,电子货币作为一种新生事物本身还在不断发展变化。因此,各国(地区)对电子货币的监管都还未形成较完整的制度体系,对电子货币的监管主要体现在以下几个方面。

(1)电子货币发行主体的资格。

目前正在研制开发的电子货币项目,其发行主体既有银行、非银行金融机构,也有非金融机构。非银行金融机构主要是指信用卡公司,非金融机构主要以高科技公司和电话公司为主。电子货币发行者资格的确定对于现行的银行监管法规是否可以扩大到电子货币及政府对电子货币的监管程度都有直接影响。

对电子货币发行主体资格的限制主要有两种不同模式,一种是以美国为代表的宽松模式,即除银行等存款性金融机构外,其他机构也可以发行电子货币;另一种是以欧洲中央银行为代表的较严格的模式,即只允许银行等存款性金融机构发行多用途的电子货币,已发行电子货币的非银行机构要受附加条款的制约,同时允许非金融机构通过与银行联合的方式研究开发电子货币产品。两种不同监管模式实际上体现了金融监管当局对金融效率与金融稳定的选择。如果只允许银行发行电子货币,那么现行的对银行监管的制度框架就可以适用于电子货币,但这有可能限制市场竞争和创新。如果允许非银行金融机构和非金融机构发行电子货币,虽然有利于促进电子货币产品的竞争和技术进步,但由于对这些机构的监管不同于对银行的监管,由此产生的风险就要大得多,而且也会产生许多监管技术问题。由于美国智能卡的发展落后于欧洲,为促进创新,提高本国金融效率,美国政府采取了宽松的监管模式。欧洲中央银行对电子货币发行主体较严格的限制,主要是基于对货币政策操作和金融稳定的考虑。要求电子货币发行主体应是银行,其理由有如下几条:第一,发行多用途电子货币所形成的负债,在本质上与活期存款负债是相同的。第二,电子货币是发行机构所创造的负债,如果发行机构是银行,则会便利中央银行定期编制货币统计报告。第三,发行电子货币的铸币税收入可能会诱使发行部门超量发行,这一方面可能会引起通货膨胀,另一方面增加了整个金融体系的风险。正是鉴于电子货币可能对货币供求和金融稳定的影响,金融监管部门会倾向于将电子货币发行主体仅限于银行。由于将电子货币发行主体限于银行,相应地,欧洲中央银行要求电子货币发行者也必须遵守银行业适用的一整套谨慎监管规定。其中主要体现在三个方面:遵守有关的资本要求等初始规则,保证电子货币发行人的财务健全;对电子货币业务中涉及的所有风险进行持续的有效管理;接受权威机构的持续监管。只有符合这些条件的银行,才能发行和从事电子货币业务。

(2) 电子货币赎回责任。

对电子货币赎回责任的规定是确保货币价值稳定及中央银行控制货币供给能力的重要措施。欧洲中央银行要求,电子货币发行者必须承担以等值中央银行通货赎回电子货币的法律义务。欧洲中央银行认为,如果电子货币发行人只承担赎回特约商户持有的电子货币的责任,而对消费者手中的电子货币不承担赎回责任,一旦该发行人出现财务和信用问题,特约商户可能会低于面值接受消费者手中的电子货币。这时,私人提供的交易媒介和货币的价值贮藏功能将不再与中央银行提供的货币价值尺度职能相一致。而且,脱离与中央银行货币的密切联系,电子货币的创造可能是无限的,这将会导致通货膨胀。因此,必须依法要求电子货币发行者承担以等值中央银行货币赎回电子货币的责任。

(3) 电子货币的准备金要求。

目前,大部分国家的中央银行为确保对中央银行储备的稳定需求及商业银行拥有应付日常业务所需的流动性,仍在实施法定存款准备金政策,即要求商业银行依据其吸收的存款按规定的比率上缴存款准备金。网络货币都是由消费者以现金或银行存款购买的,其最终也要由网络货币的发行机构用收到的现金或存款进行支付。从这一角度考虑,发行网络货币如同传统意义上的吸收存款,具有须"兑现"的义务,发行网络货币的网络机构同样面临着保证支付的问题。如果某一网络货币发行机构由于技术失误或其他原因出现无力"兑现"时,这一信息就会通过网络迅速传播,很可能会影响公众对网络货币的信任,而网络货币作为一种信用货币,它的流通完全依赖它的信誉及公众的接受程度,一旦产生信任危机,最终可能导致金融秩序的混乱。因此,仍在实施法定存款准备金制度的国家通常都会对电子货币提出准备金要求。例如,欧洲中央银行就要求电子货币发行人要保持一定的准备金。这样,可以避免电子货币的无限制发行,从而确保物价稳定,而且,对已接受法定存款准备政策约束的其他类型货币发行机构来说,这也是公平的。

(4) 电子货币的信息披露。

欧洲中央银行要求电子货币必须有确定和透明的制度安排,即电子货币项目中所涉及的各方当事人(消费者、商家、发行者)的权利和义务,必须在相关的司法文件中给予明确的界定和披露。法律文件尤其要说明一旦发行者失败,损失在当事人间的分配情况。所公布的法律条款和条约应明确说明如下信息:电子货币是否受到有关的存款保险或类似制度的保障;争端解决机制,包括争端解决机构(法庭、仲裁庭或其他机构)和相关的程序规则(比如举证责任规则)。跨国电子货币的发行者必须确保其符合所涉及国家的法律,确保在所涉及的国家可能产生的法律后果和可执行力。同时,电子货币发行人要提交货币统计报告,保证中央银行能够及时、准确地获得发行人发行电子货币、发行人资产及其保管等信息。

(5) 电子货币系统技术安全。

电子货币的安全是影响电子货币发展的重要问题。欧洲中央银行的报告对电子货币系统的技术安全提出了具体要求，其强调电子货币系统应该提供充分的技术、组织和程序保证，以预防和发现危害电子货币系统安全的情况，尤其是伪造电子货币的情况。欧洲中央银行对十国集团中央银行在1996年报告中提出的电子产品结构、功能、风险及安全措施评估等技术安全措施给予肯定，并且非常赞同该报告的结论："电子货币，尤其是以卡类为基础的电子货币，同其他类似的小额支付工具相比，具有较为充分的安全性能。但是，对于某一个具体产品而言，没有一个安全措施或几个安全措施可以完全保证其安全性能，必须将所有的措施结合起来，并且严格地执行这些措施，才能够最有效地减少风险。"为控制操作风险，即使电子货币的管理是由第三方提供的，电子货币发行者也要确保建立和执行健全的管理、会计和内部控制制度。因此，如果电子货币的管理功能是由第三方承担的，发行者和第三方之间的制度安排要确保发行者拥有正常监督和控制第三方可能产生的操作风险的权力。而且，无论何时，只要需要，监督者都应能了解管理者的行为，以证实控制制度是否得到贯彻。控制操作风险应遵循的几个原则有：建立有效的控制程序、内部稽核和其他的预防性措施；人员的权力和责任相一致；开发和建立信息系统，保证提供及时、准确和安全的信息；建立应急计划，保证主要业务的连续性。针对伪造的电子货币可能给金融机构造成的风险，欧洲中央银行要求电子货币发行者要明确安全政策，切实贯彻实施并定期调整安全政策。尤其是电子货币发行者应具有能较早发现伪造电子货币并迅速做出反应的有效的控制系统。这要求电子货币系统能对流通的电子货币数量和发行、赎回的电子货币数量进行检测，建立相应的记录和检查追踪系统。该系统分为两种，一种是全面的检查追踪系统（a full audit trail），它会记录电子货币流动时每一个交易情况及相关当事人的识别资料。第二种是影子余额（shadow balance），只记录某一些特殊设备中的交易情况。欧洲中央银行要求没有建立全面检查追踪系统或影子余额系统的电子货币系统必须采取充分的风险管理措施。例如，对电子钱包和电子钱包之间转移货币币值设立限额；存储最近若干次交易的记录，以便消费者进行核实；建立"了解你的客户"的操作程序，并分析消费者和商户使用电子货币的习惯，从而使电子货币发行人能及时发现不正常的要求赎回的电子货币。由于科技发展很快，电子货币发行人要及时根据最新的科技发展、市场实践及相关的国际标准不断更新技术安全措施。

（6）防止电子货币被犯罪者滥用。

欧洲中央银行要求电子货币的发行人在设计电子货币时，必须防止其被犯罪者滥用。例如，利用电子货币洗钱和逃税。为此电子货币发行人可通过设立检查追踪系统、限制交易的电子货币的数额、限制电子货币在消费者之间的可转移性、保留充分记录等方式防止电子货币被犯罪者滥用。同时，其他国家也纷纷采取电子货币储值限额的方式，防止电子货币被用于非法交易。如日本主要通过法律法规对单位储值卡的最高储值额进行限定，美国则主要依靠发行者自行对最高储值额进行限定。

（7）电子货币是否适用于存款保险制度。

为了维护存款者利益和金融业的稳健经营与安全，世界上许多国家还建立了存款保险制度，规定本国金融机构按吸收存款的一定比率向专门保险机构交纳保险金，当金融机构出现信用危机时，由存款保险机构向金融机构提供财务支援，或直接向存款者支付部分或全部存款，以维护正常的金融秩序。电子货币产生后就自然产生了电子货币是否应纳入存款保险制度框架中的问题,对此,不同的国家采取了不同的解决办法。目前世界上一些国家(如美国、德国、意大利和英国)将存款保险制度用于电子货币,这在一定程度上增强了金融安全,属于金融监管新举措。但有的国家仍未采取措施,这就使电子货币的发行机构面临着流动性风险与信誉风险。

(二) 对网络银行的监管

国际上普遍认为,虽然网络银行改变了银行业务的媒介方式,但金融监管的基本原则仍然适用于网络银行业务活动,只是网络银行除了面临传统银行的风险,如信用风险、流动性风险、市场风险、信誉风险和外汇风险之外,还面临着技术带来的新风险。这些新风险主要包括:操作风险,即由于银行内部控制和信息系统缺陷带来的不可预见的潜在损失;法律风险,即网络银行业务违反或不遵守有关的法律、法规、规则、行业做法和伦理标准等带来的风险;战略风险,即银行董事会和管理者在制定网络银行发展战略时可能出现的风险。正是这些新型风险使得网络银行在运用传统风险管理原则时,必须做出相应调整。因此,国际社会对网络银行的监管主要体现在对这些新型风险的控制和管理上。

(1) 市场准入监管。

在市场准入方面,大多数国家沿用了银行业市场准入的政策。如德国《银行法》中规定将网络银行的市场准入视同为一般机构经营金融业务,必须取得经营金融业务许可证书。英国对网络银行的市场准入虽然也视同一般商业银行准入,但金融服务局(Financial Service Authority,FSA)对中小银行从事网络银行业务控制较严,对凡认为风险较大的银行一般规劝其不宜从事该业务。在美国,新成立的网络银行既可以按照标准注册程序申请注册,也可以按照银行持股公司规则注册。大多数现有金融机构开展网络银行业务时不需要事先申请,也不需要声明或备案,监管当局一般通过年度检查来收集网络银行业务数据,但储蓄机构要开展网络银行业务,必须按储蓄机构监管局的要求提前30天做出声明。

(2) 对网络银行业务的风险管理和监督。

在1998年公布的《电子货币》报告中,欧洲中央银行对电子货币发行人的监管提出了最低要求,其中第一个要求就是对电子货币的发行人进行谨慎监管。与此同时,美国联邦存款保险公司也发布了《电子银行——安全和有效检查程序》,规定了网络银行监管的具体程序和要求。巴塞尔委员会继1998年3月发布《电子银行和电子货币业务的风险管理》报告后,于2001年又提出了《电子银行业务风险管理原则》(Risk Management Principles for Electronic Banking)。除了一些称谓和具体的归纳方式不同之外,这几个报告中对网络银行的监管都是建立在风险管理基础上的。其中,巴塞尔委员会的《电子银行业务风险管理原则》成为各国在制定具体网络银行监管政策时要参考的指导性文件。巴塞尔委员会发布的《电子银行业务的风险管理原则》分为三个部分共计14条。

三、网络经济时代金融监管政策随着电子商务的不断发展而相应发生

网络金融创新使得原有金融监管制度安排的适应性丧失,从而使金融监管制度的均衡状态被打破。金融监管制度非均衡表明现行金融监管制度不是效率最优和收益最大化的,不能保证金融高效稳健发展,如果改变现有金融监管制度的安排则会获得额外收益。对潜在额外收益的认知及为实现金融高效稳健运行的目标会促使金融监管部门调整传统监管制度。因此,网络金融业务的创新必然会导致金融监管制度的变革与创新。正如美联储主席格林斯潘曾指出的："监督和管理机构应该重新审视自己的监督和管理政策，并对金融机构所出现的新情况和金融市场因电子金融所产生的变化做出适应性的正确调整。"

（一）金融监管政策越来越以有效的激励机制为基础

在网络经济时代，金融监管当局再想通过详细的政策规则实现有效的金融监管已经不可能了，相反，金融监督政策要更多地采用信息经济学的激励机制，引导网络金融机构加强自身监管。首先，网络金融交易的特殊性提高了金融机构逃避监管的能力。网络金融交易主要通过大量无纸化操作进行，不仅无凭证可查，而且一般都设有密码，使监管当局无法收集到相关资料做进一步稽核审查；许多金融交易在网上进行，其电子记录可以不留任何痕迹地加以修改，使确认该交易的过程复杂化；监管当局对银行业务难以核查，造成监管数据不能准确反映银行实际经营情况，即一致性遭到破坏；在网络金融条件下，监管当局原有的对传统银行注册管理的标准也难以实施，网络银行的申请者可以注册一家银行，但是它可以通过多个终端，同样可以获得多家银行业务或多家银行分理网络的效果。其次，信息网络技术的快速发展也使得金融监管当局很难制定出普遍适用的详细监管规则。一方面，详细监管规则可能会阻碍某种信息网络技术的发展潜力；另一方面，层出不穷的金融创新经常使金融监管部门措手不及，难以应对。而且，由于科技和网络人才集中于网络金融机构中，这就使得监管当局与被监管者相比，在技术和人才方面不占有优势。金融部门能迅速地采取措施规避政府部门的相关规定，使监督对象与监管当局玩"猫捉老鼠"的游戏。由于仅仅依靠详细的商业法律及司法制度很难有效地监督网络金融机构的业务活动，网络金融监管将打破固有的由监管当局确定规则的原则，而主要依赖金融机构的自律监管。金融监管当局不再以了解网络金融机构做什么并据此制定详细规则为主，而是按照信息经济学激励机制的设计原理，制定相应政策引导网络金融机构的业务活动。"要想使政策的监管依然有效，监管当局一定要确保私人部门采取了有效的风险管理机制。随着金融体系越来越复杂，详细的监管规则和标准即使不产生副作用也会变得很烦琐并且失效。"

（二）从规范监管转向竞争力监管

在网络经济时代，竞争的规则已经从传统的"大鱼吃小鱼"转变成了"快鱼吃慢鱼"，安全的观念也已经从传统的"回避或降低风险是安全的"转变成了"有竞争力才是安全的"。在网络金融活动中，客户选择一家网络银行的标准，不仅仅是该银行经营是否稳健，更重要的是网络银行所能提供的支付便利、增值服务是否具有竞争性，再加上网络金融客户转移速度的加快及网络金融服务的网络效应，可能会使敢于冒险、不断更新技术的银行迅速取代资产管理优秀的经营稳健的银行。市场标准的变化相应地要求监管标准也应进行调整，从以资产管理为主要内容的规范管理，转向以提高支付便利和投资管理竞争力为主的监管。

（三）金融监管政策的国际协调加强

网络金融活动的无国界特性要求金融监管进行国际协调和合作，监管政策的协调统一有利于实现对网上金融活动进行有效的规范和管理。首先，随着网络金融的发展，国际金融对各国经济的影响日益加剧。国际金融环境的变化日益成为与各国经济密切相关的因素，从汇率风险防范到难以预料的金融大动荡，从全球性金融系统的风险防范到金融证券市场的规范化、制度化等，都反映了国际金融监管协调是金融网络化发展的必然要求。其次，网络金融服务的超越国界的特性，使得网络金融机构服务的客户来自不同的国家和地区。如果各国

(地区)制度规范不统一,不仅会使网络金融机构面临较大的法律风险,而且还会增加网络金融机构的经营成本。面对不同的制度规范,网络金融机构提供相同的服务可能在不同的国家和地区有不同的解释,这种局面使其无法预料开展服务业务可能面临的各种法律后果;同时增加金融服务对各种不同制度规范的适应性,也提高了网络金融机构的经营成本。再次,打击网络经济犯罪需要国际监管政策的统一与协调。网络金融交易的虚拟性和国际性,使它很容易被跨国性的网络经济犯罪活动利用,这在客观上要求加强网络金融监管的国际合作,统一各个国家和地区的金融制度和法规,从而为促进网络金融发展和维护金融秩序稳定提供可靠的保障。最后,金融监管政策的不统一将增加监管的难度。互联网的国际性使得离岸金融市场的设立更加便捷,这会增加网络金融机构规避管制的能力。例如,欧洲国家较强的网络金融监管可能导致网络金融向"软"规则地区如美国转移,而网络金融服务的超越时空的特性,使得处于美国的网络金融机构仍可以办理与欧洲国家客户的业务,从而必然对欧洲国家的各种经济变量,如利率、汇率等仍旧产生影响。因此,各国越来越认识到建立全球通用的网络金融管理体系的重要性。目前,认证方式和标准的国际化趋势已很明显。

(四)实施金融监管政策时机选择的重要性提高

在网络经济时代,监管当局在进行监管的时候,把握尺度与选择恰当的时机成为影响网络金融发展及监管有效性的重要因素。对网络金融监管政策实施时机的选择,实际上是创新、竞争力与监管之间的协调问题。若从一开始就对网络金融实施较为严格的监管,虽然可以降低网络金融乃至整个金融体系的风险,但这势必降低国内银行的竞争力,造成银行业的衰败。政府的干预"不仅不能使市场结构得到进一步完善,反而阻止了市场在新技术发展条件下对自身基本结构的调整和发展";而且,由于网络金融的超国界性特征会使其向"软"规则的国家或地区迁移,造成社会资源和福利的损失;若介入过晚,一旦积聚的潜在风险突发,则进行管理的成本将是巨大的。因此,在网络经济时代,金融监管当局不仅要考虑金融监管政策的适用性和合理性,还要考虑实施该政策的恰当时机。

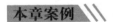

3Q 大战始末

(资料来源:杨阳,《新民周刊》,2010 年 11 月 10 日)

公交车上,一人问:"大 S 是 S. H. E 里的阿 sa 吗?"另一人答:"大哥你是火星人啊,大 S 是 Twins 里的 Selina,刚被烧伤的那个,汪小菲还是有情义的……"

由于缺乏技术背景,很多时候,"不明真相的群众"在热议 3Q 大战的时候,就像这俩哥们在八卦"大 S 是谁"。当然,其中不乏有意搅浑水者。

企鹅变烧鹅

地铁上,一位腾讯员工看看四周,把挂在胸前的工牌藏了起来。"如果被认出来是 QQ 的,我会不会被唾沫淹死?"他半开玩笑道。

自从 11 月 3 日下午 6 点,腾讯公司发布了"举世震惊"的《致 QQ 用户的一封信》,让用户在 QQ 和 360 之间"二选一",这段时间小企鹅似乎成了过街老鼠,人人喊打。

笔者一位媒体朋友在开心网记录道:"还是试着给新装的系统装上了QQ,刚运行没2分钟,腾讯就弹出窗口逼我卸载360,同时QQ已经弹不得了。流氓!话说我的QQ号还是付费的,每月2元。"

浙江电视台主持人钟山则在节目中大骂:"哪像两个大公司的做派,就像两个小孩打架之后,其中一个要挟别人,你要跟我好就不能跟他好。奉劝腾讯,不要绑架用户,地球离了谁都照样转,可是离了用户的心,你一定玩不转,小心企鹅变烧鹅!"

"我现在最关心明天股票会跌多少。"11月3日晚,一位投资者无奈于自己没有机会在白天腾讯股票涨到187港元时减仓。果不其然,第二天腾讯控股最低跌至178.60港元,成为当日表现最差的蓝筹股。

"360又要说了,今天我们让腾讯跌掉100亿市值。"这位投资者抱怨说。此前360掌门周鸿祎曾连发46条微博炮轰金山毒霸,引来数十万网友围观"水漫金山"。第二天便传出360让金山股价蒸发6个亿。

"完全是两家互拍,却拿用户当肉垫。这是在上演老妈和老婆同时掉进河里的戏码吗?腾讯是不是被逼疯了,才出此昏着?"一位用户气愤地说。

就在"民怨"沸反盈天之时,在媒体上沉寂已久的马化腾终于选择了不再沉默——他认为公司采取的"是一个迫不得已的紧急避险的行动"。腾讯如果再不制止,"再过三天,QQ用户有可能全军覆没"。

无独有偶,就在开打之前,一位360内部人士也忧心忡忡地私下对笔者说:"如果不是我们发现得早,360就会像当年的彩虹QQ一样,两天就被腾讯干掉。"

他所指的就是3Q大战的导火索:中秋节期间,QQ计算机管家通过后台静默安装的方式,强行装到用户计算机上。

这场"互联网世界大战",无论是对腾讯还是对360而言,似乎都意味着生死存亡。

放手一搏

在360问世后很长一段时间里,周鸿祎无论在哪个场合宣讲"免费战略",都会盛赞腾讯。如今360已经借免费迅速成为中国继腾讯之后的第二大客户端公司,覆盖3亿用户。但在老周看来,360在互联网安全领域的地位并不稳。卧榻之侧,始终有庞大的腾讯在酣眠。

腾讯的江湖名声不好。此前《××的腾讯》一文便将腾讯作为互联网公敌进行批判:"在中国互联网发展历史上,腾讯几乎没有缺席过任何一场互联网盛宴。它总是在一开始就亦步亦趋地跟随,然后细致地模仿,然后决绝地超越。"

"如果腾讯也做这个事情,你怎么办?"这是投资人经常给创业者抛出的命题。始终横在周鸿祎心头的恐怕也是这样一个巨大疑问:如果腾讯开始大张旗鼓地做安全,360该怎么办?

今年春节期间,QQ医生就曾被曝出依靠不安装就无法登录QQ的强硬手段,一夜间占据国内1亿台左右计算机,市场份额近40%。而就在360安全卫士和金山网盾持续酣战中,和两者类似的新产品——QQ计算机管家又"不请自来"。

对周鸿祎而言,与其被这样无声无息地干掉,不如放手一搏,将桌下的账全部翻到公众面前。9月27日,360曝光QQ窥视用户隐私,并发布了针对QQ的隐私保护器。

"360是反应过度了。安全是360的命根子,但对腾讯这样的大公司而言,一直以来都不受重视。"腾讯的一位内部人士认为，"马化腾之前从来就没提过安全。腾讯是上市公司，最看重的是如何提升自己的市值，战略布局是在搜索和电子商务。做安全是免费的，对市值有什么贡献？"

那么腾讯为何要染指安全行业？

该人士解释道："QQ盗号很严重，目前已经形成了产业链。用户号被盗了、Q币丢了，都要来找腾讯。所以腾讯做安全主要就是为了打击盗号。虽然腾讯并没有将其纳入战略，但各部门毕竟有自己的目标。在扩展份额的时候，跟360起了摩擦，于是又去寻求更多的资源支持。而这一切在360看来，也许就是腾讯要来夺食了。直到今年年初，马化腾才在内部会议上第一次提到安全很重要。可能正是360一系列针对QQ医生的做法让马化腾意识到，360一家独大，将来势必会威胁到QQ，所以要做提前防御。而在360看来，以前一直担心腾讯要做安全，现在果然做安全了，更加落实了自己的猜测。"

马化腾也反思道："下面很多产品部门就更不管了，自己冲上去了，还是把自己当成一个小公司来看待，这个事也是值得反思和提升的。"

这似乎是一个令人啼笑皆非的追本溯源。

两难抉择

360最怕什么？

早在开仗之前，笔者便听说，360最担心的就是QQ让用户二选一。"用户可以没有360，但是不能没有QQ。只要QQ此招一出，360必死无疑。"

但最令人不解的是，周鸿祎彪悍出手，似乎都是奔着激怒马化腾去的。

10月28日，笔者刚登录QQ，就弹出一窗，火药味十足。

金山，中国本土市场著名的专业安全厂商；

百度，最大的中文搜索引擎提供商；

腾讯，中国最大的互联网综合服务提供商；

傲游，超过5亿次下载的专业浏览器开发商；

可牛，新兴的安全软件厂商。

五家联合发布"反对360不正当竞争及加强行业自律的联合声明"，旨在"揭露360的种种恶行，表达坚决反对360不正当竞争的行径"。

面临绞杀，360回击的水准显然更高一筹。首先便以示弱大打同情牌，接着便大曝猛料，揭发马化腾领取经济适用房补贴。众所周知，对高级人才的住房补贴，跟经济适用房是两回事。如此偷换概念，点名发动人身攻击，娱乐效果十足。一时舆论哗然：有好戏看了！

2010年11月20日，工业和信息化部发布《关于批评北京奇虎科技有限公司和深圳市腾讯计算机系统有限公司的通报》，对奇虎和腾讯两公司提出严厉批评，责令两公司停止互相攻击，确保相关软件兼容和正常使用，同时也责令两公司自该通报发布5个工作日内向社会公开道歉。

工信部同时也表示，下一步将会同有关部门，依法对两公司涉嫌违反相关法律规定的行为进行进一步调查处理。

第 8 章　电子商务与宏观政策

本章小结

随着互联网产业竞争的加剧和对传统产业的不断冲击，各种新问题不断出现，也为政府监管带来了诸多新挑战。本章内容介绍了互联网基础产业的普遍服务原则与公共投资政策，并从反垄断与金融监管两个方面分析了网络经济下的政府监管政策。通过本章的学习，要求学生能够客观看待互联网企业由垄断引起的各种争端，并能对互联网金融等新兴产业的政府监管进行前瞻性的分析判断。

本章习题

1. 简述普遍服务原则的内涵。
2. 试分析政府对待网络企业垄断争端时反垄断政策的重心。
3. 试结合比特币的案例分析互联网时代金融监管的难点。

参 考 文 献

[1] 于世英. 电子商务经济学 [M]. 武汉：武汉大学出版社，2011.

[2] 李莉. 电子商务经济学 [M]. 北京：机械工业出版社，2007.

[3] 盛晓白，等. 网络经济学 [M]. 北京：电子工业出版社，2009.

[4] 张铭洪. 网络经济学 [M]. 北京：高等教育出版社，2007.

[5] 张永林. 网络、信息池与时间复制——网络复制经济模型 [J]. 经济研究，2014 (2).

[6] 张小强，卓光俊. 论网络经济中相关市场及市场支配地位的界定——评《中华人民共和国反垄断法》相关规定 [J]. 重庆大学学报（社会科学版），2009 (9).

[7] 杨文明. 网络经济中相关市场的界定 [J]. 西南政法大学学报，2012 (8).

[8] 乌家培. 网络经济及其对经济理论的影响 [J]. 学术研究，2000 (1).

[9] 张丽芳，张清辨. 网络经济与市场结构变迁——新经济条件下垄断与竞争关系的检验分析 [J]. 财经研究，2006 (5).

[10] 李怀. 基于规模经济和网络经济效益的自然垄断理论创新——辅以中国自然垄断产业的经验检验 [J]. 管理世界，2004 (4).

[11] 高孝平. 网络经济与传统经济比较研究 [J]. 重庆邮电学院学报（社会科学版），2005 (1).

[12] 胡鞍钢，周绍杰. 网络经济：21世纪中国发展战略的重大选择 [J]. 中国工业经济，2000 (6).

[13] 马艳，郭白滢. 网络经济虚拟性的理论分析与实证检验 [J]. 经济学家，2011 (2).

[14] 江宇源. 政策轨迹、运营模式与网络经济走向 [J]. 改革，2015 (1).

[15] 杜仲霞. 网络经济下反垄断法滥用市场支配地位的界定——评腾讯360案 [J]. 安徽农业大学学报（社会科学版），2011 (5).

[16] 王达. 美国互联网金融的发展及中美互联网金融的比较——基于网络经济学视角的研究与思考 [J]. 国际金融研究，2014 (2).

[17] 王建文，奚方颖. 我国网络金融监管制度：现存问题、域外经验与完善方案 [J]. 法学评论，2014 (11).

[18] 王琴，王海权. 网络金融发展趋势研究 [J]. 商业时代，2013 (3).

[19] 朱乾龙，钱书法. 基于网络经济的技术创新与市场结构关系分析 [J]. 产业经济研究，2009 (1).

[20] 董鹏军. 电子商务企业盈利模式研究 [D]. 山东大学, 2013.

[21] 王元月, 等. 互联网金融的兴起及其在我国的发展 [J]. 金融理论与教学, 2012 (04).

[22] 王达. 美国互联网金融的发展及中美互联网金融的比较——基于网络经济学视角的研究与思考 [J]. 国际金融研究, 2014 (12).

[23] 王建文, 奚方颖. 我国网络金融监管制度：现存问题、域外经验与完善方案 [J]. 法学评论, 2014 (11).

[24] 王琴, 王海权. 网络金融发展趋势研究 [J]. 商业时代, 2013 (3).

[25] 邱兆祥, 毛可, 安世友. 网络金融发展的必然性、隐藏的问题与应对之策 [J]. 理论探索, 2014 (9).

[26] 吴晓光, 陆杨, 王振. 网络金融环境下提升商业银行竞争力探析 [J]. 金融发展研究, 2010 (10).

[27] 殷宪龙. 我国网络金融犯罪司法认定研究 [J]. 法学杂志, 2014 (2).

[28] 徐立平. 网络金融风险的监督模式构建 [J]. 管理世界, 2014 (1).

[29] 秦成德. 移动电子商务 [M]. 北京：人民邮电出版社, 2009.

[30] 张传福, 等. 移动互联网技术与业务 [M]. 北京：电子工业出版社, 2012.

[31] 张闰彤. 移动商务概论 [M]. 北京：北京大学出版社, 2008.

[32] 张闰彤. 移动商务基础 [M]. 北京：首都经济贸易大学出版社, 2008.

[33] 匡文波. 手机媒体概论 [M]. 北京：中国人民大学出版社, 2012.

[34] 吕廷杰, Bernd Eyler. 移动多媒体商务 [M] 吕廷杰, 等, 译. 北京：中国广播电视出版社, 2007.

[35] 吕廷杰. 移动电子商务 [M]. 北京：电子工业出版社, 2011.

[36] 陈静. 移动办公与管理 [M]. 北京：对外经济贸易大学出版社, 2012.

[37] 秦成德. 移动支付 [M]. 北京：经济管理出版社, 2012.

[38] 秦成德, 麻元元, 赵青. 网络金融 [M]. 北京：电子工业出版社, 2012.

[39] 智勇. 移动信息化的发展模式研究 [J]. 现代管理科学, 2009 (6).

[40] 王军选. 移动商务支付 [M]. 北京：对外经济贸易大学出版社, 2012.

参考文献

[20] 姚远玲. 地下商业空间导视设计研究[D]. 山东大学, 2014.
[21] 于少芳, 张宇. 试论城市地铁公共空间的视觉设计[J]. 湖南城市学院学报, 2012 (05).
[22] 刘玲. 浅析公共艺术在地铁中应用的策略与意义——最新上海地铁案例分析与借鉴意义探索[J]. 戏剧之家, 2014 (12).
[23] 孟磊. 基于视觉流程的地铁空间导视研究[D]. 东华大学, 从审美的角度看地铁空间, 2014 (10).
[24] 王敏. 北京地铁四号线导视系统研究[J]. 美术研究, 2012 (05).
[25] 陈旭红, 季雨. 文化, 传播时代的城市公共艺术, 地铁艺术与空间方法[J]. 国内装饰, 2014 (07).
[26] 赵小玮, 赵洋. 浅析上海地铁十号线及商业空间公共艺术[J]. 上海艺术家, 2010 (03).
[27] 李玉莲. 无锡地铁空间导视设计方法[J]. 江南大学, 2014 (12).
[28] 赵连颜. 西方发达国家电气化铁路发展[J]. 管理现代, 2014 (4).
[29] 朱明健. 电气化铁路导论[M]. 北京: 人民铁道出版社, 2009.
[30] 李涛. 高速铁路运营管理[M]. 北京: 中国铁道出版社, 2010.
[31] 陈宝林. 当代城市轨道设计[M]. 北京: 北京交通大学出版社, 2006.
[32] 刘永华, 程万里. 高速铁路安全工程[M]. 北京: 中国铁道出版社, 2008.
[33] 何立新. 铁路客运规划与设计[M]. 北京: 中国铁道出版社, 2013.
[34] 王英丽, Rommel Rick. 现代铁路站房设计的发展趋势[J]. 北京: 中国建筑工业出版社, 2007.
[35] 马小非. 轨道交通建筑设计[M]. 北京: 中国建筑工业出版社, 2011.
[36] 张海, 刘景飞. 交通运输工程设计[M]. 北京: 人民交通出版社, 2012.
[37] 赵新力, 刘小阁. 高铁站房设计[M]. 北京: 中国建筑工业出版社, 2013.
[38] 张莉. 北京南站主要旅游客流设计[J]. 中国公路, 2009 (6).
[39] 周莉颖. 铁路旅客运输[M]. 北京: 北京交通大学出版社, 2012.